湛庐 CHEERS

与最聪明的人共同进化

HERE COMES EVERYBODY

CHEERS
湛庐

[日]小松原正浩 住川武人 山科拓也 著
杨剑 张震 李哲轩 译

麦肯锡
未来经营策略

マッキンゼー
ネクスト・ノーマル
アフターコロナの勝者の条件

浙江教育出版社·杭州

你了解企业决胜未来的关键策略吗？

扫码加入书架
领取阅读激励

扫码获取全部测试题及答案，
一起了解影响企业未来 10 年
发展的经营策略

- 在未来，公司将消费者接触点向线上转移是获得成功的关键吗？
  A. 是
  B. 否

- 疫情对交通和旅游业产生了前所未有的巨大影响，面对这样的危机状况，公司更需要采取什么方法来应对？（单选题）
  A. 重塑"狼性"企业文化
  B. 大幅裁员降低人力成本
  C. 创建贴近当地情况的交通服务
  D. 固守成就自己的核心业务

- 以下哪项属于未来劳动力市场的变化？（单选题）
  A. 劳动力增加
  B. 远程办公减少
  C. 中低薪工作岗位大幅增加
  D. 重塑技能问题更加严峻

扫描左侧二维码查看本书更多测试题

推荐序

数字化是企业经营策略的主线

周国元
麦肯锡前咨询师、模米咨询创始人

在这个快速变化的时代,数字化不仅是技术革命,更是一场商业革新。本书提供了一份来自麦肯锡的深度洞察,它以其一贯的客观、中立,用严谨的逻辑和详实的数据,为我们展示了一幅未来商业世界的蓝图。

作者小松原正浩是麦肯锡东京办公室现任资深合伙人,他业务涉猎广泛,为客户提供增长战略、创新、和组织转型等战略服务。在这本关于未来经营策略的书中,小松原正浩带领麦肯锡团队通过大量全球市场调研,为各国政府和企业未来发展做出权威的方向性指引。特别值得一提的是,书中有详尽的中国市场分析,并用安踏、平安等多家中国优秀企业作为案例,因此对中国市场有很强的借鉴意义。

本书赋能三类读者：企业管理者、政策制定者和职场人。

本书可以使企业管理者受益匪浅。目前，中国企业正在面临前所未有的挑战：旧的经济引擎增量不再、消费降级导致需求低迷、疫情影响下消费行为变迁，外加地缘政治影响等，导致大部分企业原有业务严重受阻。"活下去"，即生存，成为目前大多数中国企业的首要任务。然而，正如书中前言所述，疫情后的企业发展趋势呈 K 曲线状，出现了惊人的不平衡，"革新"和"分化"是主旋律。那些懂得顺应市场和持续创造价值的企业往往异军突起，能够在危机中找到全新的增长机会，成功地在"分化"中成为 K 曲线上扬的增长引领者。

那么，这些作为引领者的企业是如何逆势增长的呢？本书以"看市场"（应对外部环境变化的经营策略）、"看经营"（应对技术变革的经营策略）、"看组织"（应对企业与员工关系变化的经营策略）、"定策略"（应对企业与社会关系变化的经营策略）的结构，从需求端的变化推演到对企业产品和服务及对企业管理的重大影响和全新要求，进而体系化地提出企业经营管理的 10 大策略。

数字化是贯穿 10 大经营策略的主线。

第一部分阐述了市场需求端数字化趋势被疫情催熟并将持续的状态。以中国市场为例，网购家庭用品的人数在疫情后增长了 130%；网购个人护理用品的人数增长了 101%。而且中国消费者喜欢尝试新的品牌，呈现出客户忠诚度极低的特色。同时，书中还对各消费主力人群，尤其是 Z 世代的消费特征进行了详细的分析，如必需品成为最主要的消费品类，对个性化的需求，渴望情怀又不愿付费的复杂购买心态。

面对需求端的数字化趋势，本书详细列举了企业端的对策：提升线上体验、完善商业模式、打造韧性抗风险体系、数字化决策、供应链改革（策略 1 至策略 5），并用大量优质案例，如奈飞、巴斯夫、特斯拉等进行诠释。除了数字化，本书还涵盖了企业使命、价值观、组织等多方面的内容（策略 6 至策略 10），为读者提供全面的经营策略。

政策制定者和职场人也能从本书中受益良多。众所周知，政策是经济顺畅发展的重要宏观要素。在第四部分"应对企业与社会关系变化的经营策略"中，作者从碳中和、气候变化等可持续发展ESG①主题和企业社会价值谈起，深入到贫富差距和社会公平等民生话题，总结分析了包括收入不均、就业困难、住房和医疗保障不足等新常态下的8大社会问题。

我认为对中国市场最具借鉴意义的是后记中提到的"基于供需变化的4种经济增长情况"。作者按需求和供给的增长两个维度，把经济发展类型分为四类：高需求、高供给的"经济复苏"；高需求、低供给的"滞涨"；低需求、高供给的"大分化"；低需求、低供给的"失去的10年"。要避免"失去的10年"和"滞涨"，政策制定者不能简单地靠M2增发或举债"撒钱"式拉动需求，而是要以供给侧产业升级提高效率（如科技、数字化、创新）为基础，做出体系化政策指引。

本书策略8提出了重构工作内容和方式，也为职场人提供了劳务市场的未来3大趋势：中低薪工作减少、技能升级、劳动力供应下降。也就是说，未来职场人将面临貌似矛盾但又十分真实的困境：一方面由于出生率的下降，劳务市场总人数越来越少，职场人应该享受更大议价空间；另一方面，AI和自动化将大面积取代目前中低薪劳动密集型的工作，许多工作将永远消失。这意味着职场人要提升自己的技能，学会数字化决策，因为只有这样才能驾驭AI和自动化，赢在未来的职场。

尽管至本书的数据截止之时，AI还没有打破摩尔定律发生质的飞跃；近些年，世界经济，尤其是中国经济，还有地缘政治又发生了更多难以预测的变化。但书中论述的逻辑、数据和方法论是坚实的，文中绝大多数观点和建议仍具有十足的前瞻性和指导意义。

正如后记中所言，希望商务人士可以从本书中得到启发，大家共同助推社会和经济可持续发展，共创一个多样化的繁荣时代！

---

① Environmental, Social and Governance 的缩写，即环境、社会和公司治理。

前 言

以危机为契机实现业绩大幅提升

新冠疫情暴发使人们的日常生活发生巨大的变化，全球的社会和经济形势也受到了严重影响。虽然在此之前也发生过金融危机等给全球带来猛烈冲击的大事件，但是，这次疫情所带来的影响仍是有过之而无不及。

目前，人们的生活已经恢复至疫情前的状态，但因为疫情的结束是在各地一步步实现的，所以，新常态也会一步步以不同的形式显现。

本书针对新常态前的过渡期以及进入新常态的 10 年里公司管理者该如何应对危机、如何行动的问题，向他们提供建议，以确保公司实现显著的业绩增长。

疫情后的两个关键词

疫情在商业活动中起到了促进"分化"和"革新"的作用。

"分化"指的是个人、公司、产业、国家等各个层面中的商业主体一部分表现低迷，而另一部分实现飞跃，向两极不断发展的情况。用"K型复苏"一词可以清楚地阐释疫情之后的经济复苏情况。而"革新"指的是技术革新和新商业模式的诞生。

虽然分化和革新早已有之，但经过疫情的催化开始猛然加速。疫情迫使消费者改变了原本的生活方式，经营者为了在这些变化下赢利，需要改变自身的经营模式，并进行必要的投资。政府也需要采取更为果断的措施来限制私权，同时提高财政补贴以保障经济的运转。

局势在持续演进，过去需要数年才会产生的变化，在当下突然加速，并表现为分化或者革新。可以说，这两个关键词象征了疫情之后的社会与经济发展情况。

让我们先看看第一个关键词"分化"。

就公司的分化而言，最典型的表现就是在各领域诞生了占有庞大市场份额的超级巨头公司。自 2020 年 2 月起，如图 0-1 所示的 25 家公司（以下统称为"MEGA25"）在一年内创造了全球公司总市值增量的 40%。这 25 家公司主要包括北美和亚洲的科技公司（GAFAM、BAT 等）、电动汽车（EV）相关公司、半导体相关公司和中国的消费品公司。

这种变化趋势以往便有，但在疫情发生的第一年明显加快。例如，MEGA25 的股东总回报率在 2014—2019 年一共增长了 25%，在 2020 年则增长了近 70%，说明了这些公司仅在 2020 年一年内创造的价值就是前 5 年的 2 倍多。

前言 以危机为契机实现业绩大幅提升

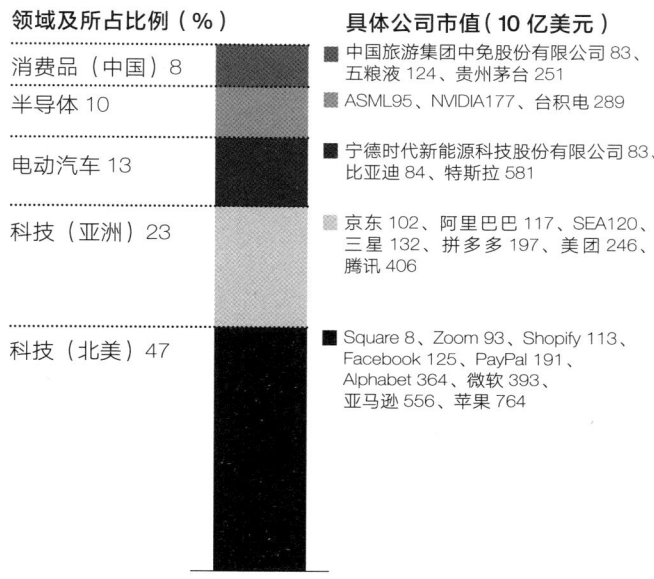

图 0-1 MEGA25 公司的组成及各公司市值

注：2021 年 2 月至 2022 年 2 月数据。由于四舍五入，总和并非 100%。具体公司市值按平均汇率折算。

资料来源：企业业绩分析；标普全球。

通过观察各产业的变化趋势，也可以明显注意到正是疫情加速了分化之势。以 2014—2019 年股东总回报率为横轴，以 2020 年股东总回报率为纵轴，可以看出各个产业的发展对比情况。

如图 0-2 所示，高端电子技术、高科技和医疗相关产业在疫情之前已经有了相对较高的股东总回报率，在疫情期间也有加速上升的趋势；银行、通信和能源业等产业在疫情之前的股东总回报率较低，而在疫情期间又进一步降低；民航和旅游、航空航天和国防、办公用品等产业受到疫情的直接影响，表现愈发低迷。

VII

麦肯锡未来经营策略

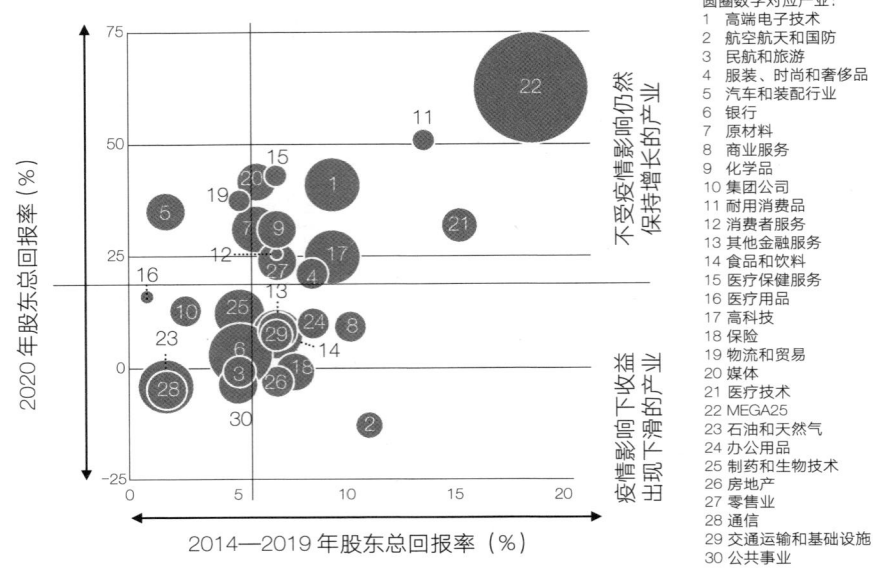

图 0-2　疫情前和疫情期间各产业发展情况

注：圆圈大小代表市值规模大小。

资料来源：企业业绩分析；标普全球。

　　这种分化不仅在产业层面广泛存在，也在公司层面不断延伸。例如，股票市场平均市盈率（Price Earnings Ratio，PER）在疫情前后都是 15 倍，但 PER 水平位于前 10% 的公司，其平均 PER 在疫情前为 25 倍，疫情之后扩大为 40 倍。而 PER 水平位于后 10% 的公司，其平均 PER 从疫情前的 13 倍下降到了疫情后的 12 倍，略有减少。图 0-3 展示了 2020 年 2 月之后各产业股东总回报率的幅度[①]和中位数，从中可以发现不同产业之间差异明显。

---

① 指排除了异常值之后，该产业领域内的公司 80% 的股东总回报率区间内最低值和最高值之间的范围。

前言 以危机为契机实现业绩大幅提升

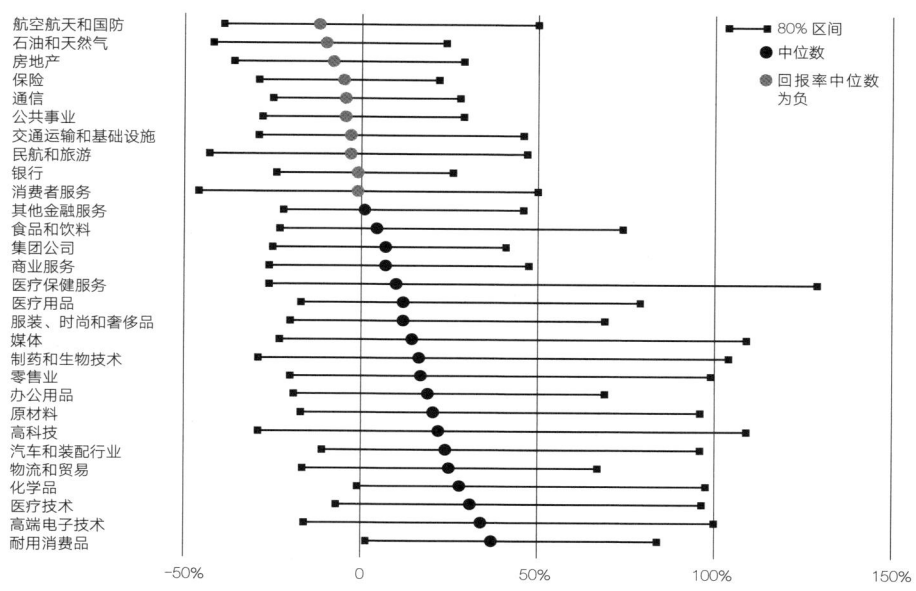

图 0-3 各产业股东总回报率幅度和中位数

资料来源：企业业绩分析；标普全球。

各产业的发展倾向已经十分明显，而各公司的业绩差异则更为显著。例如，在疫情影响之下，餐饮业遭受巨大打击，但是达美乐比萨另辟蹊径，在短时间内提升了外卖配送业务能力，满足了 App 订餐的需求，使其股东总回报率高达 26%。同样，依赖于实体店销售的折扣连锁店塔吉特也因在数字化领域获得成功，使其股东总回报率达到了 64%。尽管所有行业都受到疫情的影响而陷入低迷，但也有一些公司凭借自身的努力和应对能力取得了显著的业绩增长。

第二个关键词"革新"又是指什么呢？将疫情与革新放在一起，乍一看可能会觉得并无联系，但实际上并非如此。一些监管政策的推行使人们的日常生活受限，从而在很大程度上改变了消费者的生活方式，这些变化催生了许多商机，同时也带来了各种革新。2005—2020 年美国初创公司申请数量的变化如图 0-4 所示。

IX

麦肯锡未来经营策略

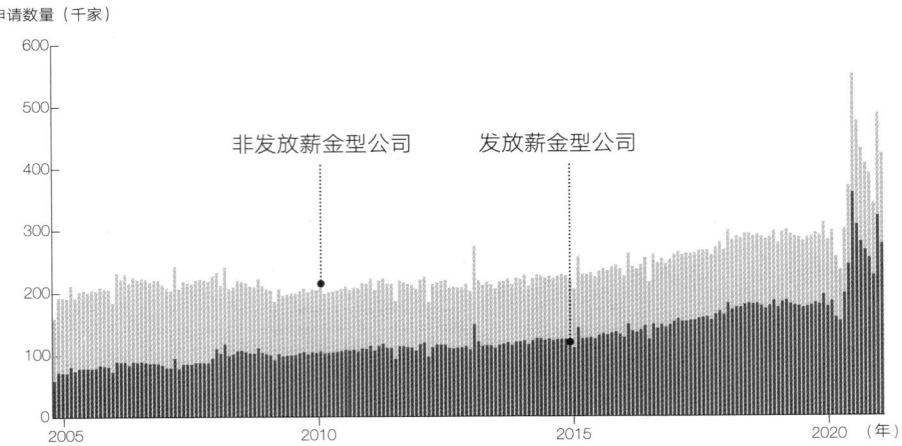

图 0-4　美国初创公司申请数量变化

注：发放薪金型公司指有较高可能性是向员工支付工资的创业公司。具体而言，需要获得 4 个许可。第一，建立一个法律实体。第二，雇用员工、收购公司或改变组织结构。第三，有固定的发放薪金日期（有支付计划）。第四，北美产业分类体系（NAICS）行业代码为制造业、部分零售业、医疗保健或住宿、餐饮服务。

资料来源：美国劳工统计局。

如图 0-4 所示，2020 年后，美国的初创公司申请数量先有所降低，然后呈倍数增长。一般在经济萧条期间，由于需求前景的不确定，初创公司的申请数量会持续下降。然而在疫情期间，需求是明确的，所以金融市场的发展也没有停滞。另外，很多人因为各种不得已的理由辞去工作开始创业也是美国初创公司数量增加的原因之一。

美国 2020 年的风险投资总额创下了 2011 年以来的最高值（见图 0-5）也印证了这一发展趋势。此外，2020 年首次公开募股 (IPO) 的数量比 2019 年增加了 19%，通过 IPO 获得的募资额也增加了 29%。2020 年，我们对爱彼迎与 DoorDash 等公司进行的超大 IPO 印象深刻，疫情在使全球陷入危机的同时，也带来了革新的契机。

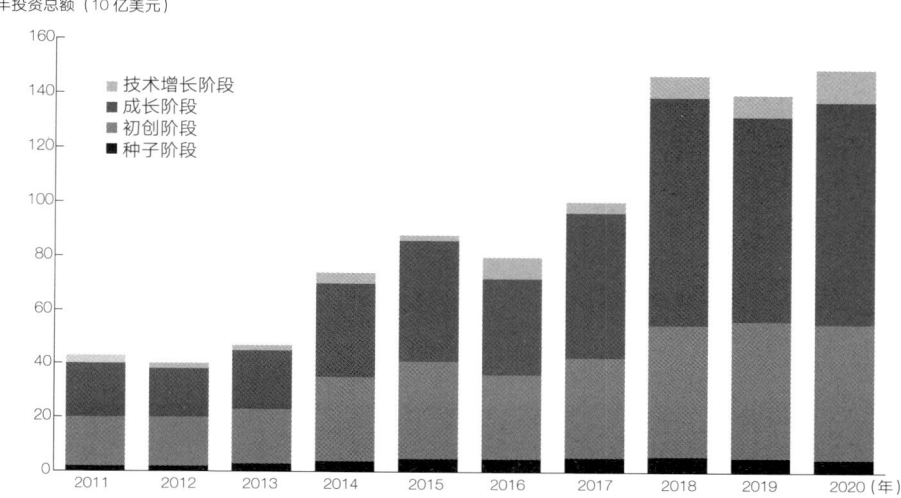

图 0-5 北美地区风险投资情况

注：年累计投资总额增长率为 7%。

资料来源：Crunchbase。

以危机为契机实现增长

危机带来了优胜劣汰。一些公司在受到冲击之后业绩一落千丈，另一些公司则借着危机扶摇直上。麦肯锡咨询公司（以下简称"麦肯锡"）将这种以危机为契机，使业绩大幅提升的公司定义为"韧性公司"。

我们可以从 2008—2009 年的金融危机中获得直面危机的经验。对比韧性公司和非韧性公司（见图 0-6），能分析出两者在金融危机前后 10 年间的业绩变化。可以发现，韧性公司能从经济衰退初期便展现出强大实力，并在此后不断进步。

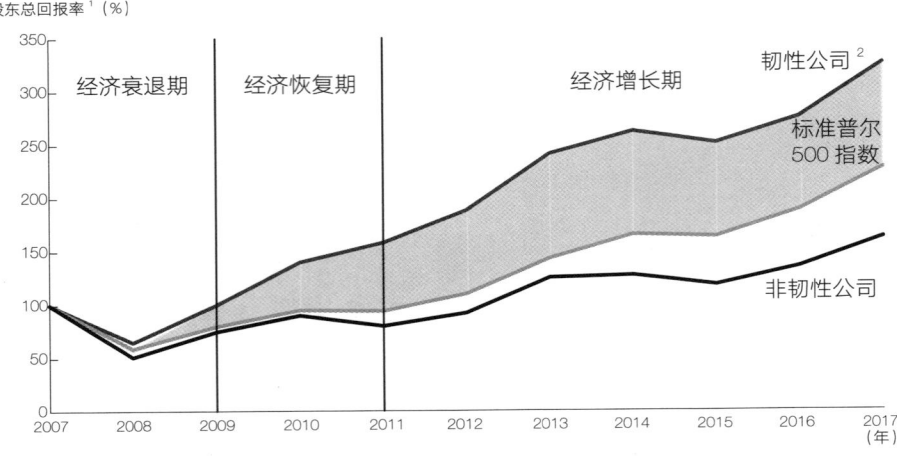

图 0-6　韧性公司和非韧性公司发展情况

注：
1. 股东总回报率 = 各韧性公司和非韧性公司业绩中位数的平均值（n=1140，不包括金融公司和房地产投资信托公司）。
2. 按行业划分时，股东总回报率排在前 20% 的公司被定义为韧性公司。

资料来源：标普资本智商公司。

韧性公司具备以下两个特点：

一是具有危机意识，有备无患。韧性公司会在危机来临之前就减少债务，以保存借款余力。具体来讲，在 2007 年金融危机前，韧性公司的股本资本 1 美元会对应削减平均 1 美元的债务，而非韧性公司的股本资本 1 美元会对应增加平均 3 美元的债务。另外，比起非韧性公司，韧性公司会更加严格地降低成本，它们在 2007 年金融危机征兆显现之时就已经开始行动，在 2008 年第一季度已经削减了经营费用。随后在 2008—2009 年的金融危机期间，它们仍保持着大幅度削减成本的状态。

二是会积极进行收购和变卖。与非韧性公司相比，韧性公司会提前一步出售业绩低迷的业务以换取现金。利用兑换现金以及削减运营成本的方法换取借款和投资上的余力，能实现在危机中积极收购和变卖。

上述内容，可以作为公司在危机期间的参考措施。改进资产负债表、资产组合及削减成本等也都是韧性公司采取的措施。

本书不仅提供如何应对一般危机的方法，还提出了能影响未来 10 年发展的经营策略。每个策略都包含了疫情前后的发展变化，因疫情而产生的加速变化以及对经营者来说最为重要的经营策略。

书中的经营策略涉及多方面，主要分为四个部分：第一部分为应对外部环境变化的经营策略，第二部分为应对技术变革的经营策略，第三部分为应对企业与员工关系变化的经营策略，第四部分为应对企业与社会关系变化的经营策略。

第一部分介绍了消费者意愿、环境相关限制等外部环境的变化，以及公司的应对方法。第二部分介绍了疫情期间数字、生物技术领域加速更新，公司如何引进这些技术实现创新。第三部分分析了公司管理方式的变化及未来公司如何管理才能实现经济增长。第四部分从包括环境问题和不同群体在内的广泛视角解说了公司与社会的关系变化，帮助经营者明确未来发展方向。各章结尾还总结了经营者应了解的产业发展现状。

如果通过阅读本书，读者可以获得在疫情后发展公司业务的灵感，并掌握新常态下的巨大发展机遇，那将是我们莫大的荣幸。

目 录

推荐序　　数字化是企业经营策略的主线

　　　　　　　　　　　　　　　　　　　　　　　　周国元
　　　　　　　　　　　　　　　　　　　　麦肯锡前咨询师、模米咨询创始人

前　言　　以危机为契机实现业绩大幅提升

第一部分
应对外部环境变化的经营策略　　　　　　　　001

策略 1　　提升线上模式的消费者体验　　　　　003

　　　　　　分析日本消费者购买行为的 4 个转变　006
　　　　　　学习中国消费水平迅速恢复的 2 个方法　017
　　　　　　增加线上消费者接触点　022

策略 2　　针对 Z 世代的特点完善商业模式　　　031

　　　　　　Z 世代消费行为的 5 个特点　034
　　　　　　Z 世代表层行动与深层心理的矛盾　039
　　　　　　疫情期间 Z 世代的消费行为　041
　　　　　　企业获得 Z 世代青睐的 3 个方法　045

策略 3　打造更具韧性的公司以抵抗危机 049

　　日常出行的偏好变化　052
　　中长途出行的主要趋势　057
　　各行业在危机下面临的问题　069
　　打造韧性公司的 3 个方法　080

第二部分
应对技术变革的经营策略 087

策略 4　实现数字化转型 089

　　为公司实现"敏捷的决策"　092
　　数字化转型成功的必要条件　098

策略 5　进行供应链改革 115

　　全球供应链危机重重　118
　　供应链改革的 2 个关键问题　125
　　充分利用数字技术制定措施　136

第三部分
应对企业与员工关系变化的经营策略 155

策略 6　将提高多样化作为管理重点 157

　　多样化程度越高，公司业绩越好　161

目录

　　　　　提高多样化程度，带来 GDP 增长　167
　　　　　疫情影响下多样化的倒退　174
　　　　　实现多样化管理的具体措施　177

策略 7　　通过健康管理实现经济增长　　　　　　　　　　　　191
　　　　　健康是经济增长的催化剂　194
　　　　　未来健康问题的 2 个转变　198
　　　　　减少疾病负担产生的经济效益　208
　　　　　1 美元健康投资可获得 2.5 美元回报　217
　　　　　促进健康和经济增长的 3 个建议　220

策略 8　　重构工作内容和方式确保灵活性　　　　　　　　　　227
　　　　　业务形态的 3 个变化　231
　　　　　未来劳动力市场的 3 个变化　235
　　　　　重新定义工作的公司机遇更大　241

第四部分
应对企业与社会关系变化的经营策略　　　　　　　　　　　245

策略 9　　采取积极的行动以应对气候变化　　　　　　　　　　247
　　　　　制定可持续发展政策　250
　　　　　建立气候变化危机意识　254
　　　　　公司应对气候变化的 2 个措施　259

3

策略 10　明确公司存在的目的是为社会创造价值　　269

　　劳动力市场的两极分化　272
　　消费市场可支配收入降低　277
　　个人储蓄差距扩大　283
　　政府最大力度的支持　287
　　解决新常态下社会面临的 8 大问题　290

后　记　打造韧性公司，迎接充满变数的未来　　299

参考文献　　307

第一部分

应对外部环境变化的经营策略

マッキンゼー ネクスト・ノーマル
アフターコロナの勝者の条件

策略 1

提升线上模式的
消费者体验

マッキンゼー ネクスト・ノーマル
アフターコロナの勝者の条件

新冠疫情对世界各国都产生了影响，日本政府为了应对这一影响发布紧急事态宣言，并要求人们对出行自我限制。因此，消费者的生活方式发生巨大改变，例如选择远程居家工作而不是去公司上班，在家上网课而不是去学校上课，享受居家娱乐而不是周末外出游玩。

随着生活方式的改变，消费者的购买行为也发生了变化，公司需要判断这些变化是长期的还是暂时的，并针对购买行为的新常态采取必要的应对措施。

2020年3月以来，麦肯锡就消费者购买行为的变化定期在45个主要国家进行调查。首先，对日本消费者的4个行为转变进行说明。其次，以疫情期间世界主要国家中最早恢复经济运转的中国为研究对象，探讨值得学习的地方。最后，通过分析全球知名公司成功案例，探讨企业在未来应该以什么为发展目标来应对消费者行为转变。

分析日本消费者购买行为的 4 个转变

转变 1：必需品成为最主要的消费品类

疫情对经济所产生的冲击，导致消费者的购买心理发生了重大变化，即便是在疫情暴发一年后，许多人仍然担心它对于日本经济的负面影响将长期持续下去。然而也有一些人认为，疫情对经济的负面影响将在两三个月内平息，调查显示，持这种乐观态度的消费者比例自 2020 年 4 月以来始终维持在 10% 左右。

虽然这一比例在 2020 年 2 月首次达到 12%，但远低于同一时期的其他国家，这说明日本消费者的忧虑情绪根深蒂固。

消费者生活方式的变化对购买行为产生了重大影响。政府为防止疫情蔓延而制定的各种政策带来了各种各样新的生活方式，有 69% 的消费者表示自己对此还没有完全适应。

毋庸置疑，个人的经济状况也影响着购买行为。2020 年，有 65% 的消费者表示，疫情导致他们的家庭经济状况不佳，其中有一半的人认为自己至少两年以后才能恢复到疫情前的经济水平。疫情曾严重影响了人们的家庭经济状况，而这种负面影响也将持续一段时间。

消费者在疫情期间的购买行为可以如实地反映出宏观经济前景、人们生活方式的变化和家庭经济状况。出于对未来的担忧，消费者不再思考如何花钱，而是考虑如何减少支出、增加储蓄，这种心态也抑制了购买行为。与疫情前相比，24% 的消费者在消费时会更加谨慎；18% 的消费者会寻求价格更低的同类商品；13% 的消费者不再选择光顾之前常去的商店；大约 10% 的人开始尝试网购。

总之，消费者削减了除生活必需品外的其他支出（见图 1-1 和图 1-2）。

策略 1　提升线上模式的消费者体验

回答人数占总人数百分比（%）　　　　　　　　　　　　　　　　■减少　■不变　■增加
　　　　　　　　　　实际购买欲百分比变化　　　　　　　　　　　　实际购买欲百分比变化

🍽 食品	14	22	+8	🎮 居家娱乐	18	27	+9
零食	24	15	-9	图书/杂志/报纸	20	8	-12
香烟	17	6	-11	家电	50	3	-47
外卖的自提/配送	30	22	-8	除居家外的娱乐	74	2	-72
酒水	24	9	-15	✂ 宠物护理服务	32	4	-28
快餐店	62	5	-57	健身/健康管理	71	0	-71
外出就餐	75	1	-74	美容/美发	45	1	-44
👔 鞋类	48	1	-47	🚗 燃油费	38	3	-35
衣服	45	1	-44	购车	43	4	-39
珠宝	65	0	-65	✈ 短期住宿			—
饰品	58	0	-58	自驾游	48	4	-44
🏠 除食物外的儿童用品	21	15	-6	游轮旅行			—
家庭用品	13	8	-5	探险旅行	87	0	-87
个人护理用品	13	6	-7	坐飞机出境游	89	2	-87
护肤品/化妆品	24	2	-22	旅馆/度假村住宿	83	1	-82
室内装饰与电器	22	7	-15	坐飞机境内游	77	2	-75

图 1-1　与疫情前相比，2020 年 3 月上半月日本各类支出变化

回答人数占总人数的百分比（%）　　　　　　　　　　　　　　　　■减少　■不变　■增加
　　　　　　　　　　实际购买欲百分比变化　　　　　　　　　　　　实际购买欲百分比变化
　　　　　　　　　　与 2020 年 3 月调查的差值　　　　　　　　　　与 2020 年 3 月调查的差值

🍽 食品	7	6	-1	-15	🎮 居家娱乐	6	15	+9	+20
零食	14	6	-8	-3	图书/杂志/报纸	15	3	-21	10
香烟	17	5	-12	0	家电	21	2	-19	+18
外卖的自提/配送	16	15	-1	+9	除居家外的娱乐	43	6	-37	+35
酒水	17	6	-11	+2	✂ 宠物护理服务	12	7	-5	+18
快餐店	32	4	-28	+17	健身/健康管理	35	3	-32	+9
外出就餐	41	7	-34	+23	美容/美发	28	1	-27	+6
👔 鞋类	26	1	-25	+12	🚗 燃油费	18	8	-10	+15
衣服	27	3	-24	+9	购车				—
珠宝	47	5	-42	+12	✈ 短期住宿	25	17	-8	+50
饰品	42	1	-41	+1	自驾游	17	10	-7	+32
🏠 除食物外的儿童用品	6	11	+5	0	游轮旅行	64	9	-55	+8
家庭用品	5	5	0	+1	探险旅行	53	7	-46	+36
个人护理用品	6	4	-2	+3	坐飞机出境游	72	1	-71	+6
护肤品/化妆品	13	3	-10	+5	旅馆/度假村住宿	54	5	-49	+22
室内装饰与电器	20	2	-18	-6	坐飞机境内游	55	3	-52	+9

图 1-2　与疫情前相比，2020 年 11 月上半月日本各类支出变化

2020年3月，除日常饮食和居家娱乐外，人们在其他类别上的支出全面减少，其中外出就餐、衣服、珠宝、饰品和休闲娱乐方面的支出减少尤为明显。2020年11月，这几类的消费情况仍旧低迷，但相比同年3月已有所增长。此外，虽然总支出相较于同年3月有所增长，但生活必需品的支出仍在总支出中占很大比例。

家庭年收入越低，生活必需品的支出占总支出的比例就越高。例如，麦肯锡在2019年对日本年收入总额为400万日元以下的家庭进行了调查，结果有20%的消费者表示，"相比去年，今年选择了更便宜的品牌"，或者"虽然和去年购买的东西一样，但今年选择了去价格更便宜的商店"。与此相对，到了2020年，这一比例增长到了28%。在年收入总额为400万~799万日元的家庭中，给出类似回答的消费者比例从2019年的8%增长到22%。在年收入总额为800万日元以上的家庭中，这一比例从2019年的8%增长到14%。

另外，在我们按出生年代进行划分时发现，这种趋势在Z世代（1996—2012年出生的一代人）中尤为明显。而在其他世代的人群中，减少消费的趋势也很显著，购买奢侈品和名牌商品的比例明显下降。

转变2：数字化全渠道购物方式

对疫情的不安情绪曾导致消费者减少外出。例如，日本伊势丹新宿店受到第一次紧急事态宣言的影响，2020年5月的销售额比上一年同期下降了75%，同样在2020年上半年，许多实体店的销售额也在明显下降。不过，与2019年11月相比，大和运输公司在2020年5月的小批货运量增加了54%，这说明疫情加速了此前便已经开始运作的从线下渠道（实体店购物模式）向数字化全渠道（线上与线下组合购物模式）的转变。

受疫情的影响，表示"至少使用过一次数字化全渠道进行购物"的消费者比例显著增加，其中不仅涉及之前就以此为主要消费方式的"居家娱乐"等类别（疫情期间使用比例从 75% 升至 81%，增加了 6 个百分点），还包括那些以往从未将其当作主要消费方式的类别。

例如，过去人们认为健身俱乐部和健身房理应是实体店铺的形式，但事实是，人们通过数字化全渠道在健身和健康管理方面产生的支出在 2020 年从 22% 增长至 32%，增加了近 10%。此外，从前人们普遍认为购买常用药需要去线下的药店，可在 2020 年数字化全渠道购药的比例从 19% 增长至 25%，增加了 6 个百分点。

大多数消费者对自己的数字化全渠道消费体验感到满意，在所有的类别中，越来越多的消费者表示会完全使用网购（见图 1-3 和图 1-4①）。

部分使用网购的消费者人数占总人数百分比（%）	疫情前百分比	疫情后的预估百分比增加百分比
健身/健康管理	11 +6	50
常用药品	4 +3	84
除食品外的儿童用品	15 +7	47
食品	5 +2	32
生活必需品	8 +4	55
饰品	18 +7	38
个人护理用品	10 +5	52
酒水	9 +2	25
鞋类	18 +3	19
室内装饰与电器	21 +3	13
护肤品/化妆品	23 +4	18
零食	-1 4	-16
衣服	18 +4	25
图书/杂志/报纸	31 +4	12
外卖的自提/配送	19 +5	27
香烟	3 +3	102
家电	26 +3	14
维生素/补充剂	42 +5	12
珠宝	-3 14	-20
居家娱乐	63 +6	9

图 1-3　疫情前后部分使用网购的日本消费者百分比

资料来源：麦肯锡于 2020 年 11 月进行的调查。

---

① 本书内提到的有关预估的数值是日文原版书 2021 年出版时做的预测。——编者注

麦肯锡未来经营策略

完全使用网购的消费者人数占总人数百分比（%）	疫情前百分比	增加百分比	疫情后的预估百分比
健身/健康管理	22	+10	45
常用药品	19	+6	32
除食品外的儿童用品	43	+13	30
食品	32	+8	24
生活必需品	28	+6	23
饰品	51	+9	18
个人护理用品	30	+5	17
酒水	28	+5	17
鞋类	40	+6	15
室内装饰与电器	53	+8	15
护肤品/化妆品	47	+7	15
零食	16	+2	15
衣服	52	+7	14
图书/杂志/报纸	54	+8	14
外卖的自提/配送	44	+6	14
香烟	13	+1	11
家电	61	+5	9
维生素/补充剂	61	+5	8
珠宝	33	+3	8
居家娱乐	75	+6	8

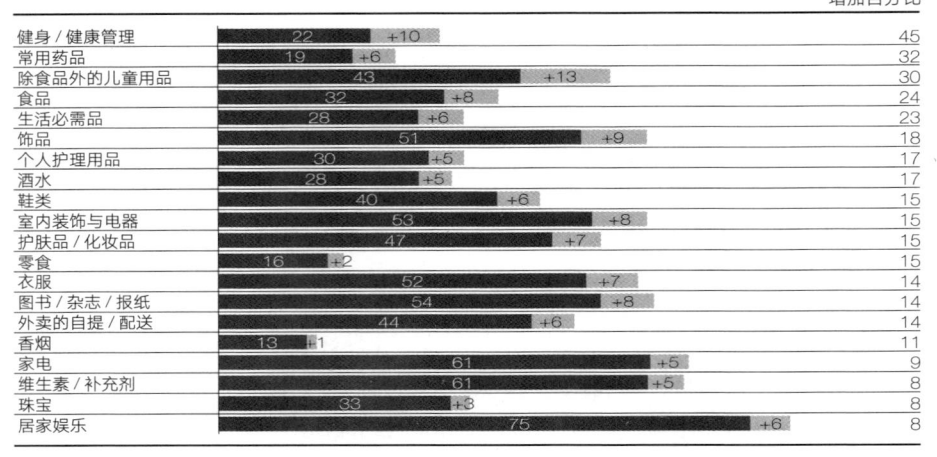

图 1-4 疫情前后完全使用网购的日本消费者百分比

资料来源：麦肯锡于 2020 年 11 月进行的调查。

至此，我们已经按类别研究了数字化全渠道购物方式的使用情况，但还需要分析疫情是如何影响数字化全渠道中的各种服务的，以及判断哪些是暂时转变、哪些是永久转变。

如图 1-5 所示，同时处于"用户数量的增加"与"用户的使用意向"中－高范围内的服务因在疫情期间吸引了大量用户而取得成功，我们将其归入"加速转变"。还有一部分服务在疫情后用户希望继续使用的意愿仍旧强烈，但是用户数量不再增加，它们被归入"有一定转变"。疫情后用户继续使用的意愿较低的服务被归入"暂时转变"，除非未来用户的体验满意度有显著提高，否则这些服务此后可能会回落到疫情前的水平。

为了更直观地呈现这些问题，麦肯锡将数字化全渠道的主要信息以横竖坐标轴的形式呈现，两个坐标轴分别代表疫情后"用户数量的增加"和"用户的使用意向"。

策略 1　提升线上模式的消费者体验

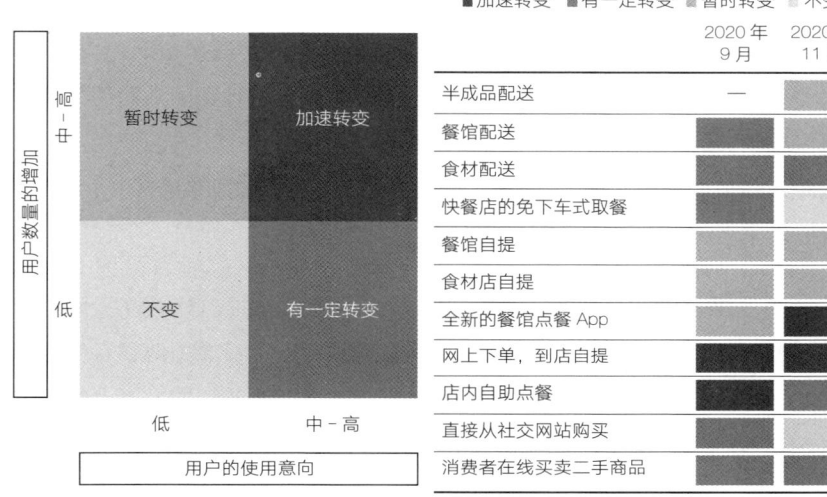

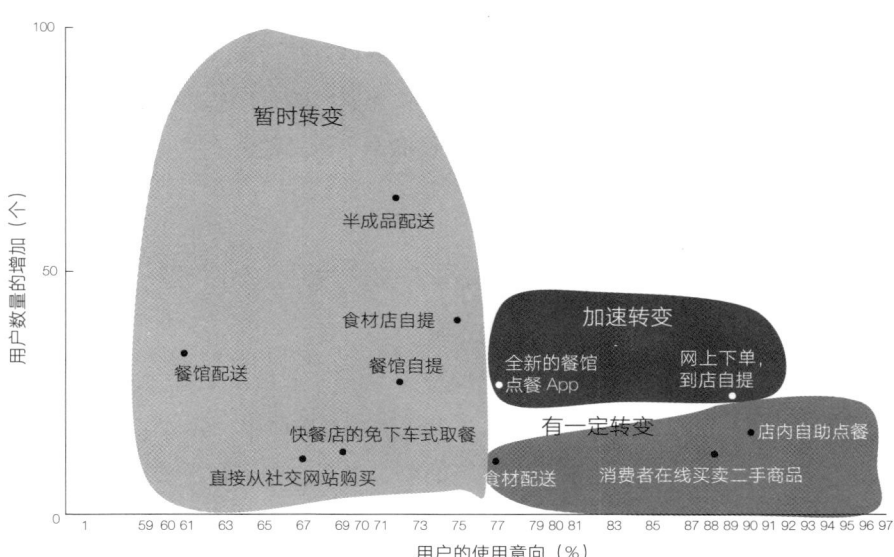

图 1-5　疫情后日本用户使用意向的变化以及用户数量的增加情况

资料来源：麦肯锡于 2020 年 11 月进行的调查。

"网上下单，到店自提"和"全新的餐馆点餐 App"是"加速转变"领域内的两大实例。2020 年，"有一定转变"领域内包含了"食材配送"、"店内自助点餐"和"消费者在线买卖二手商品"等多项服务。而"直接从社交网站购买"和"餐馆配送"等服务的用户数量虽有所增加，但与其他服务相比，人们使用这些服务的意向相对较低，因此，它们被归为"暂时转变"。如果想要维持住这类市场需求，需要在未来改进服务水平。

另一个值得一提的变化是，消费者在购买高价商品时，对于数字化全渠道的抵触心理有所减弱，这可能是由于数字化全渠道购物已经成为消费者生活中不可或缺的一部分。例如，即使是对汽车这样昂贵的商品，32% 的日本消费者也表示有兴趣通过数字化全渠道进行购买。这种趋势在其他国家同样显著，有 62% 的中国消费者、48% 的美国消费者和 46% 的英国消费者表示有兴趣通过数字化全渠道购买汽车。

综上所述，以疫情为契机，数字化全渠道购物方式正在人们生活中的各个方面生根发芽。即使是以前被认为与数字化联系不紧密的奢侈品，以及必须事先在商店里试用的产品，如今与数字化全渠道的联系也愈发紧密。

转变 3：尝试新东西的意愿强烈

截至 2021 年 2 月，有 38% 的消费者表示尝试了此前从未尝试过的新商店、新产品或新的购物方式，且在年轻的 Z 世代消费者群体中，尝试了新购物方式的人已经超过一半。17% 的消费者在新的商店或网站有了初次购买体验；16% 的消费者尝试了新的购物方式，如送货上门或线上预购、到店自提；9% 的消费者第一次购买了以前从未买过的品牌产品。值得注意的是，在尝试了这些新商店、新产品和新的购物方式的人中，约 90% 的人对购物体验感到满意，并表示在未来也会延续这些方式。可以看出，疫情已经成为某个产品或品牌吸引新用户的机会，同时也成为过去那些忠实的老客户离开的一个契机。

在新商店或网站购物的消费者中，有 45% 的人表示这样做是因为便利，有 59% 的人表示是希望买到的东西物有所值。这里的"便利"意味着离家近、有更好的配送选择，以及能够避免拥堵（如不用排长队）；更加"物有所值"意味着更低的交付成本、更实惠的定价和促销活动。物有所值也是消费者尝试购买新产品的主要原因，占所有原因的 57%。

此外，引导消费者向新产品转移的一个特定因素是卫生、环保意识的增强。在那些尝试过新产品的消费者中，17% 的人把该产品的外包装是否经过了卫生处理作为选择条件；9% 的消费者表示该产品对于环境的负面影响较低也是选择条件之一。

消费者以疫情为契机，尝试了新的商店、品牌、产品和购物方式。便利、物有所值、产品卫生且环保，这些已成为当下消费者的基本需求，而新的生活方式带来的不同于以往的客户流入和流出，加速了中长期品牌的转换。对于日用品和零售公司来说，疫情带来了吸引新客户的机会与失去老客户的风险，同样也是检验产品自身是否真正满足了顾客需求的一个契机。

转变 4：更青睐在家中就能进行的活动

疫情催生了"居家消费"一词。截至 2020 年 6 月，有 81% 的消费者表示已经不怎么在户外活动，2020 年 9 月这一比例为 73%，2020 年 11 月为 71%，虽然这一数字不断在下降，但是仍然维持在较高水平。在按年龄段划分时，18～34 岁的群体中有 40% 的人表示疫情并不影响他们在户外活动；55～64 岁的群体中有 26% 不受影响；65～74 岁的群体中有 22% 不受影响；75 岁及以上的群体中有 7% 不受影响。

截至 2020 年 11 月，表示已经不怎么在户外活动的消费者比例下降到 71%，当被问及如何才能让他们完全恢复之前的活动时，正在自我限制出行的群体中有

9%的人表示需要政府放宽相关政策。60%的人表示不仅需要政府放宽出行政策，还要具备其他必要条件才行，其中有18%的人表示这一必要条件为医疗专家公开宣称当下已经安全了，他们才能放心出行；而23%的人表示必须看到周围的人都开始外出了，才会考虑出行。也有32%的人表示，在疫苗或是相应的治疗方案得以确立之前，他们不会像从前一样进行户外活动。

按活动类型来看，截至2020年11月，有40%～50%的消费者表示他们并不担心外出购物或工作，这表明在日常生活方面，消费者已经有了一定程度上的安全感。表示去健身房、参加大型活动、与朋友聚会等活动不是特别必要的人，对与人接触的活动感到"担忧"或者"多少有点担忧"，这些人加起来的比例在这几项活动中都占80%左右（见图1-6）。

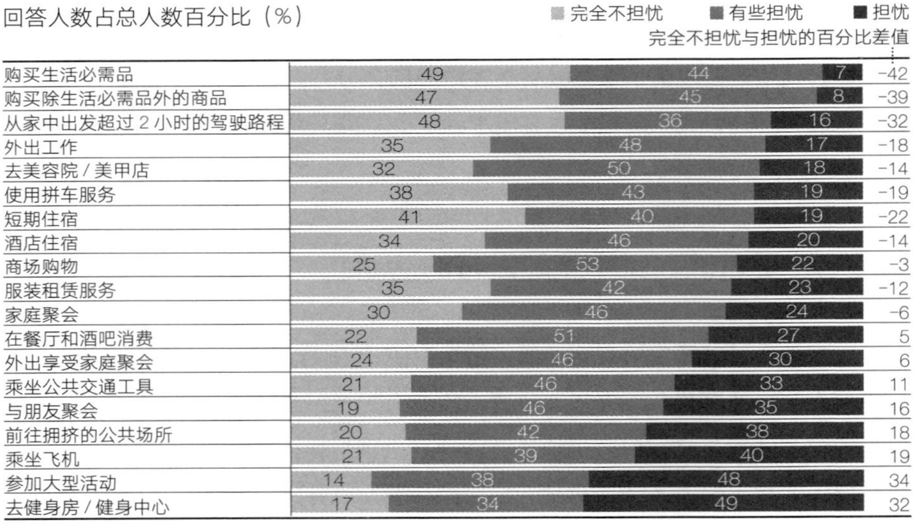

活动	完全不担忧	有些担忧	担忧	完全不担忧与担忧的百分比差值
购买生活必需品	49	44	7	-42
购买除生活必需品外的商品	47	45	8	-39
从家中出发超过2小时的驾驶路程	48	36	16	-32
外出工作	35	48	17	-18
去美容院/美甲店	32	50	18	-14
使用拼车服务	38	43	19	-19
短期住宿	41	40	19	-22
酒店住宿	34	46	20	-14
商场购物	25	53	22	-3
服装租赁服务	35	42	23	-12
家庭聚会	30	46	24	-6
在餐厅和酒吧消费	22	51	27	5
外出享受家庭聚会	24	46	30	6
乘坐公共交通工具	21	46	33	11
与朋友聚会	19	46	35	16
前往拥挤的公共场所	20	42	38	18
乘坐飞机	21	39	40	19
参加大型活动	14	38	48	34
去健身房/健身中心	17	34	49	32

回答人数占总人数百分比（%）

图1-6　日本消费者对各类活动感到担忧的程度

资料来源：麦肯锡于2020年11月进行的调查。

远程工作、线上听课、与朋友视频通话代替外出见面，这些都成为以往线

策略 1　提升线上模式的消费者体验

下活动在人们居家后的替代方案。此外，一些原本在家里就能进行的活动愈发被人们所青睐，诸如居家烹饪、使用社交媒体和观看电子竞技比赛等活动，尽管新参与用户数量比其他类型的活动要少，但是更加受大众的欢迎（见图1-7）。

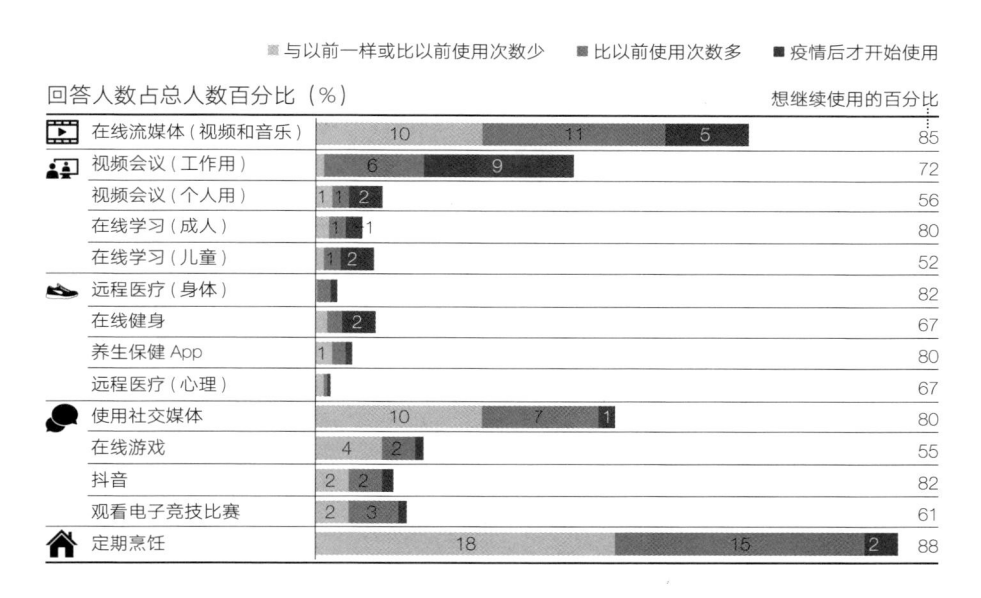

■ 与以前一样或比以前使用次数少　■ 比以前使用次数多　■ 疫情后才开始使用

回答人数占总人数百分比（%）　　　　　　　　　　　　　　　　　　　　想继续使用的百分比

活动	与以前一样或比以前使用次数少	比以前使用次数多	疫情后才开始使用	想继续使用的百分比
在线流媒体（视频和音乐）	10	11	5	85
视频会议（工作用）	6	9		72
视频会议（个人用）	1	1	2	56
在线学习（成人）	1		1	80
在线学习（儿童）	1		2	52
远程医疗（身体）				82
在线健身		2		67
养生保健 App	1			80
远程医疗（心理）				67
使用社交媒体	10	7	1	80
在线游戏	4	2		55
抖音	2	2		82
观看电子竞技比赛	2	3		61
定期烹饪	18	15	2	88

图 1-7　疫情后进行各类活动的日本消费者百分比

资料来源：麦肯锡于 2020 年 11 月进行的调查。

同样地，我们将疫情后"用户数量的增加"和"用户的使用意向"作为横竖坐标轴，整理了人们进行各类活动的变化情况，以推断出哪些活动在疫情后仍然会受大家的欢迎（见图 1-8）。

可以看出，有几项活动处于加速转变领域，它们分别是"在线健身""视频会议（工作用）""在线学习"。处于一定转变领域中的活动中有一些已经成为消费者生活中的一部分，如"养生保健 App"和"定期烹饪"。而"远程医疗"等被认为处在暂时转变领域，用户数量虽然有所增加，但因为在疫情后用户继续使用的意向较低，所以有必要审视其性质和用户的使用满意度，以确保其在今后能够继续发展。

麦肯锡未来经营策略

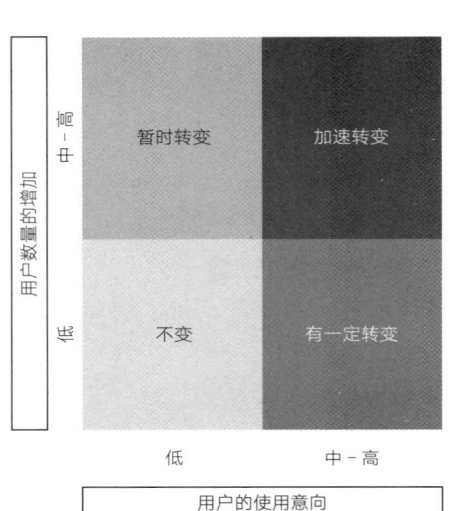

	加速转变	有一定转变	暂时转变	不变
			2020年9月	2020年11月
在线健身				
养生保健 App				
在线流媒体（视频和音乐）				
抖音				
使用社交媒体				
定期烹饪				
视频会议（工作用）				
视频会议（个人用）				
远程医疗（身体）				
远程医疗（心理）				
在线学习（成人）				
在线学习（儿童）				
观看电子竞技比赛				

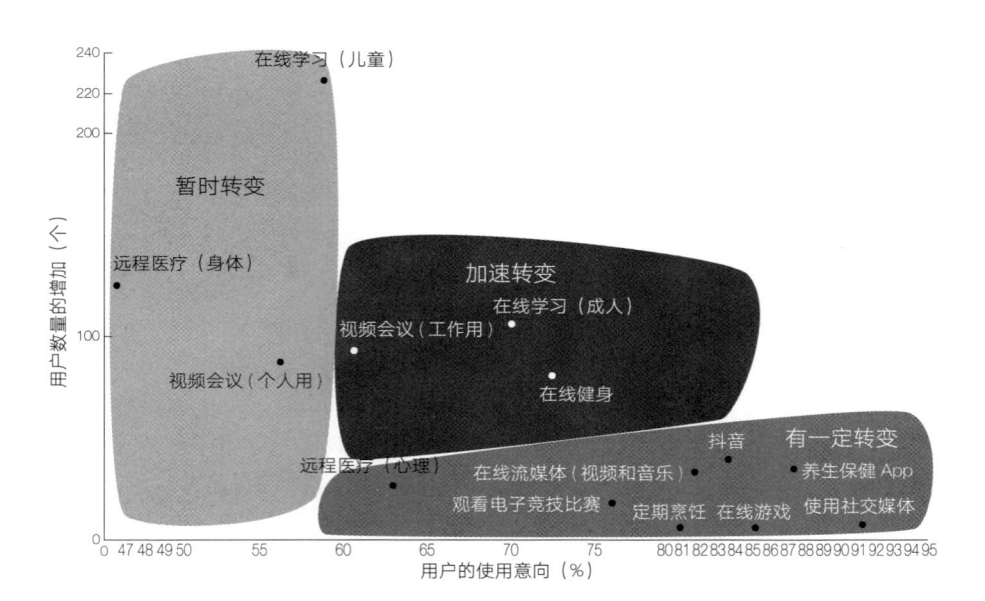

图 1-8　疫情后日本用户使用意向的变化以及用户数量的增加情况

资料来源：麦肯锡于 2020 年 11 月进行的调查。

学习中国消费水平迅速恢复的 2 个方法

在主要国家中，中国最早从疫情中恢复到相对正常的生活状态。到 2020 年 11 月，除了旅游观光船和国际航线等业务外，中国绝大部分消费情况恢复，且在麦肯锡最早展开调研的 2020 年 3 月，曾因疫情而受到显著影响的酒店等住宿业以及国内航线等业务，到 2021 年也已恢复正常（见图 1-9）。

另外，中国在数字化领域已经在很长一段时间内大幅领先于日本，如今的发展更是快马加鞭。

回答人数占总人数的百分比（%） ■减少 ■不变 ■增加

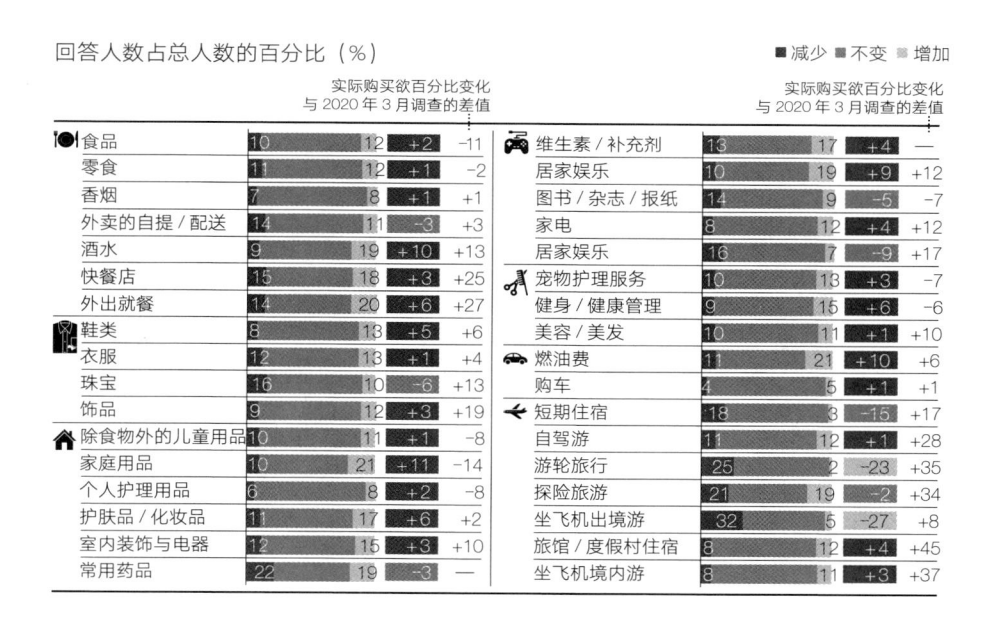

类别	实际购买欲百分比变化 与 2020 年 3 月调查的差值	类别	实际购买欲百分比变化 与 2020 年 3 月调查的差值
食品	10 / 12 / +2 / −11	维生素/补充剂	13 / 17 / +4 / —
零食	11 / 12 / +1 / −2	居家娱乐	10 / 19 / +9 / +12
香烟	7 / 8 / +1 / +1	图书/杂志/报纸	14 / 9 / −5 / −7
外卖的自提/配送	14 / 11 / −3 / −1	家电	8 / 12 / +4 / +12
酒水	9 / 19 / +10 / +13	居家娱乐	16 / 7 / −9 / +17
快餐店	15 / 18 / +3 / +25	宠物护理服务	10 / 13 / +3 / −7
外出就餐	14 / 20 / +6 / +27	健身/健康管理	9 / 15 / +6 / −6
鞋类	8 / 13 / +5 / +6	美容/美发	10 / 11 / +1 / +10
衣服	12 / 13 / +1 / +4	燃油费	11 / 21 / +10 / +6
珠宝	16 / 10 / −6 / +13	购车	4 / 5 / +1 / +1
饰品	9 / 12 / +3 / +19	短期住宿	18 / 3 / −15 / +17
除食物外的儿童用品	10 / 11 / +1 / −8	自驾游	11 / 12 / +1 / +28
家庭用品	10 / 21 / +11 / −14	游轮旅行	25 / 2 / −23 / +35
个人护理用品	6 / 8 / +2 / −8	探险旅游	21 / 19 / −2 / +34
护肤品/化妆品	11 / 17 / +6 / +2	坐飞机出境游	32 / 5 / −27 / +8
室内装饰与电器	12 / 15 / +3 / +10	旅馆/度假村住宿	8 / 12 / +4 / +45
常用药品	22 / 19 / −3 / —	坐飞机境内游	8 / 11 / +3 / +37

图 1-9　与疫情前相比，2020 年 9 月上半月中国各类支出变化

资料来源：麦肯锡于 2020 年 3 月、9 月进行的调查。

2020 年 9 月的调查显示，面对户外活动，表示"担忧"的中国受访者比例比日本在内的其他国家都要低，在使用公共交通工具和参加大型活动等方面，也没有其他国家所表现出的那种不安情绪（见图1-10）。

回答人数占总人数的百分比（%）	完全不担忧	有些担忧	担忧	完全不担忧与感到担忧的差值
短期住宿	81	16	2	-79
购买生活必需品	93	4	3	-90
从家中出发超过2小时的驾驶路程	81	16	3	-78
酒店住宿	62	34	4	-58
家庭聚会	88	7	5	-83
与朋友聚会	87	8	5	-82
购买除生活必需品外的商品	85	9	6	-79
前往拥挤的公共场所	63	29	8	-55
在餐厅和酒吧消费	69	22	9	-60
商场购物	64	25	11	-53
去美容院/美甲店	53	32	15	-38
外出工作	58	27	16	-42
乘坐公共交通工具	56	27	16	-40
使用拼车服务	50	31	19	-31
外出享受家庭聚会	48	33	20	-28
去健身房/健身中心	47	34	20	-27
参加大型活动	49	24	27	-22
乘坐飞机	23	45	32	9

图1-10　中国消费者对各类活动感到担忧的程度

资料来源：麦肯锡于2020年9月进行的调查。

可以说截至2020年11月，在几个主要国家中，中国的消费水平是最早恢复的。接下来，我们以疫情前后中国实情的变化为基础，思考其他国家应该学习的地方。

方法1：扩大消费全渠道的数字化

首先，中国最为显著的特征是进一步扩大了消费全渠道的数字化。原本在中国使用数字化全渠道的消费者数量就有很多，所以新增加的消费者仅有约10%。但是，在使用数字化全渠道的人群中，回答完全使用数字化全渠道的消费者比例增加了约50%，这说明数字化全渠道更进一步扎根在了消费者的生活中（见图1-11）。

回答人数占总人数的百分比（%）	疫情前百分比	疫情后的预估百分比	增加百分比
常用药品	12	+6	46
家庭用品	22	+29	130
外卖的自提/配送	29	+15	52
零食	32	+17	52
酒水	20	+8	42
个人护理用品	29	+30	101
食品	32	+6	18
健身/健康管理	17	+8	50
维生素/补充剂	23	+5	23
鞋类	32	13	40
护肤品/化妆品	35	15	43
饰品	40	+7	17
室内装饰和电器	31	+10	31
珠宝	27	+5	19
除食品外的儿童用品	34	6	16
家电	38	+5	14
衣服	40	+10	26
图书/杂志/报纸	41	+16	39

图 1-11　疫情前后完全使用网购的中国消费者百分比

资料来源：麦肯锡于 2020 年 9 月进行的调查。

其次，中国的客户忠诚度要低于日本。86% 的消费者选择尝试新的购物方式，会经常去摸索对自己来说最合适的选择。而之所以要在新的商店或网站上购买，34% 的消费者表示主要是为了追求便利和物有所值，其中以便利为目的的消费者占选择新商店总人数的 2/3。具体来说，他们要实现在一个地方用更为灵活的配送与收货方式，把想要的东西全都买齐的目的。购买新品牌的人群中，大约有 1/4 的消费者主要追求的是物有所值，具体来说，是指这一品牌与其他品牌相比便宜多少，是否有优惠的活动等。

了解到消费者购买行为的变化，使得很多中国公司在疫情期间迅速做出反应，并取得了成功。以下是几个成功案例。

安踏体育用品有限公司是一家经营运动服装的中国品牌公司，业务涉及从运动服饰的设计、开发、制造到产品销售的各个环节。该公司利用中国国内广泛使用的聊天软件"微信"作为与消费者的接触点，仅用 2 天时间就在微信小程序上开设了电子商务（以下简称"电商"）交易平台。这使得安踏旗下多家门店在微信上与消费者建立了联系，创下较高的销售记录。

耐克公司在官方 App 上为注册用户推出了在家就可以进行的健身课程，使其 App 使用率增加了约 80%，线上销售额增加了 30%。

线上房地产交易平台贝壳公司则通过虚拟现实（VR）技术实现了线上看房。中国房地产中介公司的数据显示，贝壳公司 2019 年 2 月线上看房的使用次数达到了以往的 35 倍。

在中国，以疫情为契机实现销售额爆发性增长的公司，都做到了迅速了解消费者的行为变化，并在极短的时间内构筑在线渠道。它们巧妙地将居家需求和实现销售额的上涨联系在了一起。

方法 2：消费者接触点向线上转移

以疫情为契机，日本也有很多消费者获得了体验数字化全渠道的机会。由此，公司增加了与消费者的接触点（App、远程咨询及面对面交流），获得了大量的消费者数据。

在这种数字化接触点增加的态势下，为了获得更加适合自己的关联商品推荐，消费者意识到有必要提供一些个人信息。但是，消费者在提供信息的同时，也期待着公司更加迅速的回应，以及更加个性化的报价。世界范围内社交媒体的活跃用户现已增加到约 30 亿人，55% 的消费者在线下购买时也会受到数字化的影响。在寻求比以往更加迅速的公司回应的消费者中，有 42% 期望在社交媒体上进行投诉后，公司可以在 60 分钟以内做出回应。另外，63% 的千禧一代（1980—1995 年出生的一代人，又称 Y 世代）以及 58% 的 X 世代（1960—1979 年出生的一代人）期望能得到更为个性化的报价和折扣信息，而不是大数据。有 74% 的消费者对现今网页内容的个性化不足而感到不满。

策略 1　提升线上模式的消费者体验

在这样的潮流中，可以想见，那些坚持线下销售等传统商业模式的公司，因为应对变化的反应迟缓，大多数遭遇了收益率进一步的恶化。

在 2000 年左右的互联网泡沫时期，有很多公司坚持推行以线下为中心的传统商业模式，结果因跟不上行业的发展而被淘汰。在美国，作为 DVD 租赁服务领头羊的百视达公司（Blockbuster）的破产就是一个知名的案例。该公司曾在全美拥有超过 9 000 家门店，但从 20 世纪 90 年代后期起，它被更新了 DVD 租赁服务行业业态的奈飞（Netflix）公司一步步赶超。百视达不懂得预见消费者观念的变化，也没能有效应对实体店这一消费者接触点的变化，更具讽刺意味的是，2000 年的时候百视达竟然拒绝了收购奈飞的机会。

受疫情的影响，消费者接触点开始向线上转移，线下接触点减少。那些未能和消费者在网上建立直接接触点的公司不仅与老客户有所疏远，还限制了新客户的流入；而拥有多个线上消费者接触点的公司，成功收集到了更多的消费者数据，并进行分析和整合，从而在面对单个消费者时能精准识别其需求和场景，而不是仅设定一个统一的客户形象，这么做能够提高消费者忠诚度，获得"钱包份额"①，进而创造良性循环。

反过来说，如果一家公司没有自主创设线上消费者接触点，而只是搭载在某个在线平台上，那么它只不过是众多运用平台的公司中的一个，同时，它又在不同的消费者接触点上对消费者适用同一种宣传方式，这样很难与一直以来的竞争者区别开来。

虽然日本公司不必像中国的大型数字化公司那样，在一个公司生态系统中制造各种各样的消费者接触点，但也应确保通过在线的途径直接解析与消费者的接触点。在数据接触点缺失方面，如果不通过合作伙伴关系等构建起生态系统，从中获得庞大的消费者数据并进行利用，那么显而易见，日本公司将会在今后失去消费者的关注，并在全球市场上失去竞争力。

---

① 钱包份额指消费者可支配收入中对该公司的消费比例。

增加线上消费者接触点

为了可以和全球化公司平等竞争，企业应该采取哪些措施？下面几个案例或许能够有所启迪。

公司案例1：沃尔玛公司

沃尔玛公司以美国为据点，是因"天天平价"的口号而闻名的世界规模最大的零售业公司，曾在2020年创下5 590亿美元的销售记录。由于亚马逊公司的崛起和在中长期支撑着消费发展的千禧一代对电商需求的增加，该公司在2000年至2010年上半年除了发展以实体店为中心的既有业务以外，还谋求强化电商。但是，当时该公司的网站在感观上很难让人一目了然，消费者使用起来不是很方便，导致该公司的电商销售额和美国的西尔斯公司、梅西百货等大型零售公司一样呈现低成长，而没有像史泰博公司那样在电商方面取得成功。

但是，沃尔玛公司在此之后彻底提升了网站的便利性和可操作性，电商方面的销售额从2011年的49亿美元增长到了2014年的122亿美元，于3年间增长150个百分点。另外，在这3年间平均每月独立访客数（除重复访客数外）方面，与eBay公司增加了71%、亚马逊公司增加了83%相比，沃尔玛公司创下了112%的增长纪录。电商业务的强化起到了一定作用，在2020年9月至12月，沃尔玛在美国的销售额为996亿美元，其中62%是电商的功劳。

若要通过沃尔玛公司的电商渠道购买商品，消费者可以先访问沃尔玛公司的App或网站，在购买完成后选择配送到家还是到店自取。该公司基于累积容量超过40PB的消费者数据，不仅可以为消费者提供划算的组合购买建议和发放优惠券，还通过和其他搜索引擎合作，根据每个消费者的情况提出了购买建议。

另外，沃尔玛还利用App提升了消费者在实体店的购物体验。消费者只需用手机扫描店内商品的条形码，就能掌握该商品的详细介绍和用户评论等信息；只需在 App 上进行检索，就可以知道想找的商品在实体店的哪一个货架上。此外，还可以实时掌握购物车中商品的合计金额。而且，如果检测到某一商品在附近商店的价格更低，App 还会自动发放优惠券，令消费者受益。

沃尔玛公司于 2016 年以约 30 亿美元的价格收购了 Jet.com[①]，进一步强化了公司的线上渠道。本着同样的目标，沃尔玛在 2020 年 6 月与 Shopify 公司达成合作，后者拥有 100 万中小型销售公司的平台，这帮助沃尔玛公司更进一步扩大了消费者基数、扩充了合作品牌。其成功的秘诀有两点，即"供应链在整体上实现数字化"和"以强化电商为前提，大范围强化整个组织"。

供应链在整体上实现数字化

2013 年 10 月，沃尔玛公司在得克萨斯州新设立了一个专用仓库，而在此之前，该公司只有一个电商专用仓库。之后随着业务扩大，沃尔玛又在全美各地新设了专用仓库。电商专用仓库与以往传统的仓库相比，由于运用机器人等设备推动了数字化进程，因此缩短了从网上下单到送货上门所需的时间。

另外，沃尔玛公司在 2019 年与 Alert Innovation 公司合作设立了新仓库，并启用了名为 Alphabot 的机器人。Alphabot 能够在仓库内自动挑选商品，并搬运到负责包装、发送等工作的车间，缩短了从仓库内接受订单到发送的时间。

沃尔玛公司除了在仓库操作方面运用了机器人外，还在库存管理方面运用了解析技术。例如，通过分析每个地区社交网络服务（SNS）上某一物品的热度，提前预测需求，从而将商品从有库存的仓库运到库存可能不足的仓库。

这样，通过在供应链整体上进行数字化，沃尔玛公司在削减从订货到发货时间的同时，还防止了断货情况的发生，构建了将订购产品迅速送达的组织结构。

[①] Jet.com 是谷歌公司的风投部门 GV、高盛集团、阿里巴巴集团等公司筹集资金建立的公司。

以强化电商为前提，大范围强化整个组织

沃尔玛公司在2010年将分散在世界各地的电商业务部门整合到了位于美国硅谷的沃尔玛全球电商部门，该部门的目标是将消费者在实体店的购买经验同线上的消费体验相融合，以实现在世界各地顺畅管理和运营电商网站。此外，该部门还设立了沃尔玛Labs[①]，运用最新开发的技术，在为消费者提供便利的同时，还为沃尔玛公司电商业务的发展担负起了强化整个供应链业务的责任。

该部门通过强化搜索功能，在设立第一年就使从网站访问到购买的转化率有了10%～15%的改善。此后数年，该部门的人才库在全球范围内扩展到3 600人，其中2 200人是硅谷人才。这种人才强化是在积极的收购和独有的招聘模式中实现的。

在积极收购方面，从2011开始的数年间，沃尔玛公司以强化数字技术为目的，进行了对10多家公司的收购。其中，为沃尔玛Labs的成立做出巨大贡献的Kosmix公司，是沃尔玛在2011年以约300万美元的价格收购的。Kosmix公司由阿南德·拉贾拉曼（Anand Rajaraman）和文奇·哈里纳瑞扬（Venky Harinarayan）[②]创立，擅长于以SNS上收集到的数据作为基础来强化检索功能，这一技术在沃尔玛公司的线上网站预测变化以辅助消费者进行检索操作等功能上做出过重大贡献。

除此之外，沃尔玛公司还对擅长App开发、解析功能的公司进行收购，在吸纳技术和人才方面取得了成功。沃尔玛还通过自身独有的招聘模式吸纳人才，例如，公司在面临解析功能等问题时，利用可以众包的平台举办设计比赛，或运用SNS的标签功能（指对投稿赋予特定关键词的功能）开展招聘宣传活动。如今，沃尔玛公司仍在谋求人才的扩充，从2018年6月开始以强化电商为目的大量吸纳人才，到2019年末录用的新员工达到2 000人。

---

① 沃尔玛Labs是沃尔玛数字领域的研发部门，拥有数千名技术人员。
② 文奇·哈里纳瑞扬创立了亚马逊公司于1998年收购的Junglee公司，之后在亚马逊任职技术总监。

这一系列改革是在精通数字化的强大统帅的领导下进行的。例如，2012—2017年，沃尔玛全球电商部门的首席执行官尼尔·阿什（Neil Ashe）同时担任CBS互动媒体公司的代表，后者归属于拥有美国最大广播网络CBS广播的维亚康姆（Viacom）CBS，并为CBS提供在线内容。此后，该部门任命费尔南多·梅代拉（Fernando Madeira）[①]于2014—2017年就任首席执行官，并提名Instagram公司共同创始人凯文·斯特罗姆（Kevin Systrom）、雅虎首席执行官玛丽莎·梅耶尔（Marisa Mayer）在2012年以后出任董事，建立起了精通数字化的领导团队。

这样大范围强化组织的结果是，2018年沃尔玛公司的数字投资规模在亚马逊和Alphabet之后，排名世界第三，已经投资了117亿美元（据IDC公司调查）于IT和数字领域。现任首席执行官道格拉斯·麦克米伦（Douglas McMillon）表示："沃尔玛公司是同时有着技术和创新的公司。"

公司案例2：特斯拉公司

2020年占据全球电动汽车销量首位的特斯拉公司，曾在2019年关闭了多家实体店，以"利用智能手机1分钟购买特斯拉"为标语，其与消费者的接触点几乎全部转变为线上。而究其原因，就在于该公司的目标是实现用户至上的价值观。

在购买特斯拉汽车时，消费者没有必要去找经销商。只需几分钟，人们就可以在智能手机的App上购买到特斯拉公司的汽车。

特斯拉汽车具体的购买流程是：首先选择车型，然后选择车外的涂装颜色、车轮、内饰的涂装、行驶模式等参数。此时，根据所选择的内容，App会实时在画面上显示车辆外观的变化，消费者可以一边尝试各种组合一边做出决定。接

[①] 费尔南多·梅代拉创立了拉丁美洲最大的互联网门户平台Terra公司。

着，消费者需要上传驾照等证件，一旦批准下来，就可以接收到交车时间、地点等信息。付款可以当场完成，如果距离交车时间尚有30天以上的话，特斯拉公司还提供可选择的贷款选项。在这一系列过程中，消费者不会和特斯拉公司的负责人说一句话，只是根据需要通过邮件进行沟通即可。

这样的在线交流方式在购买完成之后仍会继续。在感应到车辆故障风险的情况下，特斯拉会通过车内屏幕的画面通知车主进行维护。另外，特斯拉的汽车还可以通过无线发送和接收数据的OTA（Over The Air）技术来更新软件，从而灵活地改变规格设置。充分利用这一特性，特斯拉还可以快速地响应来自消费者的反馈，例如，在2017年夏天，当飓风"厄玛"袭击美国时，基于消费者的强烈要求，特斯拉临时免费开放了延长最大续航里程的服务（一般情况下，此服务的费用为3 000美元）。

另外，有消费者曾称车内提示音会使得后座的孩子受到惊吓，针对这一反馈，特斯拉通过软件的更新导入了降低车内铃声音量的"Joe模式"。像这样的更新虽然只是点滴功能的改善，但会时时进行。

上述购买方法的大胆变革和对反馈的快速响应受到了市场的好评，截至2021年1月，特斯拉公司的总市值超过了8 000亿美元，2020年的销售量约为50万台，比2019年增加了36%。

特斯拉公司成功的秘诀之一是将消费者的反馈信息作为战略决策的一种助力。首席执行官埃隆·马斯克及其公司的官方推特账号分别拥有4 000万人以上和600万人以上的关注者，两个账号会对约65%的消费者反馈的问题进行回答[1]。这些反馈会在每周有马斯克参与的全公司会议上进行讨论，这对提高决策的质量大有帮助。另外，该公司从一线员工到首席执行官只有4个层级，简单的扁平化组织也可以说是支撑着快速决策的一个原因。

---

[1] 该数据截至2021年本书日文原版出版时。——编者注

公司案例 3：中国平安

中国平安于 1988 年在中国深圳创立，是世界上规模最大的保险公司之一，该公司以线上开展的保险业务为基础，同时向注册了该公司账户的 1.5 亿余位消费者提供健康管理、汽车、房地产管理、家庭理财、饮食配送等服务。消费者只需一个账户，就可以享受生活中全方位的服务。

例如，在该公司"汽车之家"这一项汽车相关服务中，用户不仅可以获得车辆信息，还可以一站式选车，该服务还提供了贷款买车的选项，在此基础上从申请贷款到贷款批准，不用去实体店就可以完成操作。这项服务共计拥有 1 000 万活跃用户，20 000 个注册经销商。

另外，该公司的"平安好医生"服务不仅对用户的健康、运动模式进行管理，还会根据用户描述的症状推荐最合适的医生进行在线诊疗，并形成了从诊疗至医药品配送的一条龙服务。

在疫情时期，它以发展自主拥有的在线诊疗平台，短时间内构筑起了应对疫情的紧急在线诊疗平台，推进了在线咨询和轻症患者的居家指导业务。这样一来，通过在线消费者接触点，平安好医生做到了对消费者需求的快速响应。

能够做到这一点，除了自主持有的保险数据外，还因为中国平安与 10 000 多家金融机构合作，实现了数据收集和管理。收集到的数据被保存在综合后的用户信息管理系统中，约 200 位数据专家通过分析数据、利用数据来强化用户体验（UX）。

另外，在对公司的业务开发进行大量投资的同时，中国平安还通过与多家公司建立合作关系来构建生态系统，使其能在更广泛的领域开展服务。

中国平安投入了 12 亿美元以上的资金进行新的数字商业模式的构筑以及技术的开发，在各业务领域构筑新的用例并反复试验。其结果是，就像平安好车那样包含了移动交通服务一样，在各领域，中国平安均成功实现了新兴公司的建立。除平安好车之外，它还建立了金融服务 Lufax，健康类的平安好医生，区块链类的金融一账通、平安云等。

另外，中国平安还投资设立了平安创新公司和平安全球领航基金 2 个风险投资组织。平安创新公司聚焦于相对成熟的公司，以获得经验和新技术为目的；平安全球领航基金则关注创业初期的公司，在金融技术、数字健康、移动交通等领域投入了约 12 亿美元的资金。

这一行为的结果是，在其构筑的车辆销售平台上，新车销售、二手车销售、面向经销商的新车销售、备件销售、保险销售和金融服务都成为可能。

中国平安于在线平台上采用标准且又灵活的 IT 架构，以更容易地建立起合作伙伴关系。例如，它与滴滴出行公司建立合作关系，开展租赁等服务。

消费者只需拥有一个账户，就能在生活的所有方面享受相应的服务，实行这种业务模式的除了中国平安之外，还有马来西亚的 Grab 公司和印度尼西亚的 Go-Jek 公司。截至 2021 年 4 月，Grab 公司的市值约为 42 700 亿日元，是 2020 年市值的 2 倍。

上文介绍的 3 家公司都是通过线上的方式，灵活利用消费者接触点，避免受到疫情所带来的负面影响，经历了高速成长。它们不仅在网上拥有消费者接触点，而且为了让消费者积极使用其平台，还重视利用数据以及积极响应消费者反馈，尤为明显地体现出了提高用户体验的特点。

另外，我们还认识到，公司并不需要自主构建服务体系，而是可以充分通过收购公司和建立合作伙伴关系，构建生态系统，优化消费者体验。最为重要的是建立与利用数据和迅速响应用户反馈相对应的开发体制，拥有良好的公司风气和优秀的人才，以及致力于实现数字化变革的强大领导能力。

策略 1　提升线上模式的消费者体验

对新常态的深度思考

マッキンゼー ネクスト・ノーマル
アフターコロナの勝者の条件

疫情已经使消费者的购买行为产生了巨大的变化，很多公司不得不改变以往的战略方针。中国早已在线上渠道转化方面领先于日本，即便是在疫情期间，也有公司实现了增长。另外，在经济前景不明的情况下，消费者对商品价格和价值的鉴别也越来越严格，通过打开新的购物渠道和购买新的商品，客户对此是感到满意的。同时，疫情使线上服务正在以可见的速度扩张，而这种情况是否还能继续下去，将取决于公司能否让客户满意并扎根于此。

如果公司想要在新常态下具有竞争力，就需要增加线上消费者接触点，灵活运用从中得到的数据做出决策。

通过沃尔玛、特斯拉、中国平安的案例，可以看出提升线上模式下消费者体验的重要性，以及实现这一目的的组织体制。疫情对公司来说，将成为业务模式转变的良好契机。

策略 2

针对 Z 世代的特点
完善商业模式

マッキンゼー ネクスト・ノーマル
アフターコロナの勝者の条件

策略 2　针对 Z 世代的特点完善商业模式

全球范围内基于数字化开展的服务（如网购、食品配送和视频流媒体服务等）大受人们的欢迎，在这种向新的消费行为转变的过程中，起带头作用的群体是身为数字原住民的 Z 世代。Z 世代成长于经济状况不稳定的时代，他们从小就十分熟悉互联网，是与社交媒体一同成长起来的一代人。

如今，全球 Z 世代的人口数已经超过了千禧一代，占全球人口的 32%，在亚洲，Z 世代的人口比例为 25%。据说这一代人拥有 15 万亿日元的购买力，而随着年龄的增长，他们的收入和支出预计还将持续上涨。Z 世代也影响着其他世代的思考方式和消费行为，他们创造了新的消费行为，引领着流行趋势，同时具有极强的感染力。Z 世代消费者在疫情时期步入成年，因此在他们确立自身成年消费模式的最初阶段，居家工作、自我限制出行成了生活的主要内容。

因此，了解这一代年轻人的价值观和消费观念，以及疫情对他们行为的影响，是新常态下公司经营的重要策略之一。

Z 世代消费行为的 5 个特点

麦肯锡于 2019 年下半年在澳大利亚、中国、印度尼西亚、日本、韩国和泰国 6 个国家对 Z 世代、千禧一代和 X 世代的 16 000 多名消费者进行了问卷调查，目的是了解 Z 世代在消费前会进行什么样的事前调查和研究。

每一代人出生时的时代背景都会极大地影响他们的消费行为与消费模式。如图 2-1 所示，对于在第二次世界大战期间以及战后不久出生的婴儿潮一代来说，消费是意识形态的一种表达。

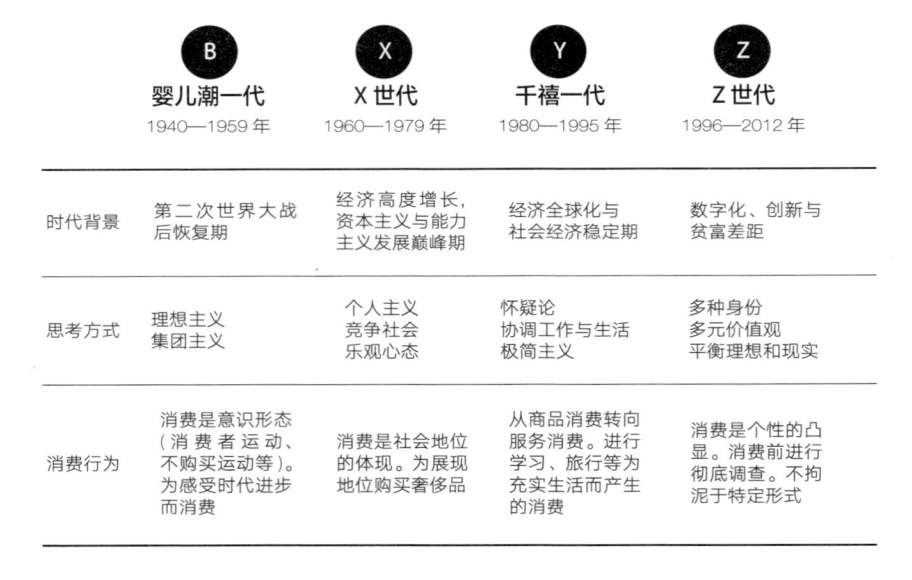

	B 婴儿潮一代 1940—1959 年	**X** X 世代 1960—1979 年	**Y** 千禧一代 1980—1995 年	**Z** Z 世代 1996—2012 年
时代背景	第二次世界大战后恢复期	经济高度增长，资本主义与能力主义发展巅峰期	经济全球化与社会经济稳定期	数字化、创新与贫富差距
思考方式	理想主义 集团主义	个人主义 竞争社会 乐观心态	怀疑论 协调工作与生活 极简主义	多种身份 多元价值观 平衡理想和现实
消费行为	消费是意识形态（消费者运动、不购买运动等）。为感受时代进步而消费	消费是社会地位的体现。为展现地位购买奢侈品	从商品消费转向服务消费。进行学习、旅行等为充实生活而产生的消费	消费是个性的凸显。消费前进行彻底调查。不拘泥于特定形式

图 2-1　不同时代人的思考方式与消费行为

对于在资本主义和能力主义发展巅峰期成长起来的 X 世代来说，消费是社会地位的体现。对于在全球化和社会经济稳定期成长起来的千禧一代来说，消费更代表了一种消费经验。而若要用一个词来表述 Z 世代的消费行为特点的话，那就是"多面性"。他们更容易理解"多重面貌"等形式的意义，会将虚拟数字与现实结合起来，以平衡不同面，使它们不会产生冲突（见图2-2）。

个人身份难以定义	以各种方式参与社交（包含虚拟身份在内）	沟通	现实
"请不要只用一种观点定义我"	"彻底的，包容的"	"避免冲突，重视沟通和尊重不同的意见"	"活得现实"
个人的真实主张	与现实相联系	理解现实	揭露生活背后的真相

图 2-2　Z 世代的特点

具体来说，Z 世代消费者具有以下几个特点。

- 使用多种身份。他们在社交网络上和现实生活中管理着各种各样的身份与人设。不同场合的不同身份都是真实的，都是其性格的一个侧面。
- 对包括虚拟社区在内的多个圈子有归属感。身份的不同也决定了所处圈子的不同，除了真实生活（如学校、工作）中的朋友，他们在虚拟社区也与人（有时从未谋面）有着同等深度的联系。
- 对不同价值观均保持理解。他们能够理解处于不同立场的人的不同观点。因为他们成长于一个假消息满天飞的时代，所以在意识到自己很容易受到此类信息影响的基础上，会培养自己找到正确信息来源的能力，努力提升文化水平，以辨别信息的真伪。
- 能平衡理想和现实之间的关系。他们可以接触到大量关于现实生活的一手消息。例如，通过社交媒体了解到的世界各地真实的境况等，并且感觉这些信息有一种活生生的现实感。他们中还有一部分人有能力通过社交媒体传播自己的言论，再加上周边网红等的加持，个人发声的阻碍变小，从而能够对可持续发展、环境破坏等内容发表意见。同样也有一部分人希望避免网络暴力，或者对此不太感兴趣，而随着网络传播工具愈加普遍，他们想法上的两极分化也愈加严重。

根据 Z 世代的多面性和他们作为数字原住民成长起来的历史背景，我们观察到其消费行为有以下 5 个特点：

- 喜欢张扬个性的人气品牌。
- 在消费时重视可持续发展和道德准则[①]。
- 品牌选择在很大程度上受到网络视频内容的影响。
- 不拘泥于"拥有"商品。
- 购买前会做好充分的调查。

特点 1：喜欢张扬个性的人气品牌

Z 世代会同时追求品牌的人气和个性，他们比 X 世代更加俗套地喜欢人气高的品牌。在亚洲进行的问卷调查显示，"会寻找人气高的品牌商品"的人，相比于 X 世代的 34%，Z 世代的比例为 40%。另外，Z 世代一方面青睐人气很高的品牌，另一方面追求那些可以和他人有所不同的品牌的倾向也很强烈，Z 世代中追求差异性的人数是 X 世代的 1.3 倍、千禧一代的 1.5 倍。他们还期待个性化（针对个人的定制产品和服务）、限定商品、品牌联名商品等带有各种附加价值和附带服务的产品。

---

① 重视可持续发展和道德准则即考虑到人群、地区、社会以及地球环境等层面的问题。

特点2：在消费时重视可持续发展和道德准则

Z世代会在消费活动中意识到可持续发展和道德准则的重要性，会充分理解品牌及其背景所具有的现实意义。

在巴西进行的调查显示，Z世代中有70%的人想从有道德准则的公司购买产品，有80%的人不想购买那些爆出过丑闻的公司的产品。在亚洲，人们也喜欢环保商品、有机食品、有道德准则的公司的时尚产品。

在中国，Z世代和千禧一代均有60%的人希望将因饮食习惯的改变而对环境产生的负面影响降到最小。两代人中约半数的人表示会经常购买本地食品。

在日本，这样的倾向也很显著，有54%的Z世代在寻找以可持续发展材料生产的服装，还有46%的人喜欢二手衣服。

特点3：品牌选择在很大程度上受到网络视频内容的影响

在6个国家进行的调查显示，影响到商品购买的前三名要素中，Z世代和其他世代相比，受网络视频内容影响的比例之高是具压倒性的（见图2-3）。特别是日本和韩国，和其他国家相比，因网络视频的影响力很高，所以各公司会不可避免地运用网络视频进行宣传。

和其他世代相比，Z世代在YouTube和抖音等视频平台上的观看量要多得多，而这也影响到了他们对于品牌和商品的选择。

在进行了调查的6个国家中，约70%的Z世代人回答一个月内至少会有一次以上的机会通过网络视频了解新品牌，这一比例远高于千禧一代（58%）和X世代（46%）。

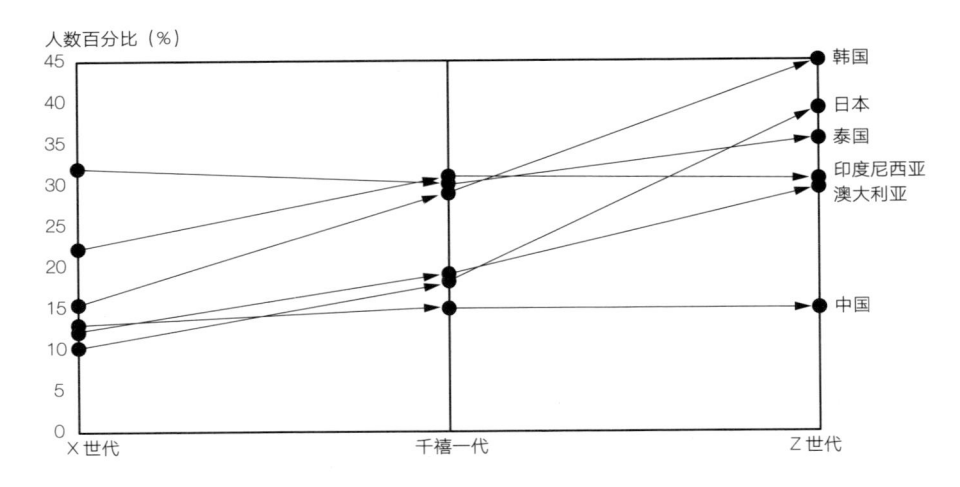

图 2-3　各国受网络视频影响的受访者百分比

资料来源：麦肯锡于 2009 年 11 月面向亚太 Z 世代的调查（n=16 000）。

特点 4：不拘泥于"拥有"商品

对 Z 世代来说，消费的定义正不断从"拥有"转化为"得到使用的权利"，这种想法也逐渐渗透到所有人的生活中。这样的服务包括拼车服务以及奈飞等视频流媒体的订阅服务（即为了获得一定时间的使用权，用户需要定期付费的服务）。

特点 5：购买前会做好充分的调查

约 1/3 的 Z 世代每天会花费 6 小时以上的时间在智能手机上，这一使用时长的用户比例比千禧一代（22%）和 X 世代（10%）要高很多。平时手机不离身的 Z 世代在购买前经常会进行调查研究，且对于寻找有折扣价格的商品也很感兴趣。和千禧一代、X 世代相比，Z 世代回答"经常或几乎总是在寻找折扣信息"的比例更高。在澳大利亚，有66%的Z世代受访者回答"购买前一定会确认折扣信息"。在中国，做出同样回答的Z时代比例为50%，比千禧一代高出了10%。

Z世代表层行动与深层心理的矛盾

Z世代还有3个消费特性，这3个特性中的每一条都看似具有矛盾性。

- 对道德准则、环境保护有很强的意识，但不一定会为此消费。
- 喜欢个性化，但又想保障个人隐私。
- 购买前收集很多信息，但最终会以家人和朋友的信息为准。

特性1：对道德准则、环境保护有很强的意识，但不一定会为此消费

Z世代在消费活动中重视可持续发展和道德准则，但对于承担了环保责任的品牌，对其溢价的接受程度却有限（见图2-4）。在除澳大利亚以外的亚洲地区的5个国家中，选择"即使价格高些，也会选择承担环保责任的品牌"的Z世代比例并没有比其他世代的人高。在日本，X世代、千禧一代、Z世代中会为有道德准则、环保的商品支付溢价的比例均在40%以下，相互之间没有太大的区别。

通过分析人们的消费行为和对品牌选择的意向，我们可以发现可持续发展消费和赶时髦的倾向存在着很强的关联，而且回答"即使价格偏高也要购买环保产品"的人，一般对品牌的意识也会更高。也就是说，购买、使用环保产品以及

具有环保意识，可以影响 Z 世代对社会地位的思考。各家公司需要认识到，虽然有着道德准则思考的消费者会支持公司在市场可持续发展方面做出的努力，但是这种支持并不意味着会去购买这些公司的产品或服务。

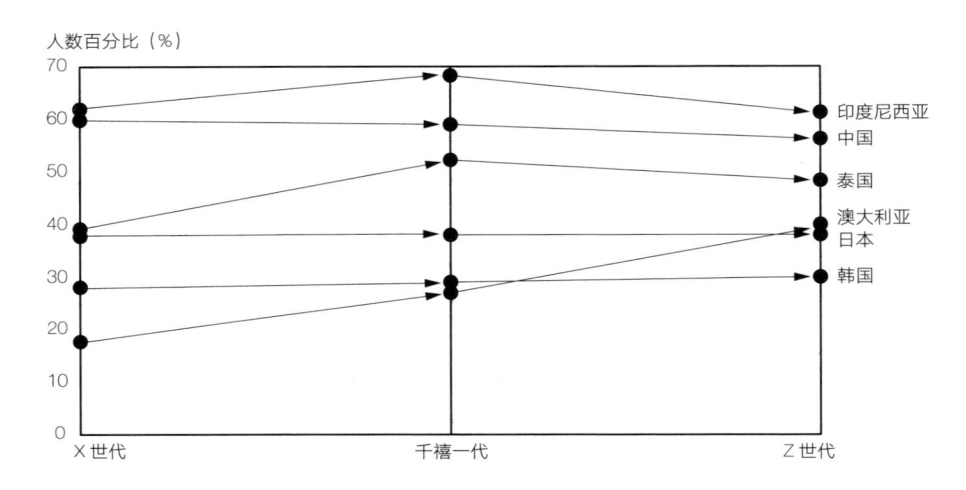

图 2-4　各国接受高价可持续发展产品的受访者百分比

资料来源：麦肯锡于 2019 年 11 月面向亚太 Z 世代的调查（n=16 000）。

特性 2：喜欢个性化，但又想保障个人隐私

Z 世代喜欢有个性的商品，但又对透露个人信息有抵触情绪。在亚洲，参与调查的 Z 世代中有半数以上的人认为现代社会存在着超出其所必要程度上的信息共享，而在日本，这一比例超过了 75%。另外，有 49% 的人担心自己的个人数据会被滥用。

作为数字原住民的 Z 世代，十分了解个人信息泄露的可怕之处，这是现实。

特性 3：购买前收集很多信息，但最终会以家人和朋友的信息为准

比起其他世代的人，Z 世代会在购买前利用互联网做更为充足的信息调查。尽管 Z 世代在数字化领域花费了这么多的时间，但他们仍然更加信赖来自家人和朋友的评价，这种倾向甚至比千禧一代更明显。这一矛盾点也是 Z 世代的一个有趣特征。

但实际上，Z 世代通过互联网接触到了各种产品和服务，获取了丰富的信息，因此在进行消费选择时，会在重视来自家人和朋友的信息同时，利用互联网进行深入研究，两种观念共存，并不矛盾。也就是说，他们可以做到不用付出溢价就买到符合道德准则、可持续发展的产品，在接触到符合自身需求的商品前，他们不必放出个人信息。

疫情期间 Z 世代的消费行为

在疫情期间，随着外出限制与居家办公的普遍化，购买产品与体验服务的场所产生了变化，消费者行为也由此转变。以往需要在实体店购买的东西现在转移到了网上，销售渠道发生了变化。根据麦肯锡在 2020 年 9 月进行的全球调查，使用互联网购物的人数比例在所有国家都有所增加，其中包括在线购买食品和食品配送等内容（见图 2-5）。

除了线上购物外，各国消费者在疫情后尝试其他新的消费行为的比例也在增加，如尝试不同的品牌和不同的商店（见图 2-6）。而随着购买行为向网络渠道的转移，各世代消费者对特定品牌和商店的忠诚度也在下降。

麦肯锡未来经营策略

网购增长率（%）	■-50以下	■-49~-30	■-29~-15	■-14~-1	■0~14	■15~29	■30~49	■50以上
	← 负增长				正增长 →			

		美国	墨西哥	巴西	南非	英国	法国	德国	西班牙	意大利	印度	日本	中国	印度尼西亚
食物/日常用品	餐饮	34	32	68	100	27	25	6	15	18	19	13	3	68
	零食	14	83	34	144	22	13	13	40	42	32	11	2	74
	香烟	28	44	32	91	28	0	0	29	32	21	27	14	41
	外卖	25	30	11	37	9	14	0	7	15	11	20	6	32
	酒水	26	83	71	145	19	11	18	36	20	32	11	8	44
服装	鞋类	22	55	27	57	11	9	7	7	7	18	18	-1	38
	衣服	14	42	24	45	7	9	0	17	8	15	15	2	23
	珠宝	29	25	38	28	20	7	4	13	21	11	0	11	27
	饰品	30	47	31	42	29	16	5	13	20	7	7	2	25
家庭用品	儿童用品	26	44	33	63	24	9	22	23	28	24	20	-1	20
	家庭用品	50	40	58	83	26	10	0	45	26	15	30	12	58
	个人护理用品	28	94	35	123	11	8	18	25	38	23	19	8	39
	常用药品	40	65	46	92	48	33	8	37	7	38	17	6	83
	维生素/补充剂	24	88	54	78	22	8	12	19	18	16	4	2	55
	护肤品/化妆品	31	54	29	70	25	11	6	24	13	23	15	-1	38
	家具/家电	23	48	20	62	16	8	11	5	12	11	11	1	61
娱乐	居家娱乐/电影	9	9	5	18	4	-3	2	2	9	1	2	—	13
	图书/杂志/报纸	15	41	16	46	9	8	10	9	34	11	9	63
	电器	10	24	26	50	8	7	7	4	16	8	6	35
	健身/健康管理	16	74	30	69	25	7	13	27	26	22	15	0	25

中国的数值变化不大，反映了疫情前中国消费者对大数据的活用程度

图 2-5　疫情前后各国消费者网购增长情况

注：调查问题 1 是疫情前网购和去实体店购物的比例；调查问题 2 是疫情后想网购和想去实体店购物的比例。数据包括了回答部分网购、全部网购的受访者，也显示了从未网购过和今后 2 周内也没有网购计划的受访者。

资料来源：疫情消费者市场倾向调查，于 2020 年 9 月 16 日至 30 日在全球范围内进行。

策略2 针对Z世代的特点完善商业模式

单位：%	想尝试不同消费行为的消费者比例	新消费方式	新品牌	零售/实体店/网站	想继续使用
印度	96	45	50	57	69~78
印度尼西亚	92	48	33	32	77~88
中国	86	32	26	26	72~81
巴西	84	33	41	47	76~80
墨西哥	81	29	36	37	79~87
南非	79	35	42	46	76~89
美国	73	34	34	29	75~83
意大利	69	18	37	29	72~83
西班牙	66	21	31	38	76~88
英国	63	15	30	32	81~88
法国	56	20	18	25	67~78
德国	50	15	22	22	65~82
日本	30	13	8	13	83~92

图 2-6 疫情导致的各国消费行为变化百分比

注：调查时日本未限制出行。

资料来源：疫情消费者市场倾向调查，于2020年9月16日至30日在全球范围内进行。

这种新的购买行为是由千禧一代和身为数字原生民的Z世代所推动的。如图2-7所示，在各国进行调查后发现，Z世代引领着人们的消费行为变化，他们中有很多人会尝试新的消费行为，如选择新的购买方式、新品牌、新商店。Z世代和其他世代的人一样，待在家里的时间变长，所以会利用丰富的信息，并更加倾向于外卖和订阅奈飞等居家服务。这些行为促进了疫情期间在线消费的发展。

另外，疫情也使所有消费者更具性价比意识，这一趋势在Z世代和千禧一代中尤为明显（见图2-8）。Z世代和千禧一代会出于对质量、价值和对健康有益等方面的考虑选择新品牌，Z世代还会根据具体情况灵活地改变消费行为。

麦肯锡未来经营策略

单位：%			美国	墨西哥	巴西	南非	英国	法国	德国	西班牙	意大利	印度	日本	中国	印度尼西亚
体验过新消费方式			73	81	84	79	63	56	50	66	69	96	30	86	92
性别	男		+2	0	−1	−2	−5	−2	−2	−6	−3	−1	−2	+2	0
	女		−2	0	+1	+2	+5	+2	+1	+6	+3	+1	+2	−2	0
世代	Z世代		+10	−5	+1	+6	+22	+26	+28	+19	+13	−2	+21	+5	−1
	千禧一代		+16	+9	+3	+7	+12	+10	+11	+9	+13	+1	+9	+3	0
	X世代		−1	−3	−5	−4	−5	−5	−8	−2	+3	+1	0	−9	−1
	婴儿潮一代		−17	−13	−14	−22	−12	−12	−16	−16	−18	−4	−13	−3	1
收入	低		−7	−26	−8	−4	−5	−3	−7	−3	−3	−8	−4	−5	−7
	中		+5	+1	+1	+1	−1	−1	0	+1	−1	0	−2	−3	+3
	高		+4	+10	+6	+1	+10	+6	+7	+6	+7	+1	+10	+1	+4

图 2-7　疫情后体验过新消费方式的各国受访者百分比

资料来源：疫情消费者市场倾向调查，于 2020 年 9 月 16 日至 30 日在全球范围内进行。

■第一位　■第二位　■第三位

单位：%	美国	墨西哥	巴西	南非	英国	法国	德国	西班牙	意大利	印度	日本	中国	印度尼西亚
买得到	31	18	10	25	24	23	33	15	25	20	17	20	30
便利	31	18	21	26	23	28	25	24	21	24	24	11	22
价格/性价比	69	77	83	82	77	63	67	75	75	73	83	68	85
质量/有机	46	21	31	28	36	37	36	34	37	61	44	37	44
目的	21	30	20	30	25	37	20	25	17	29	17	24	25
健康/卫生	16	11	7	15	24	14	14	17	14	30	32	26	24

图 2-8　各国 Z 世代和千禧一代选择新品牌的理由百分比

资料来源：疫情消费者市场倾向调查，于 2020 年 9 月 16 日至 30 日在全球范围内进行。

策略 2　针对 Z 世代的特点完善商业模式

Z 世代等年轻一代一边推动着互联网消费模式的发展，一边也保留了走出家门、在线下实体店中进行接触的强烈诉求（见图 2-9）。在日本进行的一项研究显示，患重病风险较低的 15～19 岁的 Z 世代即使是在出行受限的时期，和其他世代相比，仍会更坚定地选择去实体店，他们在实体店购物以及在互联网消费两方面都起到了带动作用。

■ 第一位　■ 第二位　■ 第三位

单位：%	美国	墨西哥	巴西	南非	英国	法国	德国	西班牙	意大利	印度	日本	中国	印度尼西亚
面对面与同事交流	15	21	14	11	11	18	25	23	14	13	8	19	30
非必需品的购置	19	14	16	18	18	19	15	5	14	23	28	21	24
在餐馆和酒吧就餐	32	18	20	28	22	33	33	21	30	25	26	17	21
去体育馆和健身房	24	18	17	27	19	20	13	21	11	22	10	19	8
去美容院和美甲沙龙	16	9	15	14	16	8	12	7	14	16	10	10	7
和朋友聚会	39	48	44	38	48	43	39	47	36	39	51	24	47
和家人聚会	32	42	31	35	37	40	20	28	22	34	18	16	25
观看音乐会、体育比赛和电影	25	19	35	40	23	27	51	39	40	26	46	21	27
乘坐飞机旅行	9	7	8	13	14	32	18	34	17	26	12	7	
全家外出	29	18	22	21	22	10	20	8	15	27	23	26	23
前往人群密集的场所	22	30	27	30	24	23	22	27	29	19	8	27	40

图 2-9　各国 Z 世代对各类活动的期待程度

注：受访者针对"现在想开展什么活动"问题的回答，仅限于 Z 世代。

资料来源：疫情消费者市场倾向调查，于 2020 年 9 月 16 日至 30 日在全球范围内进行。

企业获得 Z 世代青睐的 3 个方法

第一个方法是公司产品更加环保、更具道德准则，在质量和价格上保持竞争力。Z 世代在消费时会有意识地关注公司的可持续发展以及道德表现，而为了得到更多 Z 世代的支持，公司在证实了产品在可持续发展和保护环境上的价值之外，还需要在视觉上制造具有说服力的亮点。

另外，Z时代具备熟练使用数字化技术的能力，他们能获得信息并且从数量繁多的产品中选出真正想要的东西，并以最实惠的价格买入。因此，随着越来越多的消费者选择新的、更具性价比的品牌，公司获得并维持客户的品牌忠诚度也变得越来越困难。为了获得Z世代的支持，品牌除了展现自家产品或服务有利于可持续发展并符合社会道德准则之外，还要在质量和价格两方面都保持竞争力。但是，若供应商只是让自己的公司在表面上看起来更重视环保，很有可能被精通信息甄别的Z世代识破，这一点需要注意。

第二个方法是公司进一步灵活利用数字化手段，向新商业模式转型并不断强化。

Z世代是与社交媒体一起成长起来的。在疫情中，为了避免密闭、密集和密接，人们的外出受到限制，却也带动了食品配送和视频流媒体等在线服务，Z世代则引领着其他世代选择这些服务。另外，Z世代因为不拘泥于拥有，所以注重在订阅等方面形成的使用权，那么，只以卖东西的形式与消费者产生联系的公司，就有必要变革其商业模式。例如，美国佩罗顿公司在销售室内健身脚踏车的同时，还提供在线课程的订阅服务，因此迅速成长，实现了实体与网络的成功融合。

第三个方法是经营者需要重新认识社交媒体营销中网络视频的重要性。与其他世代相比，Z世代在YouTube和抖音等平台上的视频观看量要多得多，而这些媒体平台也对人们的品牌和商品选择产生了强烈的影响。特别是在疫情时期，很多Z世代表示花在社交媒体上的时间增加了，因为有的视频可以令人心情放松，并激发想象力，所以在Z世代当中传播得很快。在这个信息爆炸的时代，网络视频有更多的机会吸引消费者。

实际上，虽然有很多品牌了解视频的重要性，但未能灵活利用，所以失败案例要多于成功案例。因此，无论是实时的新闻快讯还是精心编辑过的视频，都有必要及时在社交媒体上发布，以改进接触消费者的方式。

策略 2　针对 Z 世代的特点完善商业模式

**对新常态的
深度思考**

マッキンゼー ネクスト・ノーマル
アフターコロナの勝者の条件

Z 世代人口占全日本人口的 30%，拥有 15 万亿日元的购买力，而且随着今后的成长，他们将拥有更多的购买力，因此对公司来说，了解这一代人的意义变得越来越重要。公司不能只限于那些在媒体上所揭露的 Z 世代的特征表现，还必须明白 Z 世代作为消费者，在处理繁杂信息时有化繁为简的能力。

Z 世代具有矛盾的特性，如"对道德准则、环境保护有很强的意识，但不一定会为此消费""喜欢个性化，但又想保障个人隐私""购买前收集很多信息，但最终会以家人和朋友的信息为准"等，所以公司有必要提供同时满足两方面需求的产品或服务。具体来说，就是要在充分理解 Z 世代特征的基础上活用视频，利用社会营销和线上渠道向新的商业模式转移，在价值链上更加重视道德准则和环境保护，及时发布信息以进行宣传。这样一来，势必会得到引领着新常态消费行为的 Z 世代的支持，进而获得其他世代的关注。

策略 3

打造更具韧性的
公司以抵抗危机

マッキンゼー ネクスト・ノーマル
アフターコロナの勝者の条件

策略 3　打造更具韧性的公司以抵抗危机

交通运输是受疫情影响最大的领域之一。居家办公和在线授课方式的推行减少了上班、上学等基本的交通需求。另外，随着人们在选择交通工具时优先顺序的变化，公司、政府等方面的影响方式和作用也有了变化。

无论是休闲旅行还是商务旅行，在规模上都有了前所未有的大幅度减少，仅 2020 年的国际航线数量就减少了近 60% ～ 80%。

城际交通和长途交通也在经历着转变，一方面，部分出差和上班的出行在疫情过后并没有很快恢复到之前的状态。另一方面，出现了边休假边办公的新趋势。在新常态下，有很多不可逆的变化留存下来。

在这种情况下，与交通、旅行相关的行业不得不经历包括重组在内的巨大变化。在这里，我们要讨论的是区域内及广域下交通方式上的重要变化。最终，我们要在回顾各行各业受到的巨大影响之后，探究整个业界如何解决此类危机，以及如何提高公司的韧性。

日常出行的偏好变化

人们选择交通工具时优先顺序的变化

市内出行指的是人们每天上班、上学以及办理各种必行之事的出行。正因为是日常必须的出行，所以人们以往将价格和便利性作为选择出行方式的决定性因素。但是在疫情期间，减少感染风险则成为人们选择出行方式的最主要考虑因素。如图3-1所示，在疫情期间，不论是商业目的还是私人目的出行，比起到达目的地所需时间，人们更在意的是减少感染风险。与此同时，在私人出行中，人们对价格的重视程度大大降低。

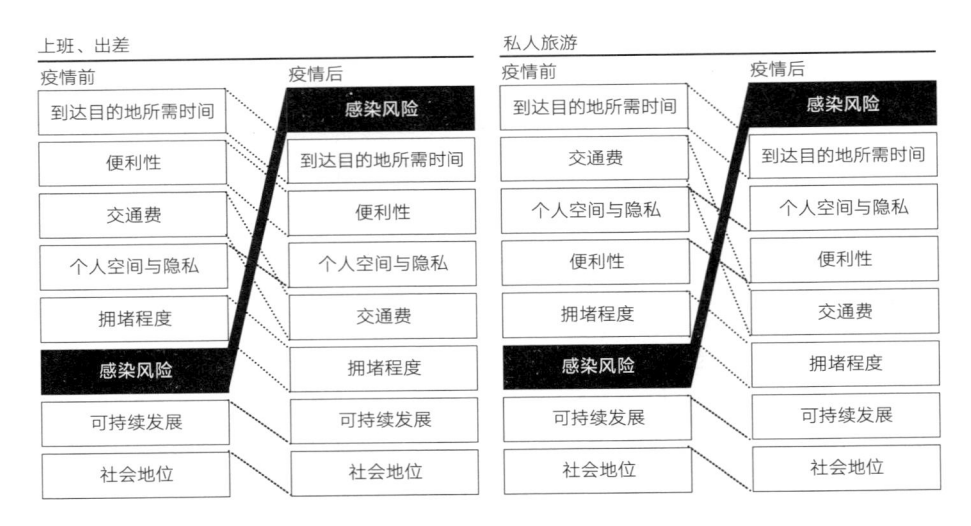

上班、出差		私人旅游	
疫情前	疫情后	疫情前	疫情后
到达目的地所需时间	感染风险	到达目的地所需时间	感染风险
便利性	到达目的地所需时间	交通费	到达目的地所需时间
交通费	便利性	个人空间与隐私	个人空间与隐私
个人空间与隐私	个人空间与隐私	便利性	便利性
拥堵程度	交通费	拥堵程度	交通费
感染风险	拥堵程度	感染风险	拥堵程度
可持续发展	可持续发展	可持续发展	可持续发展
社会地位	社会地位	社会地位	社会地位

图3-1 疫情前后选择出行方式的考虑因素

注：在中国、法国、德国、意大利、日本、英国、美国，进行"选择该出行方式的主要理由是什么"问题的调查并收集回答，按回答人数由多到少排序。

资料来源：麦肯锡未来出行研究中心。

疫情导致人们更加关注健康卫生，其结果是，在所有的交通工具中，可以保障社交距离的交通方式更受青睐。这种因疫情而带来的变化在新常态下还将继续，预计私家车、自行车、步行、共享型微交通（如电动摩托车和电动自行车）的使用量会有所增加（见图3-2）。麦肯锡以全球7个主要国家为对象进行了调查，结果显示，即便进入新常态，仍有70%的人希望每周至少有一次步行或骑自行车出行。另外，使用私家车出行的比例增加了1%，微交通和拼车等出行方式的比例也有小幅增加。

单位：%

	私家车	公共交通	步行、自行车	电动车	共享汽车	网约车	
疫情前	78	37	61	13	10	13	
第一波（2020年5月9日～18日）	64	19	57	11	9	10	疫情前
第二波（2020年5月27日～29日）	69	23	60	12	10	12	和疫情
第三波（2020年6月16日～18日）	72	23	60	12	9	11	后出行
第四波（2020年7月15日～17日）	75	25	60	12	8	10	方式的
第五波（2020年9月2日～4日）	76	27	60	13	9	10	变化
新常态	79	37	66	15	12	14	
	不变	不变	上升	上升	上升	不变	
新常态的预测情况	随着有的国家私家车限制措施的出台（禁止私家车进入市中心、导入交通堵塞税等），预计市中心私家车数量将减少	随着限制出行措施的放宽，预计使用量将恢复，但需要更为完善的卫生应对政策	疫情后，如果继续采取措施以减轻交通状况和大气污染，可能会产生持续性影响			网约车方面采取了物理性的防疫对策（防护罩等），预计需求会有所恢复	

图 3-2　各时期出行方式的百分比

注：在美国、英国、德国、意大利、法国、中国、日本，进行"在疫情前、疫情时期以及新常态，该出行方式的使用频率是什么？你正在使用吗？你以后会使用吗？"问题的调查，此图为统计结果。

资料来源：麦肯锡未来出行研究中心。

从这个结果来看，人们出行的总需求并没有产生太大的变化，虽然居家办公的人数大幅增加，但并不会对总出行量产生显著的影响。例如，在德国，即使每周会在家工作一天的人数增加了2.5倍，但根据麦肯锡的分析，总出行次数仅仅减少2%，而总出行距离也只减少了4%。

让我们先深挖一下疫情之前就已在不断发展的出行方式。通过对iPhone数据的分析,我们了解到欧洲和美国私家车和共享型微交通的出行距离在 2020 年 1～5 月时比预测值减少了 60%～70%。而根据同一数据来源,这一数值截至 2020 年夏天已有所恢复,趋势总体呈 U 字形。如果这种趋势持续下去,到 2021—2022 年,相关交通状况将恢复到疫情前的水平。麦肯锡 2020 年 5 月进行的消费者调查显示,新常态下会定期使用微交通的人相比疫情之前有所增加,其中个人型微交通增加了 9%,共享型微交通增加了 12%[①]。根据这些数据,可以发现个人型和共享型微交通的使用水平相比疫情前不会大幅下降。

另外,虽然消费者的关注点发生了变化,但各年龄层选择交通工具的倾向却没有很大的变化。例如,从微交通上看,与疫情之前相比,使用者的年龄构成几乎没有变化,34 岁以下的人群约占半数,55 岁以上的人群最少。这一结构在新常态下的变化情况是难以预测的(见图 3-3)。

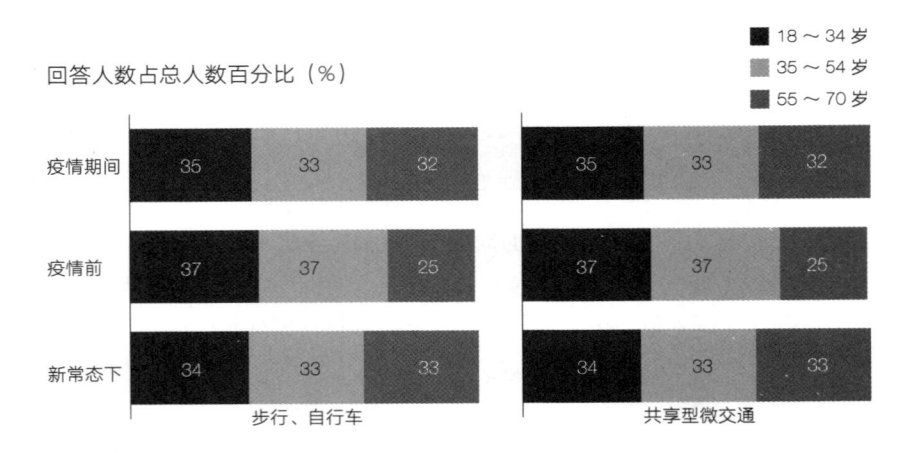

图 3-3 疫情后选择出行方式的年龄构成

注:受访者针对问题"目前你在使用该出行方式吗?你是否打算使用该出行方式?"的回答情况,尾数取值时四舍五入。

以优步、Lyft 为代表的网约车服务在很多地区的营业额都在减少,这两家

---

① 调查以包括日本在内的 7 国为对象。

公司的用户数也大幅减少了70%～80%，其中，优步在2020年第二季度亏损了180亿美元。因此，优步决定裁掉14%的员工，Lyft决定削减17%，Grab则削减5%。但不同地区的影响是不同的，截至2020年夏天，与网约车营业额持续减少了50%～85%的美国相比，欧洲只减少了约35%，而且在中国香港地区和新西兰等国家和地区还出现了与疫情之前相比营业额增加了的情况。此外，许多公司由于在这一时期扩张了外卖业务，抵消了一部分减少的营业额。

政策对选择出行方式的影响不断扩大

在疫情的影响下，各国纷纷出台了诸多限制交通出行与日常生活的政策。在后疫情时代，政府也强化了对交通出行的管理力度，并在加速或抑制技术创新和服务扩展方面发挥了更大的作用。

各国政府所采取的经济措施，同样有可能对特定的交通方式和技术产生正向推动作用。中国政府就加大了对新能源汽车（电动汽车、插电式混合动力汽车和燃料电池汽车）的支持力度，对购置新能源汽车免征购置税，并对购买国产品牌电动汽车的消费者给予一定的补贴。因此，中国新能源汽车的销量预计将从2019年的120万辆稳步增长到2022年的240万～350万辆，这与疫情之前的预测相比上调了约30万辆[1]。

相反，因为美国的汽油车税率较低，加上疫情导致的原油价格下降以及特朗普政府时期放宽的排放标准，使得汽油车在美国相比在其他国家和地区更具竞争力。截至2020年6月，可以预见由于较低的汽油价格，美国电动汽车的普及时间将比疫情之前预测的要晚。可在拜登执政后，情况完全改变了。在2021年3月公布的美国就业计划中，拜登提出要投资1 740亿美元建设供应链并安装充电设施，以促成美

---

[1] 根据中华人民共和国中央人民政府网站2023年1月13日发布的数据，2022年我国新能源汽车销量达到688.7万辆。——编者注

国在电动汽车市场中成为赢家,并创造就业机会。虽然石油和天然气行业对此表达了反对意见,该项计划也没有获得议会通过,但我们仍有必要持续关注未来动态。不得不说,政策对交通工具的选择所带来的影响是极其重大的(见图3-4)。

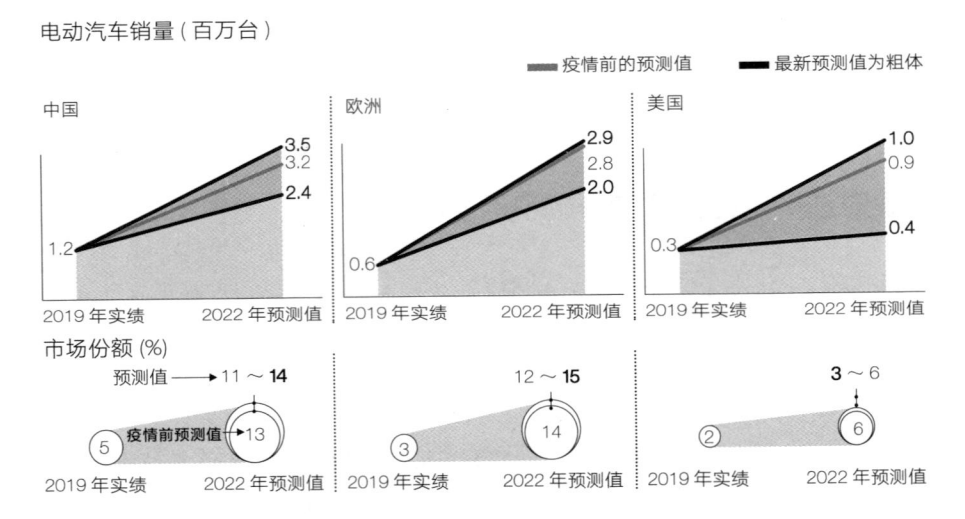

电动汽车销量(百万台)

疫情前的预测值 ━━ 最新预测值为粗体

中国:2019年实绩 1.2 → 2022年预测值 3.5 / 3.2 / 2.4

欧洲:2019年实绩 0.6 → 2022年预测值 2.9 / 2.8 / 2.0

美国:2019年实绩 0.3 → 2022年预测值 1.0 / 0.9 / 0.4

市场份额(%)

中国:2019年实绩 5 → 2022年预测值 11~14(疫情前预测值 13)

欧洲:2019年实绩 3 → 2022年预测值 12~15(14)

美国:2019年实绩 2 → 2022年预测值 3~6(6)

图 3-4 欧洲、中国和美国电动汽车市场占有率的预测

注:截至2020年6月5日,进行了对2022年电动汽车市场占有率的初步展望,包括纯电动汽车和插电式混合动力汽车。

资料来源:IHS Markit(财经信息服务提供商)。

政策的影响并不仅限于电动车领域。在意大利,消费者若购买自行车可获得500欧元的奖励,由此,当地的自行车被抢购一空。在一些国家,政府通过入股陷入困境的公司以扩大在交通运输部门的影响力,其中以航空业尤甚。

各国政府不断出台有关出行的措施,如车道设计、铺设人行道和安装电动车充电基础设施等。在疫情期间,消费者行为发生变化的同时,各城市的情况及其对疫情的应对也大不相同,所以,设计出行方式时以城市为整体进行规划是很重要的。预计随着人们对未来出行方式的选择以及相应投资的增长,市政府在推动变革方面的作用也将进一步显现。让我们来看看各城市都有哪些先进举措。

- 米兰：将一处曾为汽车专用的 35 千米的道路改造成可以步行和让自行车通行的道路。
- 巴黎：计划将一处 50 千米的汽车道分配给自行车，并投资 3.25 亿美元升级自行车道网络。
- 布鲁塞尔：将一处 40 千米的汽车道改造成自行车道。
- 西雅图：在 2020 年 5 月底，规定一处 30 千米长的道路禁止车辆通行，并提供步行和自行车通行区域。
- 蒙特利尔：宣布在全市范围内修建总长度超过 320 千米的全新人行道和自行车道。
- 柏林：每周日将一部分住宅街道作为集会和娱乐区域使用，且在未来有可能适用到周日以外的时间。

这些行动表明，市政府在塑造未来出行手段方面发挥主导作用。例如，市政府可以向交通运营商发放营业执照，并鼓励它们发展认为有益的交通方式。美国波特兰市就决定与一家微交通运营商合作，临时免除了电动滑板车道路使用费，以换取该公司的运费折扣。同样地，意大利罗马市也与一家微交通运营商合作，在该市推出电动滑板车服务，并将其作为一种可持续发展的创新出行解决方案加以推广。

中长途出行的主要趋势

囊括了长途出行、住宿和预订安排业务的旅游业一直是一个重要的产业，在 2019 年该产业的营业额占据全球 GDP 的 10%，市场规模约为 9 万亿美元，几乎是农业的 3 倍。过去几十年来，纵使经历了金融危机等经济阴霾期，旅游业仍一直在稳步增长。

根据世界旅游组织（UNWTO）2019—2020年进行的预测，疫情给旅游业将带来前所未有的危机。虽然疫情前全球旅游人数一直在逐年增加，但在2020年，跨国出行将减少58%～78%（见图3-5），各国国内旅行也受到了影响。即便一些国家由于国内自驾游的增加，旅行者的数量有所增加，不过以美国为例，国内旅行的预订量远远没有达到疫情之前的水平。

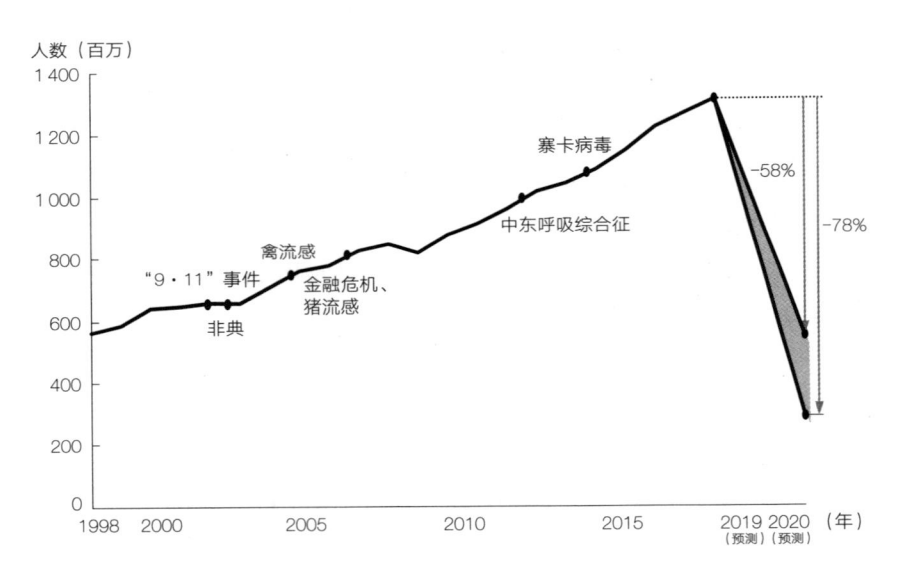

图3-5　各危机事件对全球旅游人数的影响

资料来源：世界银行、世界旅游组织、Skift Research网站预测的2020年8月的数据。

接下来，我们将从休闲旅行和出差两个部分介绍新常态下长途出行的主要趋势。

休闲旅行的实质性变化

在2008年金融危机之后，最先恢复的是人们的休闲旅行需求，而出差需求的恢复较慢。例如，在2009年下半年，万豪酒店的周末入住率明显高于工作日的入住率，因此许多人预测，疫情之后的休闲旅行也会表现出这种变化趋势。

当我们在2020年询问旅游产业的高管"是否认为在疫情结束后，消费者在休闲旅行方面的行为会发生根本性的变化"时，他们都认为"从长远来看，似乎变化不大"。例如，洲际酒店集团的首席执行官柏思远（Keith Barr）表示："我认为人们会和从前一样，除非疫情的影响会持续四五年，否则我看不到任何根本性的变化。"此外，猫途鹰的首席执行官斯蒂芬·考费（Steve Kauffer）也断言："我觉得不可能有根本性的变化。疫情不会改变任何事情。"

然而，在短期内，人们是否旅行、如何旅行的答案还会根据安全问题、出行限制以及政府政策产生相应的变化。因此，密切关注消费者行为的短期变化，捕捉相关需求，对公司做好长期准备来说至关重要。下文我们将探讨新常态下旅游业会受到的影响。

更倾向于短途旅行

从美国的数据来看，人们选择长途旅行的比例在2020年4月跌至19%，触底反弹后在8月增长到36%。尽管这一数字只是年初比例的约80%，但已经大幅回升了。在8月的出行中，有82%的人出于私人目的，19%的人出于商业目的。

如果按照目的地进行分析，最先恢复的可能是离家较近的旅行。在美国，即使在疫情之前，相比于国外旅行，人们也更愿意选择国内旅行，相关网络搜索量平均值占总搜索量的70%～80%，而在2020年6月更超过了90%。此外，越来越多的美国人开始选择州内旅行。

人们在预订国外旅行时，选择周边国家的人也越来越多。例如，欧洲曾经是美国人最青睐的旅游地[①]，但现在已经被墨西哥、加拿大、多米尼加共和国、波多黎各和古巴所取代。2019年1～7月，这5个国家的网络搜索量约占总数

---

① 根据麦肯锡对Trivago所提供的数据（以休闲旅行为主）的分析。

的 7%，在 2020 年 4～7 月则几乎翻了一番，达到 13%。

自驾游带动了旅游业复苏

休闲旅行恢复之后，出于安全考虑，更多的人选择乘坐私家车而不是飞机。2020 年 2 月，疫情在美国扩散之前，30% 的个人旅客至少乘坐过一次飞机，但这一比例在 4 月下降到 9%，此后一直保持在同一水平（见图 3-6），这表明民航所面临的危机是极为严重的，并且将长期持续下去。

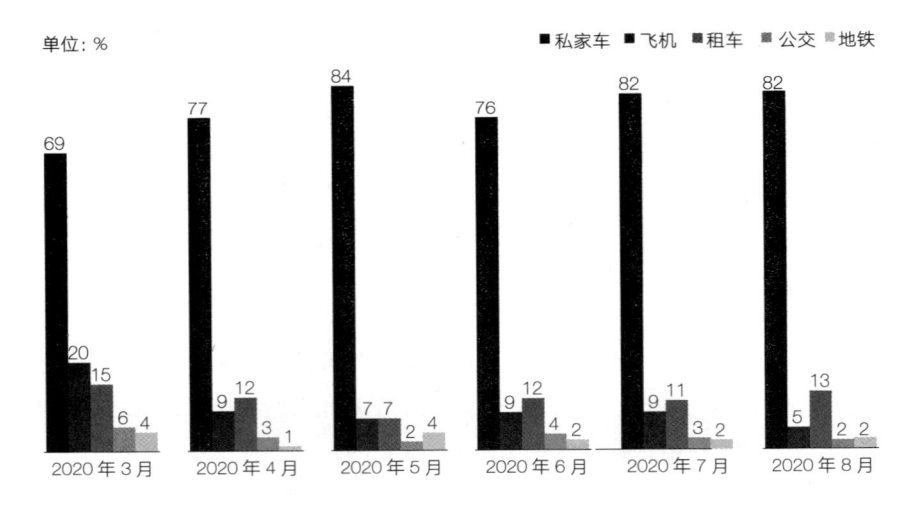

月份	私家车	飞机	租车	公交	地铁
2020 年 3 月	69	20	15	6	4
2020 年 4 月	77	9	12	3	1
2020 年 5 月	84	7	7	2	4
2020 年 6 月	76	9	12	4	2
2020 年 7 月	82	9	11	3	2
2020 年 8 月	82	5	13	2	2

图 3-6 美国个人旅游所选交通工具的百分比

资料来源：Skift Research 网站 2020 年 9 月数据（n=1 002）。

麦肯锡的消费者调查显示，全球有 40% 的人在新常态下会减少乘坐飞机的次数，而只有 16% 的人表示会增加乘坐飞机的次数。此外，32% 的人表示会降低乘坐电车出行的频率。与此相对，有 32% 的人表示会更多地选择自驾游，而只有 13% 的人表示会减少乘坐汽车出行。由于能保证私人空间的安全感，选择汽车出行的人数正在增加，这也符合人们选择短途旅行的趋势。因此，疫情的余波可能导致道路行车里程的大幅增加。

户外旅行的人数增加

根据酒店预订网站 Trivago 的数据,美国国内曾经最受欢迎的十个旅游目的地正在失去美国旅客的青睐。从搜索量看,原排名前十的目的地的占总搜索量的比例从 2020 年 1～3 月的 22% 下降到 4 月的 15%,这表明人们正在考虑去其他地方旅行。

户外旅行由于更容易保持社交距离,或许会是各国恢复得比较早的旅游形式,预计在疫情之后户外旅行人数还将继续增长。美国住宿管理公司 Bagsa 的首席执行官马修·罗伯特(Matthew Roberts)预测道:"今后,人们还将继续有意识地保持与他人的社交距离。人们再次发现了户外旅行的优点,并将其纳入自己的旅游计划中。"

世界旅游及旅行业理事会在麦肯锡的协同下进行的一项分析[①]发现,探险旅游有望以最快的速度恢复,并取代其他形式的旅游。虽然全球所有与旅游相关的行业都在萎缩,但截至 2020 年夏季,尤其是在欧洲,人们不再选择待在城市里,与享受自然环境有关的探险旅游已有所恢复,人们对此的兴趣甚至超过了 2019 年时的水平(见图 3-7)。在美国,由于人们有意识地保持社交距离,与疫情初期相比,选择海边度假的人数也与探险旅游一样呈上升趋势。

从收集信息到动身出发的时间大大缩短

同样值得注意的是,人们从开始收集旅游信息到出发所花费的时间大大缩短。在德国,2020 年 1～2 月花费的时间为 60～80 天,而在 6～8 月则不到 30 天(见图 3-8),这可能是因为在疫情信息以及出行限制措施每天都在变化的情况下,人们难以制订长期计划。另外,由于越来越多的人选择就近自驾游,所以已经不太需要提前预约。

---

① 世界旅游及旅行业理事会在麦肯锡的帮助下开发了追踪旅行心理和需求的 Travel Demand Recovery Dashboard,以该数据为基础。

麦肯锡未来经营策略

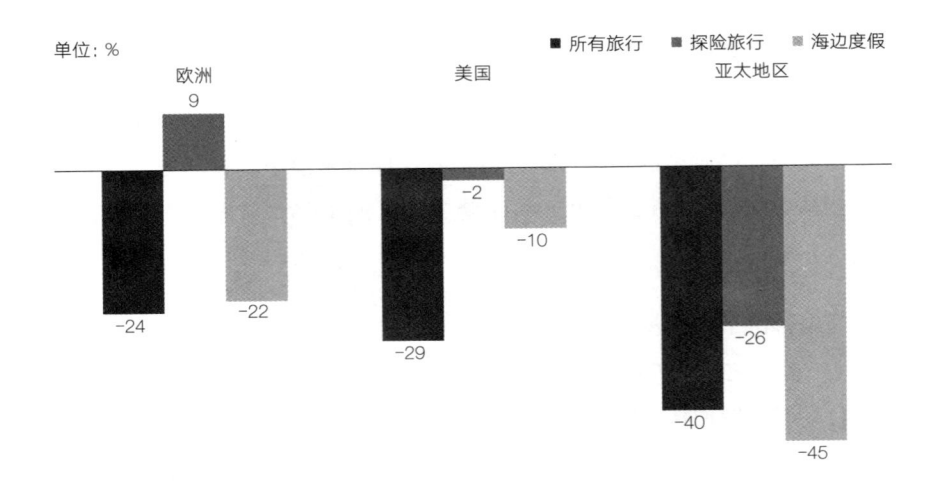

图 3-7 各类旅行在不同地区的关注度百分比变化

注：2019 年 7 月至 2020 年 7 月的百分比变化，来自旅游相关部门的统计数据。亚太地区不包括中国的统计数据。

资料来源：世界旅游及旅行业理事会 Travel Demand Recovery Dashboard。

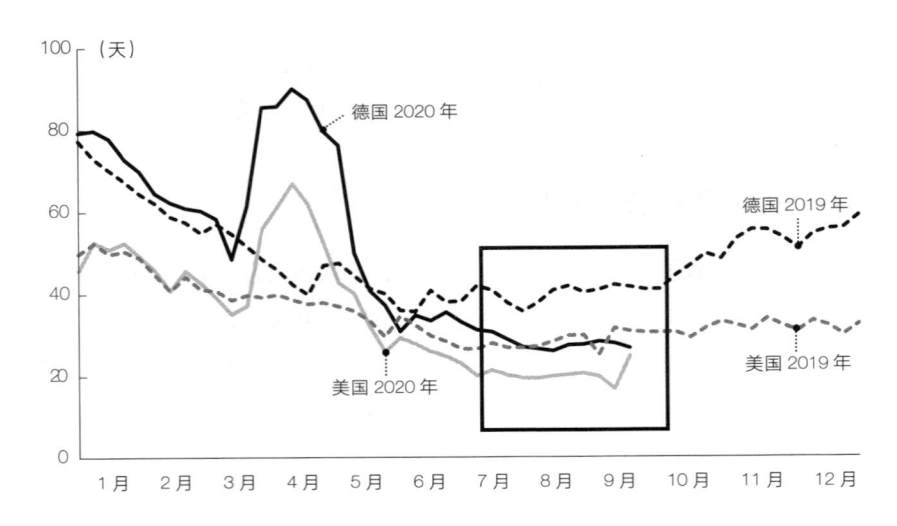

图 3-8 旅游前从收集信息到出发的间隔天数情况

资料来源：Trivago 数据。

价格以外的因素在旅游决策中的重要性增加

为了应对消费者行为的上述变化，旅行社尝试推出了不同的定价。疫情期间的出行费用与疫情前同期相比波动显著，但是与市内出行一样，目前价格已不再是最重要的考量因素。在 2020 年 4 月，价格曾是最重要的因素，但到了 7 月，价格反而成为最不重要的因素，移动距离的影响则变得更加重要（见图 3-9）。

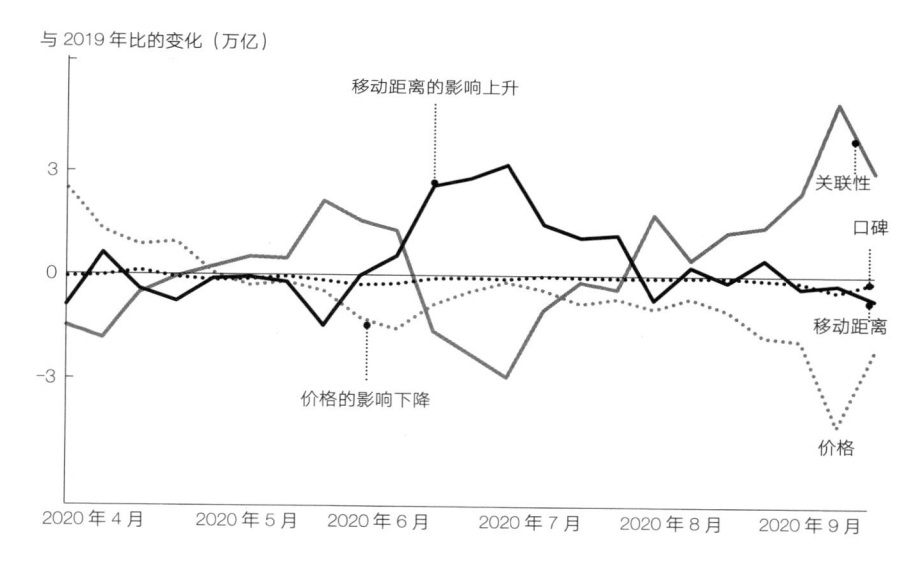

图 3-9　价格等因素对美国人旅游选择的影响情况

资料来源：Trivago 数据。

减少出差以及自由选择工作场所带来的新需求

因为会议和 MICE（员工旅行、展览会等国际性的商务活动）而开展的活动也属于广义上的出差，包含这些情况在内，2018 年全球的出差支出超过 1.4 万亿美元，占全球旅游销售额的 21.4%。对几家主要航空公司来说，出差需求对其利润的贡献度很高，占总利润的 55% ～ 75%。虽然出差人数只占旅客总人数的约 10%，但是他们会去购买头等舱、商务舱或者折扣很少的座位。同样，多被用作举办会议的酒店，其大部分的业务也依赖于出差。从历史经验看，与休闲旅行的需求相比，出差需求在经济衰退期会有大幅减少，恢复速度也相对缓慢（见图 3-10）。例如，在 2008—2009 年世界经济衰退期间，从美国去往其他国家的休闲旅行的需求减少了 7%，而出差的需求减少了 13% 以上。之后，国外旅游的数据在两年内完全恢复，但是国外出差的需求要恢复到之前的水平则用了五年时间。

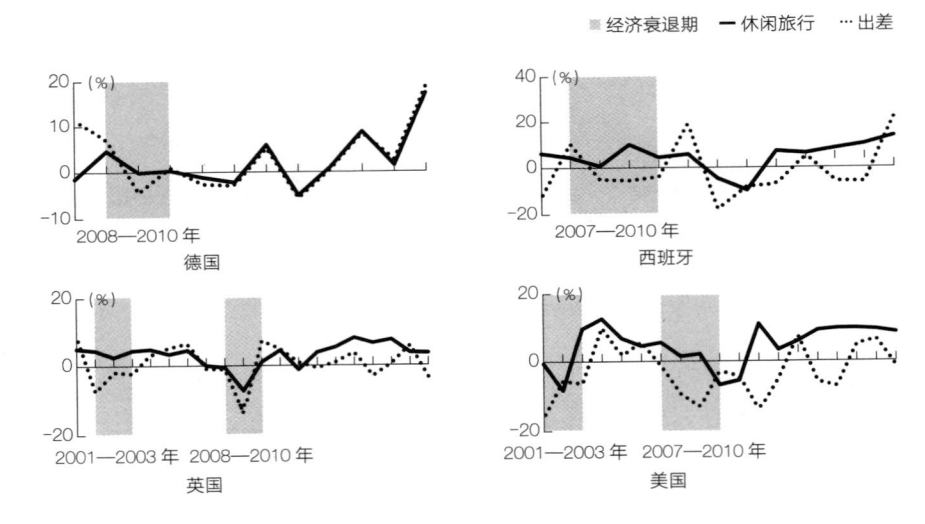

图 3-10　经济衰退期各国出行需求变化情况

注：该统计基于各地官方统计数据制成，德国采用欧睿信息咨询公司的数据。

资料来源：世界旅游组织，欧睿信息咨询公司，英国国家统计局，美国旅游业负责部门，旅游知识和研究总局，西班牙旅游，经济与合作发展组织。

从过去的经验得知，出差需求的恢复本就缓慢，再加上近年来远程通信技术的发展和服务的普及，预示着在疫情所引起的经济波动之后，出差需求的恢复还将经历漫长的道路。

策略3　打造更具韧性的公司以抵抗危机

疫情的影响使全球经济停滞不前，大公司都设置了全面的出差限制。截至2020年4月，美国的航空运输量比2019年减少了约70%，这一减少幅度大约是2001年"9·11"事件发生后的4倍，是2008—2009年金融危机后的6倍。

另外，随着出行限制的常态化，公司对于出差更显谨慎。2020年6月实施的国际航空运输协会（IATA）商旅调查显示，预计会在今后的6个月内开始出差的受访者占92%，但在8月调查时该比例却减少到62%。

特别是全球化的大公司，因疫情大大削减了差旅支出，而且要花很长时间才能再次启动出差业务。某世界知名消费品制造商的负责人指出，"相对大型的公司为了保护员工，有必要制定完备的管理体制"。人们对于安全和卫生方面的担忧呈倍数增长，所以要想恢复出差，还需要经过很长的时间想出一个万全之策。根据对各领域的公司出行负责人的询问我们了解到，很多全球化公司的旅行支出在2020年末很有可能停留在疫情之前同期20%～25%的水平，很多人认为2021年末的旅行支出最多也只会是2019年同期的50%左右。

今后，人们将根据花费时间、目的和行业的不同，决定恢复出差的先后顺序。而且，疫情结束时的状况、政府对恢复运输的政策以及事态的不同都会影响出差恢复的速度。

从出行目的来看，可以预见面对面的商务会议会最早恢复。越是具有优秀营销能力的公司，就越是急于尽早恢复面对面的会议。有的公司则表示，如果同行业其他公司已经展开了商谈和销售性质的出差活动的话，那自家公司会因为也要重新开始出差而压力倍增。但是，即便是在2021年，面对面的商谈活动数量也可能是有限的。麦肯锡以美国600家B2B公司为研究对象，于2020年7月下旬进行了调查，结果显示有48%的受访者表示或许会在2021年重新开启面对面的商谈，但是也有62%的受访者认为即使再次展开面对面的会议活动，这种会议的数量恐怕也不会超过疫情前的一半。

公司内部因面对面会议而产生的出行将被进一步推迟，仅限于在技术上无法实现会面的情况下进行。具体来说，以需要去往当地实际接触材料和资源为代表的出差优先度更高，而对在经营上受到沉重打击的行业，由于需要削减预算，公司可能会大幅减少内部出差活动。预计公司内部的异地会议在2021年也不会完全恢复，而且其中一部分将永久性地转换成远程会议等形式。

以参加国际会议为目的的出差，很可能会因为对公共卫生的要求很高最后恢复。协商会议和商品展览会是信息交换和拓展人脉的重要机会，难以在网上开展，但考虑到数百人乃至超过10万人会实地到场，其风险也是不言而喻的。因此，即使重新开始集会活动，情况也会与之前有所不同。通过网络分别在多个实地据点进行交流等的混合方式，可缩短面对面的日程天数。另外，开会时大家可能不是聚集在度假村，而是转移到所在地区的行业中心进行。

不同行业的差异也会很大。出差的目的因行业不同而多种多样，技术上是否能以在线方式进行也因行业而异。能源、零售业等受疫情影响严重的行业，与其他行业相比可能面临预算受限的情况，因此出差需求的恢复会有所延后。

如果把中国各行业出差需求的恢复程度和疫情之前、出差需求恢复初期的情况分别进行比较，我们认为出差需求可能会先在制造业恢复，如建筑、房地产、机械设备制造以及制药等行业。而对于服务业，出差需求的恢复速度很慢，因为作为替代的远程通信技术运用空间较大（见图3-11）。

如果以中国的出差恢复情况作为参考，其他国家或地区可能会因为自身产业构成上的差异导致恢复速度不同。例如，在日本和欧美等国家和地区，出差支出比例高的专业人才和服务业占所有行业的比重较大，而像中国那样的制造业所占比重较小，所以恢复的速度较慢（见图3-12）。

"从长远来看，出差需求可能不会再回到2019年时的水平，但早晚会恢复到真实的水平。"许多旅游公司高管和公司法人代表如是说。产生这种积极观点的原因与休闲旅行恢复的原因相似，本质还是因为人们需要与他人互动。虽然一些出差可能会被线上交流形式所取代，但不太可能彻底取代。

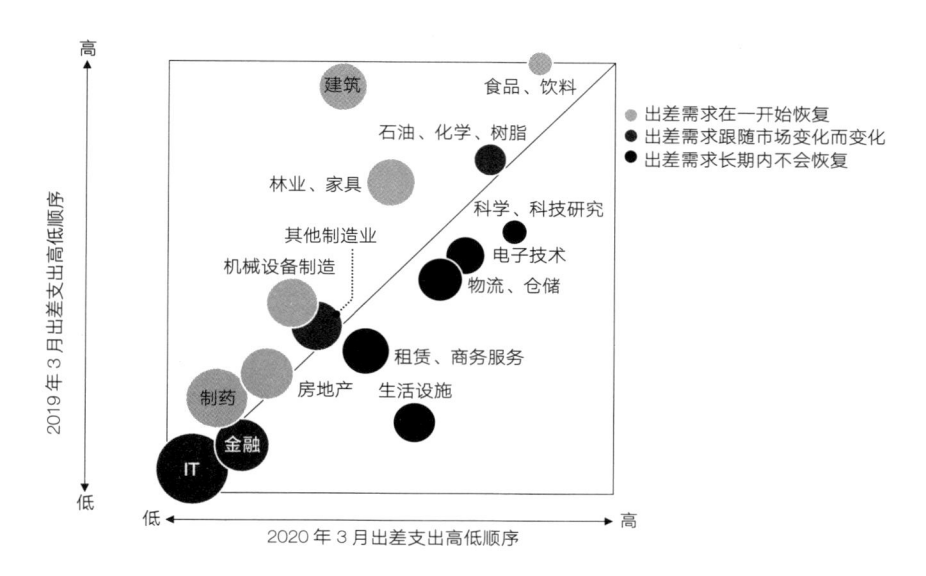

图 3-11　中国各行业出差费用的发展趋势

注：图中并未包含所有行业，圆圈大小表示 2020 年 3 月出差支出多少。

资料来源：携程公司《2019—2020 年商务旅行管理市场白皮书》(2020 年 4 月 23 日发布)。

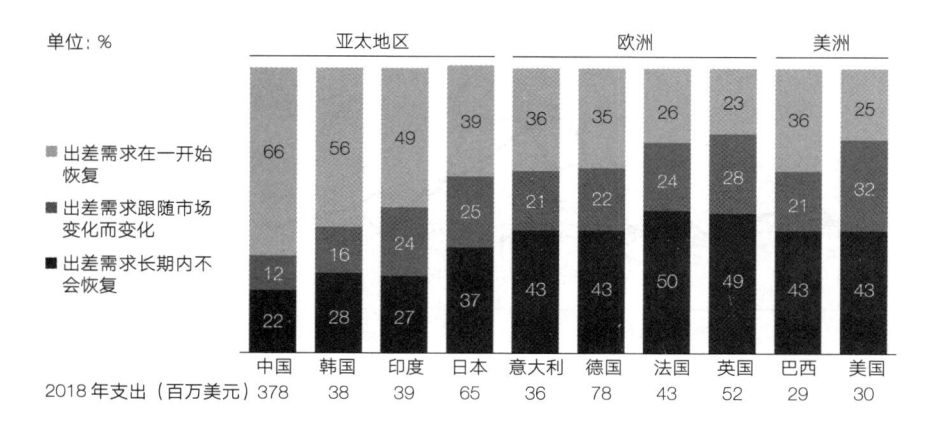

图 3-12　全球十大商旅市场出差支出情况

地区	国家	出差需求在一开始恢复	出差需求跟随市场变化而变化	出差需求长期内不会恢复	2018 年支出（百万美元）
亚太地区	中国	66	12	22	378
亚太地区	韩国	56	16	28	38
亚太地区	印度	49	24	27	39
亚太地区	日本	39	25	37	65
欧洲	意大利	36	21	43	36
欧洲	德国	35	22	43	78
欧洲	法国	26	24	50	43
欧洲	英国	23	28	49	52
美洲	巴西	36	21	43	29
美洲	美国	25	32	43	30

资料来源：携程公司《2019—2020 年商务旅行管理市场白皮书》(2020 年 4 月 23 日发布)；GBTA 欧洲差旅指数年度全球报告和预测；2019—2023 年全球商务旅行前景 (2019 年 8 月)；hub.gbta. org 52 29 30。

此外，经济增长还可能会产生新的出差需求。希尔顿的首席执行官克里斯·纳塞塔（Christopher Nassetta）在解释对未来的看法时强调："公司内部会议将在网上进行，我们不再为了开会而去坐飞机、住酒店。但是在出行的理由方面，未来一定会出现从前没有出现过的新需求。两三年之后，我们认为本质上不会有什么变化。"

数字游民和带工休假的需求就是最具代表性的新需求。为了降低成本或享受自然环境，有的专业人士正在考虑或已经实现了离开高生活成本的城市。如图3-13所示，在出行限制期间，个人平均停留时间急剧增加，表明了人们为了居住或工作的原因正在寻找新的场所。这一情形其实在疫情之前就已经存在，但由于疫情的蔓延，选择远程办公的人数增加，加速了数字游民化，从而使出差和休闲旅行之间的界限不断模糊。

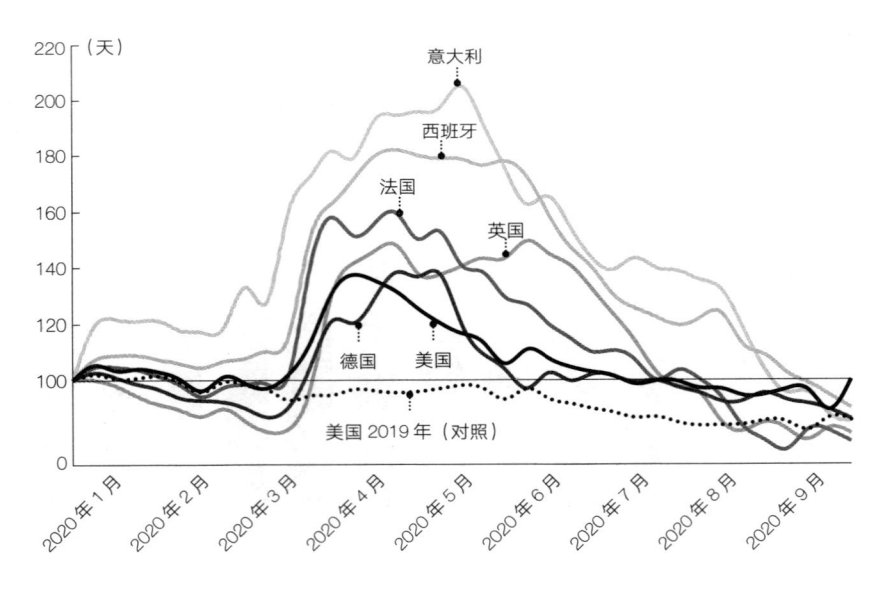

图 3-13 疫情期间出差平均停留时间情况

注：平均停留时间的变化趋势以年初数据为基准（设1月5日时为100天）。

资料来源：Trivago 数据。

居家办公的概念可能会转变为"在任何地方工作",各公司的出行负责人都需要对此做好准备。面对过去几年里越来越多的带工休假,各公司并未推出相应的规章制度,旅行社也存在准备不足的问题。在自由选择工作场所的问题上,我们需要采取新措施,以更为灵活地应对。

因旅游收入下降而热度下降的景点,现在也正在向带工休假目的地转型。位于加勒比海地区的巴巴多斯政府对远程办公者表达了欢迎的姿态,之后,格鲁吉亚、百慕大群岛和爱沙尼亚等国家也纷纷效仿。

此举可以为酒店提供新的商机,特别是那些业务高度依赖出差客户的酒店,而且因为这些酒店通常建造在黄金地段,所以很适合远程办公者。例如,雅高酒店等已经开始向远程办公者提供客房作为日常办公室,凯悦酒店也在推广面向远程办公者的住宿套餐。

对数字游民特别是长期进行远程办公的人来说,短期租赁相比长期住宿,更注重屋内配套设施。酒店可以利用各种设施,提供竞争对手无法提供的独家服务和舒适的环境。可供客户使用的服务包括日常护理、育儿和教育服务、财务支持、酒店基础设施和工作空间的一体化等,如万豪酒店就已经推出了相关的服务内容。

各行业在危机下面临的问题

交通和旅游业整体受到了疫情的重创,但不同的行业相应的受损程度也不尽相同。航空公司和游轮业受到的影响最大,而在线旅游平台受到的影响则相对较小。在交通和旅游业,航空、铁路、酒店和在线旅游平台因各自的健全程度、风险和优势不同,受到了不同程度的打击。

各行业遭受的冲击

航空业虽然有政府的支持，但仍然是受打击最严重的行业之一。大多数航空公司持续亏损，更有18家航空公司在几个月内申请了破产。所有航空公司在2019年的年度总利润为440亿美元，但仅在2020年第二季度就亏损了约600亿美元，同一季度处于盈利状态的只有高度依赖货运的台湾中华航空、大韩航空和韩亚航空。其他航空公司业绩严重低迷，欧、美、日的主要航空公司在2020年第二季度营业额均经历了前所未有的下降，下降幅度均超过70%（例如，全日空72%，日本航空74%，法国航空82%，汉莎航空89%，达美航空91%等）。

麦肯锡2020年对全球航空的需求情况进行了分析，结果显示需求的恢复缓慢，与2019年相比，2020年的需求减少66%，2021年减少47%。根据国际航空运输协会（IATA）的最新预测，全球的航空需求要到2024年之后才能恢复到2019年的水平。预计在2023年，亚太地区将引领全球航空业复苏，而北美洲内部和欧洲内部的交通出行要达到疫情前的水平还需要等到2024年。

根据2020年的预测，即使在疫情得到有效控制、经济政策产生一定作用的乐观情况下，航空需求也要在两年之后才会全面恢复。以小型飞机为主、国际航班相对较少的航空公司可能更早受益，尤其是美国的机场，主要的航空枢纽可能会更早地恢复。如果洲际旅行的限制持续存在，主要枢纽的全面恢复可能是最晚的。

最初，航空公司倾向于提供廉价机票以填补空位，这在短期内可能有利于消费者，但从长远来看，减少竞争、偿还政府贷款的负担和卫生相关措施的改善可能会在以后推高价格，最终增加消费者的负担。

世界各国政府向航空公司提供了总计1 230亿美元的支持以帮助航空公司走出泥潭，这的确是很大的帮助，但也不过是2019年收益的1/5。此外，大约有一半的援助资金，即670亿美元是以融资和债务的形式提供的，最终需要航空公司连本带利地偿还，航空公司为了偿还这部分资金，仍有巨大的经济负担。

策略 3　打造更具韧性的公司以抵抗危机

铁路和航空一样处于困境之中。麦肯锡进行的消费者调查显示，有 32% 的人表示会降低乘坐电车的频率，与此相对，表示更加愿意选择自驾游的人越来越多，亦为 32%。

在日本，人们对铁路出行的需求在 2020 年下半年和其他交通工具一样有恢复的趋势，但与机动车和铁路货物运输等相比，恢复速度不算太快（见图 3-14）。2020 年上半年，JR 的 4 家上市公司以及 16 家主要私营铁路公司首次出现了赤字。就算按照季度划分，也仅有南海电铁一家公司在第二季度实现了收入的盈利，其他 19 家公司的赤字情况持续严峻。

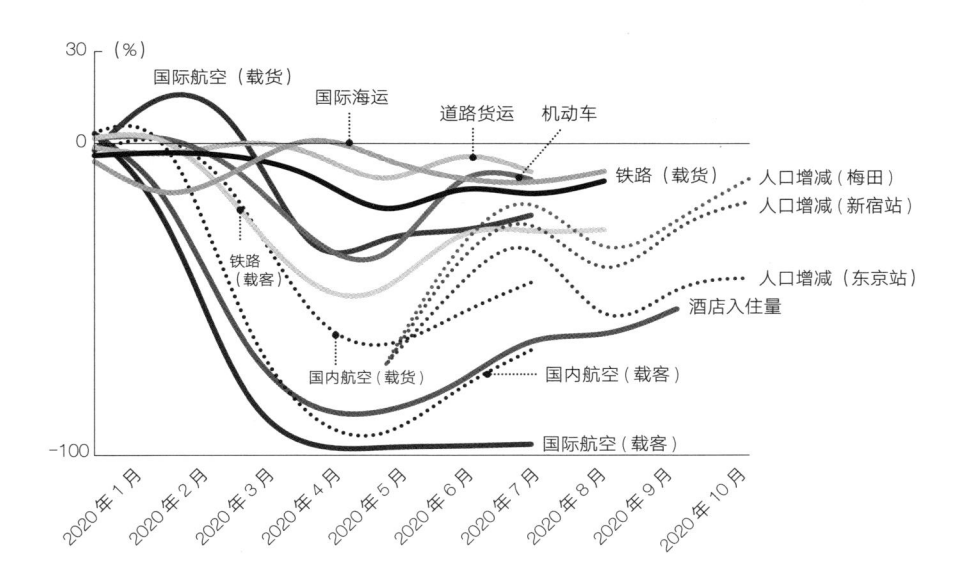

图 3-14　日本出行方式需求变化趋势

注：数据截至 2020 年 10 月 15 日。日本载客、载货运输的需求恢复率是与 2019 年相比的恢复率。道路货运指普通货车月货运量。机动车指东日本高速公路月平均交通量。人口增减根据月初各地人口推算。

资料来源：国土交通省（日本的中央省厅），行政机关，东日本官方网站，STR 公司，NTT DoCoMo（日本电信公司）。

各公司因业务环境的不同导致经营状况的恶化程度也会有所不同。第一，固定乘客数量较多的线路相对可以维持住销售额，而依赖于长途乘客而非固定乘客的公司，特别是新干线比例大的 JR 东日本和 JR 东海等公司，收益降幅巨大。另外，虽然固定乘客本身的数量在下降，但由于出行状况尚不明朗，所以购买短期乘车券的乘客数量产生了上涨，使单价也出现了上涨。

第二，选择铁路出行的乘客特征也有显著的变化。拥有京成、京急等机场线路的公司的乘客数量急剧下降，整体收益恶化明显。机场路线在疫情之前的一段时间内乘客数量曾持续增加，一度成为业绩增长的重要动力。但在疫情期间，这方面的业务却一下变成产业复苏的阻碍。另外，近铁和小田急等公司因为过于依赖与旅游景点相连的特快列车，其乘客数量的下降幅度也相对较大。

第三，业务的多样化也产生了各种各样的影响。从事房地产及日常生活相关业务且运输业务开展比例低的公司，销售额的下降幅度相对较小。例如，东急集团的铁路运输总人数减少了 38.5%，在私营铁路中算比例较大的，但是其所有业务中运输业务所占比例很小，只有 17%，而生活服务业务占比 58%，房地产业务占比 17%，这样的业务构成使得公司受到疫情的影响较小，所以该公司赤字情况并不严重。而西武集团和近铁集团虽说也拥有着多样化的业务，但业务多集中于休闲旅行，所以出现了较大的赤字。可以说，业务的多样化对降低风险很重要，但结构设计上的难度也可见一斑。

和航空公司一样，酒店也受到了疫情的巨大打击。根据麦肯锡的美国酒店需求预测分析，2020 年，美国每间可利用的客房产生的营业收入将下降 44%～47%。如果把这个数据换算成客房收益的话，说明美国的酒店业将在 2020 年损失 950 亿美元。人们认为这次危机对旅游业来说，比同时发生"9·11"事件和世界金融危机所造成的情况还要严重。实际上，疫情造成的影响确实要严重得多，950 亿美元的损失已经是 2001 年"9·11"事件导致的 40 亿美元损失，加上 2009 年世界金融危机造成的 150 亿美元损失后的总计 190 亿美元的 5 倍。根据酒店权威市场分析公司 STR 疫情期间的预测，2023 年以后，人们对酒店住宿的需求才能回到疫情以前的水平；2024年以后，酒店收益才能恢复到2019年的水平。

但是，根据住宿设施的种类不同，形势也会有所不同。在中国，对于休闲旅行的需求已经出现大幅增长，地中海俱乐部平台上2020年8月上半月的客房入住率就已经达到了88%。在美国，即便有出行限制，但卡车司机的工作依旧稳定，所以那些面向长期停留客户的廉价酒店以及经济型酒店要比高级酒店有更好的收益。而随着自驾游游客的持续增加，这类酒店也将持续受益。

另外，地方民宿、出租别墅等业务也在顺利发展。Transparent公司收集的有关短期租赁设施的数据显示，以法国、德国、美国等国家为首，截至2020年6月末，很多国家的客房入住率已经回升至与疫情前相近的水平（见图3-15）。如果人们持续对疫情感到不安的话，别墅出租的市场需求将会一步步超过酒店。

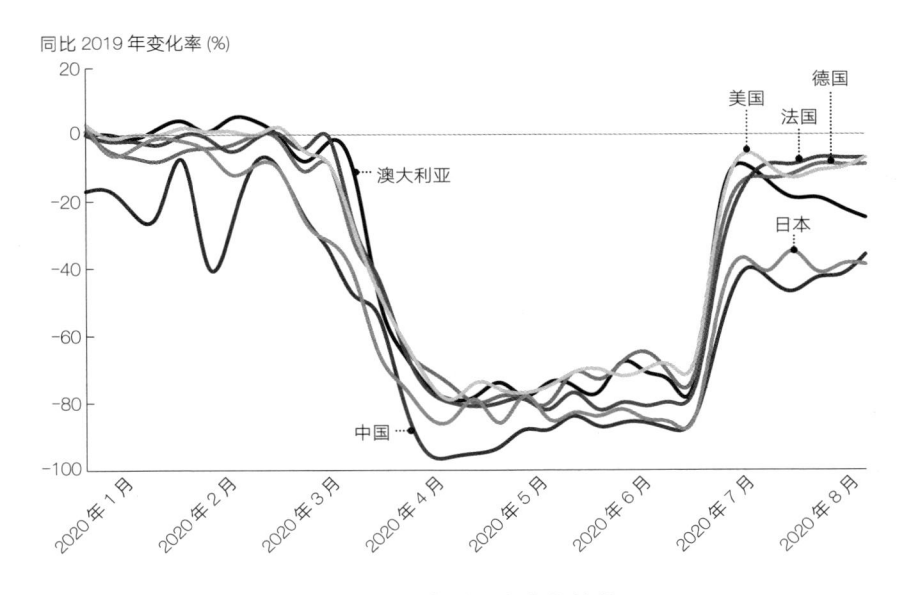

图3-15 民宿利用率变化趋势

资料来源：Transparent公司。

在线旅游平台虽然经受住了网络泡沫破灭和世界金融危机的洗礼，但像疫情这样规模的打击还是头一次。已经上市的世界前20家在线旅游平台和流通中介公司2020年第二季度的收益整体减少了约140亿美元，与上一年同期相比减少了82%。2020年，Skift Research根据当时的数据估算出，在线旅游平台在2020年全年将减少约1 900亿美元的销售额。

但是，对于主要的在线旅游平台来说，前景还是乐观的。第一，在线旅游平台的成本中有很大一部分是变动成本，变动成本随着业务量的变化而变化，因此能迅速应对经济衰退，比其他行业更容易维持收益。例如，缤客公司2019年的营业和广告宣传费占总成本的61%，人员支出只占25%。Expedia 2020年第二季度的收益比上一年同期减少了82%，但其成本也同样削减了82%；同样地，缤客的收益虽减少了84%，但营业和广告宣传费也减少了79%，从而将影响控制在较低水平。此外，达美航空公司在2019年的广告宣传费用还不到总成本的5%。

第二，在线旅游平台是所有行业中少数在世界金融危机期间可以保持增长的行业。Expedia和缤客公司在金融危机前的全球交易额为250亿美元，而到了经济最不景气的2009年，交易额提升至310亿美元（见图3-16）；在2007年创下21%的增长率，在2009年虽然有所减速，但仍增长了9%。之后，两家公司成长为旅游业中最具价值的公司。在线旅游平台在流通规模、客户忠诚度、广告宣传、采购方面具有优势，而因为成本结构和规模的原因，可以说会比其他行业损失更少，并更快地回到成长的轨道上来。

新常态下将面临的4个问题

疫情影响下，人们普遍选择减少外出，导致旅游业受到了沉重打击。大大小小的旅行社不得不选择裁员，这直接导致社会失业率急速上升，全球有1.2亿人面临着失业风险。有的航空公司中止了除航运外的几乎所有业务，有的甚至陷入了破产的境地。此外，全球范围实施的出行限制政策也使得许多酒店不得不暂时停业。无数公共设施被迫关停,其中多数面临无法重开的困境。以下是新常态下各相关行业将面临的问题。

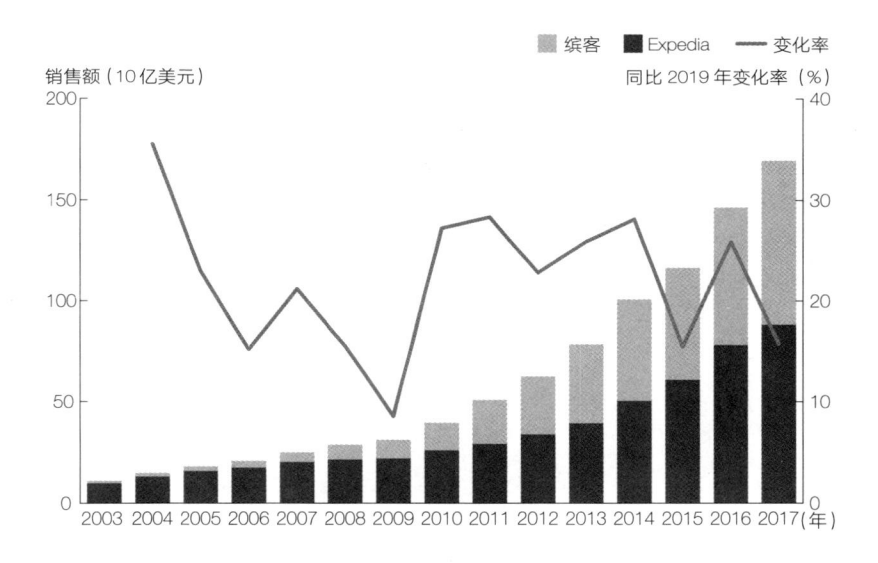

图 3-16 疫情前在线旅游平台销售额情况

资料来源:基于 Skift Research 网站 2020 年 5 月的企业资料。

第一,疫情给运输业和旅游业带来的冲击要大于其他行业,且预计恢复运转的速度会较慢,所以在新常态到来之前,如何保证行业的存续显得尤为重要。麦肯锡在 2020 年以疫情对人们旅游行为的影响为题,分情况综合分析了宏观经济发展趋势和旅游业有关指标。根据分析结果可知,旅游业受到重创,预计恢复缓慢,人们在休闲旅行方面的支出到 3 年之后才有可能恢复到 2019 年的水平(见图 3-17)。与疫情前进行的预测数据相比,预计全球旅游业的收益将损失 6.4 万亿美元,得出该损失的前提是在疫情影响之下,人们的外出继续被限制。除此之外,随着大多数游客仍对长途出行有抵触情绪,线上会议等手段将逐渐替代一部分线下的出差活动,且这种情况会长期存在。虽然政策支持在一定程度上有助于经济复苏,但是宏观经济的恢复速度仍然较慢,整体呈 U 字形。

麦肯锡未来经营策略

图例：
- ····· 疫情前的预测
- 恢复年份
- 2019年与2020年的比较（变化率）
- 2019年与2021年的比较（变化率）
- 基于疫情前实际情况和预测值的比较，估计2020—2030年累计损失（单位：万亿美元）

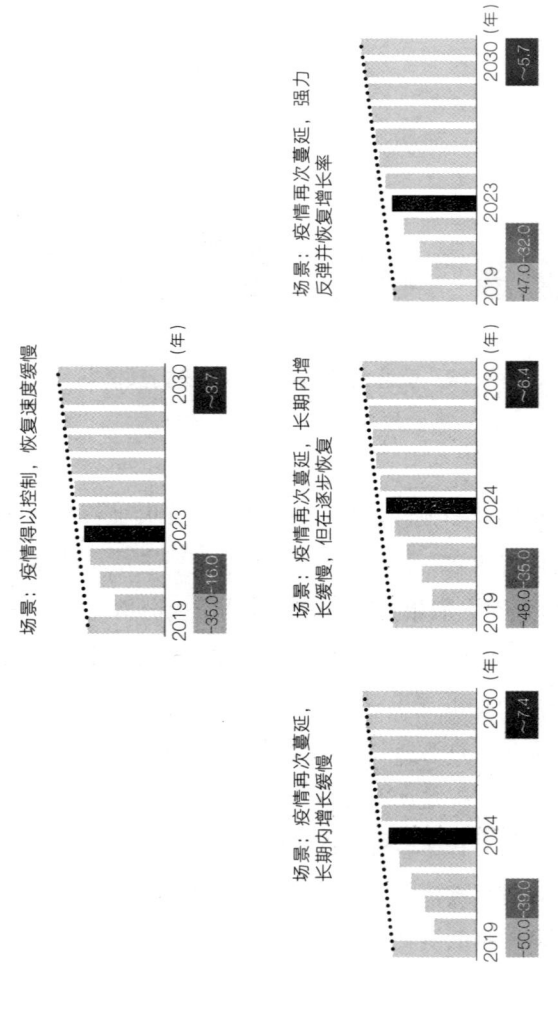

场景：疫情再次蔓延，长期内增长缓慢
2019 — 2024 — 2030（年）
-50.0 / -39.0 ~7.4

场景：疫情得以控制，恢复速度缓慢
2019 — 2023 — 2030（年）
-35.0 / -16.0 ~3.7

场景：疫情再次蔓延，长缓慢，但在逐步恢复
2019 — 2024 — 2030（年）
-48.0 / -35.0 ~8.4

场景：疫情再次蔓延，强力反弹并恢复增长率
2019 — 2023 — 2030（年）
-47.0 / -32.0 ~5.7

图3-17 全球旅游业预计恢复情况

注：国内外旅游支出排名前10的国家。

资料来源：麦肯锡2020年9月关于疫情全球旅游业复苏场景的调查。

076

视线转回日本。虽然日本国内旅游恢复的速度较快，但出境游仍因为十分依赖于国际航线而导致恢复的速度较慢。入境方面，由于日本对接待海外游客保持谨慎态度，且旅游业对中国的依赖程度较高，加之中国对重新放开出境同样谨慎，因此恢复速度较慢。预计这一方面在2020—2030年的总体损失将达到1 200亿～2 300亿美元。

日本虽然有国内市场这个强大的后盾，但人们的旅游支出要想恢复到疫情之前的水平，还需要等到2024—2025年。疫情后期病毒感染率变低，再加上丰富的文化遗产、多样化的自然资源和发达的陆上交通设施等，都为日本增添了独特的魅力，使得国内旅行能够快速恢复。然而，在日本曾备受人们喜爱的传统团体旅游项目，却面临着在疫情结束之前难以为继的状况。

第二，在如此严峻的状况下，交通、旅游业还需要承担高昂的固定支出。现有的交通运输公司拥有大量的固有资产，如轨道等基础设施和飞机、汽车，酒店则持有土地、楼房，疫情期间销售额的大减可以轻易地对这些公司造成巨大的冲击。这样的结果可能会迫使整个行业重组，平衡结构有所转变。在疫情之前，跨行业的整合就已经开始，所以可以说，疫情进一步加速了汽车租赁公司、拼车服务运营商、汽车公司和科技公司之间的合作关系。

另外，预计行业内部也将进行重组。以酒店为例，大型连锁酒店在疫情过后可能会越做越强，虽然它们也面临着裁员的问题，但仍具备自身独特的优势，即能够不断将业务模式合理化。它们手中持有的是垄断经销权和管理费等无形资产，而非楼房之类的固定资产，因此设备投资少，也不会产生员工工资等问题。与此相对，单体酒店预计会像2008年金融危机期间那样大批关闭。这次疫情导致人们对安全方面的担忧不断扩大，从而不再更看重品质，在线旅游平台能否进一步扩大市场份额，可能取决于其是否属于某个大型连锁品牌。历史已经证明，大公司在经济危机期间会更加强大，希尔顿的首席执行官克里斯·纳塞塔就曾明确表示，抵御类似于疫情这种危机的关键在于公司规模。他还说道："无论何时，都会有各种规模的公司。但是，在拿出客户满意的价格、优质的服务和合适的地理位置等方面，只有大公司才具备优势。这种优势会带来网络效应，进一步扩大公司的市场份额。"

第三，疫情可能会加速行业变化。以航空业为应对环境保护和可持续发展所提出的举措为例，这些举措产生的缘由为政府在对航空业做出财政支持的同时附加了具体条件，即想办法减少对环境的负面影响。这些举措很有可能在未来几年甚至几十年内改变整个航空业。

疫情之前就已在斯堪的纳维亚半岛发起的飞行羞耻（flygskam）运动令人印象深刻。当时，气候的变化情况使人们的视线逐渐聚焦于依旧使用化石燃料的飞机，一部分航空公司在疫情之前便已经开始致力于环保事业。荷兰皇家航空公司曾建议旅客就短途旅行使用其他交通方式；美国廉价航空公司捷蓝航空（LCC）也宣布，到2020年底为止，所有美国国内航班的喷气式飞机所排出的二氧化碳都要加入碳补偿[①]当中。

但对航空公司而言，仅靠碳补偿是不够的。例如，法国政府在向空客、法航和国内几个主要大型零部件供应商提供150亿欧元的财政支持时，附加了一定的条件，即这些公司必须增加对低碳排放飞机（利用氢气、电力等的飞机）的投入。虽然也有一些航空公司在没有接受此类条件制约的情况下获得了政府投资、融资和担保，但疫情也许会促进航空业重新针对这些问题进行创新。

第四，对于人们出行方式的改变，公司必须拿出相应的对策。疫情之前，各城市交通方式的最适配比各有不同，但考虑到疫情带给每个城市经济上的影响不尽相同，地域间的差距进一步扩大。这种地域差距在今后似乎将显著存在。

麦肯锡对世界6个主要国家和地区的城市出行方式的分析显示，预计到2030年，全球交通方式使用比例将发生巨大的变化（见图3-18）。例如，预计在

---

① 碳补偿指按照捕获与封存的碳氧化物数量计算一个抵免额，气体纳税人从企业所得税额中进行抵免。——编者注

未来 10 年内，欧洲一些主要城市的私家车使用率将急剧下降；在北美，私家车的使用率仅有轻微下降；在中国，对公共交通的依赖程度会有所上涨；而在南亚的主要城市，特别是那些高度依赖公共交通的城市，预计到 2030 年也不会有太大变化。

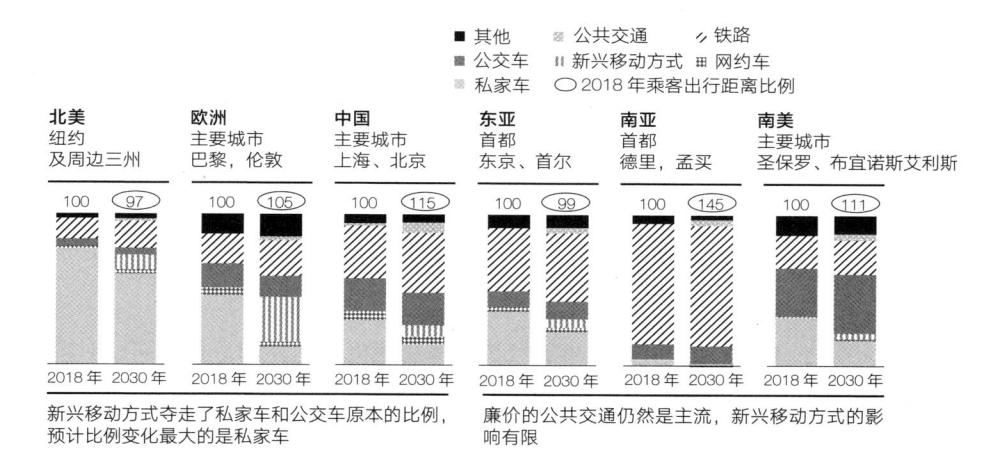

图 3-18　预计 2030 年前出行方式百分比变化

注："其他"包括徒步、自行车等出行方式。新兴移动方式包括无人出租车等。

资料来源：麦肯锡未来出行研究中心。

因此，根据疫情影响程度的大小，在不同的国家，甚至是国家内的不同地区，因政府等相关组织的政策不同，人们对出行方式的选择也会有很大不同。虽然在疫情蔓延的城市有必要实施严格的限制出行措施，但同一国家或地区的其他城市则可能会像疫情前那样，在交通出行方式上没有太多改变。

这些不同情况将对出行需求和出行方式带来重大影响，人们会结合当地的实际情况选择交通方式。交通运营商必须从区域的角度来理解最新的交通状况，尽早认识到变化，并相应地改善服务。

打造韧性公司的3个方法

疫情对交通和旅游业产生了前所未有的巨大影响，预计之后行业销售额要到2023—2024年才能恢复到疫情前水平。此外，许多影响是巨大、不可逆的变化。例如，以线上会议形式取代线下的商务交流需求。在交通与旅游业中，一部分业务需要彻底的改革，以往应对危机的办法如今已经不再适用。

面对这样的状况，我们能得到什么教训，又需要做什么准备呢？

方法1：压缩固定资产比率来强化体制

从宏观方面来看，今后仍有可能会出现像新冠疫情这样的危机，而面对瞬息万变的局势，交通与旅游业要在提高稳定性的基础上拿出应对措施。政府也要推出一系列经济刺激政策，如日本的Go To Campaign等。在诸多因素的作用下，交通与旅游业的需求容易产生较大波动。长期来看，一旦类似"9·11"事件和金融危机等的事件使行业需求大幅下滑，交通与旅游业都将受到直接的冲击。设想到整个市场也许会瘫痪，并出现高达百分之几十的需求消失的情况，如何随机应变地进行管理是很重要的。

在这次疫情中，交通和旅游业中并没有多少固定资产、运转更为灵活的在线旅游平台再次显示出优势。那么，在普遍固定资产比例高的交通和旅游公司中如何降低这一比例以构建抗危机体制，是一个重要问题。

当然，像酒店、铁路、航空等必须有固定资产的公司，比起在线旅游平台而言在运营上更加困难，但也有有效应对的案例。酒店方面，洲际酒店集团等全球连锁店基于其垄断经销权，转换成了固定资产较少的灵活的业务模式，提高了公司的韧性。另外，日本的星野度假村也很快将业务重心从酒店经营本身转移到了咨询和管理，其应对危机的能力是值得借鉴的。危机之下，可以产生强者恒强的倾向。

就铁路而言，有些国家正在推进垂直分离，不再持有基础设施等庞大的固定资产，有的铁路货物行业也通过租赁货车等方式来减轻固定支出的负担。在航空业，捷蓝航空的业务模式为通过租赁飞机产生变动费用，且飞机用于休闲旅行的比例也很高，恢复速度应该会很快。在日本，铁路在公共交通中占据重要地位，即使不进行垂直分离，也具备了在众多地区经营的条件，这是值得夸赞的。但疫情之前，特别是地方上难以维持且持续赤字的线路数量的增加，也是严峻的事实。要在地方上维持并形成可持续发展的交通，必须从固定成本投入高的交通方式转向与收益相匹配的交通方式。尤其是在北海道和四国等交通局势严峻的地区，需要认真考虑由国家政府等第三方负责基础设施部分的垂直分离。

如上所述，公司提高变动成本率，建立一个即使发生重大变化也能应对的有韧性的操作模式，在考虑到今后可能会经常发生重大需求变动的情况下，将发挥极其重要的作用。

方法2：创造新的业务需求

恢复出差需求的道路还很漫长，依赖出差业务的航空公司尤其需要迅速采取行动，以应对这一困难局面。有关旅游和出行的全球形势正在以前所未有的速度发生变化，需要我们准确了解客户的需求，从而吸引客户。

最重要的第一步是准确预测客户所处的行业何时恢复，这需要一个详细且有数据支撑的灵活视点。此时，通过微分段（microsegmentation）实现个性化服务变得十分重要。微分段，是指将消费者划分为一个个小的群体或特定的标准，并根据他们的行为模式和需求提供更精确的信息。这不是一个新概念，但它尚未在旅游业完全扎根，正如猫途鹰的首席执行官斯蒂芬·考费所说："我们很难完全理解每个人对旅行的取向。因为对一个人来说很兴奋的事，对另一个人来说可能很无聊。"但正因如此，公司在分析时才有了差异化的余地，通过提供符合个体需求的体验，能巩固与客户的关系（见图3-19）。

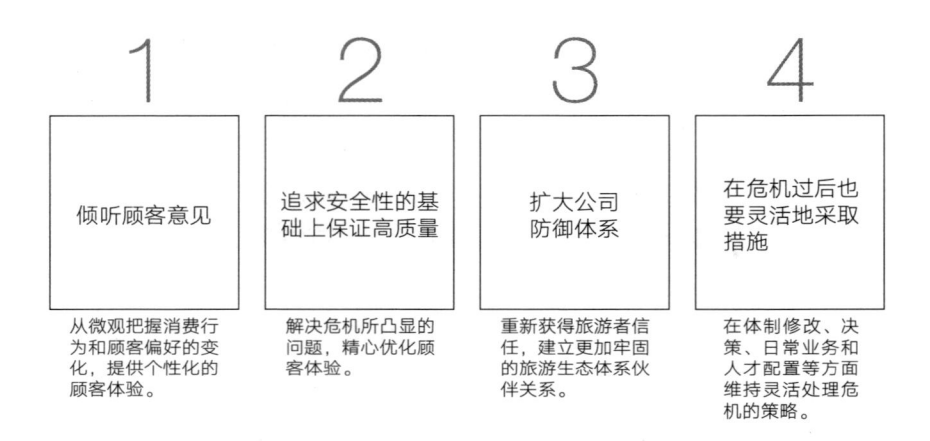

1	2	3	4
倾听顾客意见	追求安全性的基础上保证高质量	扩大公司防御体系	在危机过后也要灵活地采取措施
从微观把握消费行为和顾客偏好的变化，提供个性化的顾客体验。	解决危机所凸显的问题，精心优化顾客体验。	重新获得旅游者信任，建立更加牢固的旅游生态体系伙伴关系。	在体制修改、决策、日常业务和人才配置等方面维持灵活处理危机的策略。

图 3-19　旅行社需要进行的改善工作

例如，某欧洲航空公司使用人工智能（AI）的机器学习技术，分析了过去3年的数据，确定了客户的消费特点和以此为基础的15个不同价值的客户类型（见图3-20）。之后，该模型不断更新，通过详细跟踪各细分市场的客户行为模式，精确地捕捉到下一个将要恢复的需求。宏观指标固然是引导经济恢复的主要因素，但是通过提高分段精度来观察客户的需求，也可以提升公司的应对能力。

重要的是在需求恢复的细微迹象中，公司要尽可能有效地刺激和捕捉微小的需求。在这一过程中，必须有比以往更能打动客户的促销活动，而且必须革新性地提高客户体验。麦肯锡的问卷调查显示，在客户体验上表现优秀的公司提高了客户20%的满意度，降低了20%的应对成本；通过获得客户和维系客户使收益提高15%，增加了员工30%的敬业度。另外，在客户体验上表现优秀的公司，在经济衰退期损失相对较少，恢复速度相对较快（见图3-21）。

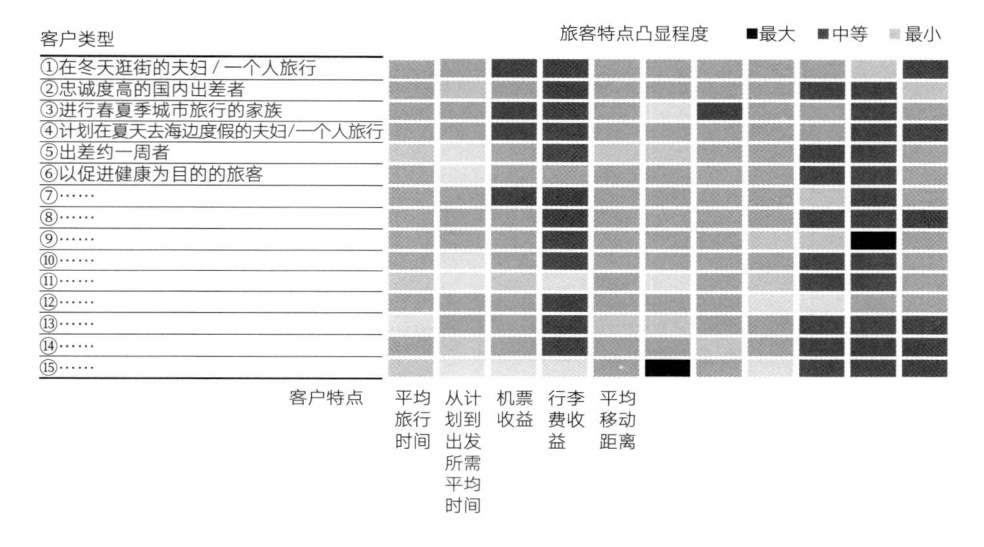

策略 3　打造更具韧性的公司以抵抗危机

客户类型				旅客特点凸显程度 ■最大 ■中等 ■最小					
①在冬天逛街的夫妇/一个人旅行									
②忠诚度高的国内出差者									
③进行春夏季城市旅行的家族									
④计划在夏天去海边度假的夫妇/一个人旅行									
⑤出差约一周者									
⑥以促进健康为目的的旅客									
⑦……									
⑧……									
⑨……									
⑩……									
⑪……									
⑫……									
⑬……									
⑭……									
⑮……									
	客户特点	平均旅行时间	从计划到出发所需平均时间	机票收益	行李费收益	平均移动距离			

图 3-20　通过机器学习模型分析出的客户类型

资料来源：麦肯锡旅行、交通、基础设施研究组。

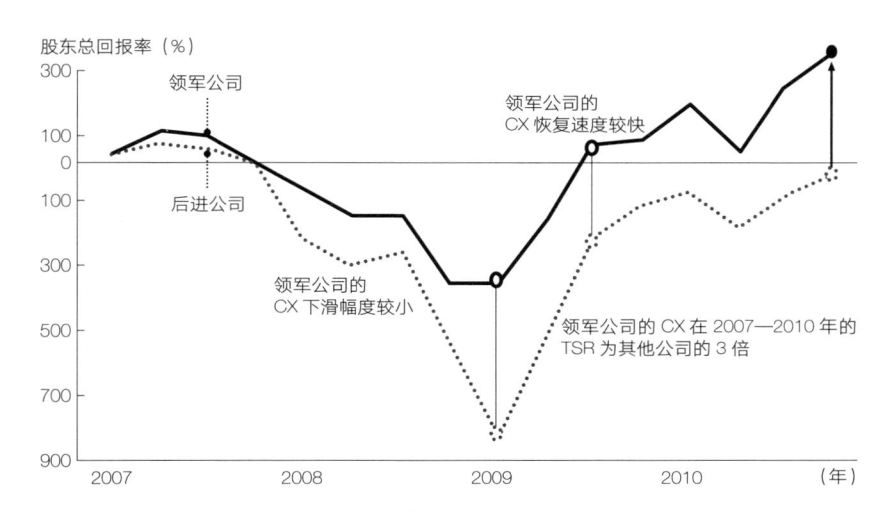

图 3-21　各类公司面对经济衰退期的发展情况

注：CX 指客户体验；TSR 指股东总回报率，按季度划分。

资料来源：Forrester（独立研究咨询公司）客户体验绩效指数。

例如，航空业为了捕捉人们的出差需求，考虑在未来改变客户忠诚度计划，如提高取消或改签机票的灵活性、设置安检专用通道和保证机内座位间隔等服务（见图 3-22）。

在疫情后可以使用飞机的情况下，旅客选择航空公司时最重视的因素占比（%）

- 取消或改签机票的灵活性 70
- 机内卫生设施（消毒液、口罩等） 63
- 直达航班数量 61
- 航班间机内消毒措施 33

解除出差限制后，旅客认为最有价值的航空公司附加服务占比（%）

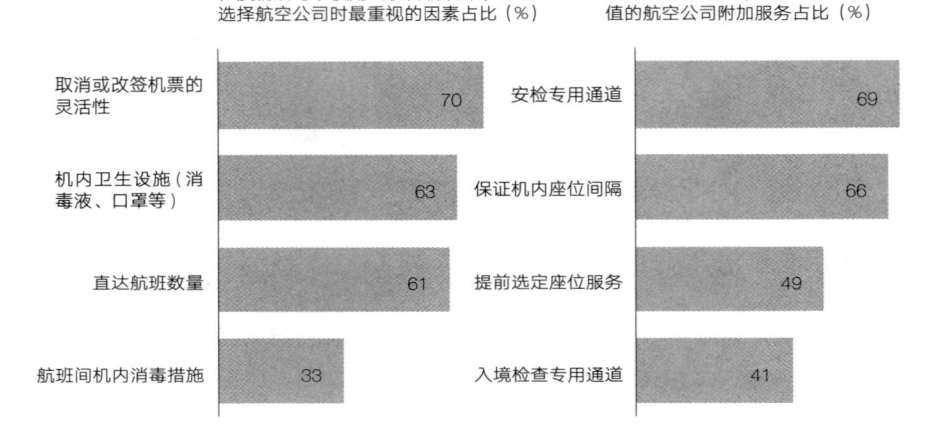

- 安检专用通道 69
- 保证机内座位间隔 66
- 提前选定座位服务 49
- 入境检查专用通道 41

图 3-22　出差人群对航空公司所提供服务的重视情况

资料来源：国际航空运输协会疫情救助、企业旅行管理调查。

此外，在疫情之前，顾客并不太在意退款过程的复杂程度，但现在，简化退款过程已经成为航空公司与竞争对手抗衡的新战场。而且需要记住的是，在客户的期待和兴趣发生变化的时候，其忠诚度也会发生变化。

若想有效应对数字化潮流，就应该改变公司自身的业务模式。在因为疫情而第一次使用数字化全渠道的人群中，有 75% 的人表示未来也会继续使用这一渠道。客户通过数据搜索和购买旅游产品、服务方式，其实从很久以前就发生了巨大的变化。

洲际酒店集团的首席执行官柏思远表示，"客户在这半年里，对数字化全渠道的精通程度达到了前所未有的程度"，并举例说明那些以往不擅长数字技术的中老年群体，如今也不得不在出行限制的条件下开始适应数字化的处理方式。"公司必须继续加速对技术的投资，进一步提高技术的运用能力。"

Skift Research 近年来的一项调查显示，近 80% 的受访者表示在疫情期间，推动数字化转型是头等大事。例如，一家中南美航空公司曾于 2019 年下半年开始研究端对端乘客体验的技术变革，而在疫情发生后半年，在该公司曾经实施的多项战略创新活动中，只有数字化转型取得了突出成果。

方法 3：创建贴近当地情况的服务

出行服务方面，在疫情前就已经出现了微交通、网约车、自动驾驶等多项新服务，但如今也出现了现有服务在某些地区失效，从而面临着巨大转折点的情况。在这种情况下，不同城市的出行方式作为一个政策问题再次受到关注，今后需要进一步优化与当地情况紧密相关的交通方式。

对于各地区来说，重要的是让各位利益相关者都参与进来，为该地区选择和创建合适的解决方案。例如，美国芝加哥市成立了一个小组，专门制定了全面的交通计划。这个过程的参与者并不局限于现有的利益相关者，还包括初创公司、各地区的大学和教育机构、非政府组织等，同时利用了模拟技术做出基于数据的决策。

在日本，因为以地区划分交通计划的历史很短，因此这一做法并未广泛地纳入新的服务观点，也并未利用模拟技术做出决策。今后，为了使交通方式成为决定城市特色和城市差异化的重要因素，需要更加重视将各位利益相关者纳入其中，同时利用各种数据做出适合本地的决策。

对新常态的
深度思考

マッキンゼー ネクスト・ノーマル
アフターコロナの勝者の条件

交通和旅游业因疫情受到了惊涛骇浪般的冲击。特别是受影响严重的航空业，具有代表性的表现是 2020 年的使用人数减少了 60%～80%，一年之间，销售额突然减少了一半。与各行业过去经受的危机相比，这也是相当严重的。如果长期持续，很多从业者可能无法在未来几年内坚持下去，有的公司经历重组或被淘汰是不可避免的。

然而，面前并非只有悲观的局面。许多专家预测，从长远来看，人们对出行的需求将会恢复。预计航空业的需求会在 2024 年左右完全恢复，虽然现阶段会备受煎熬，但要相信，人们出行、获得新体验、面对面交流的根本诉求是不会轻易改变的。即使线上沟通使某些特定需求消失，但也会产生如工作场所的自由度扩大等新的需求，人们定会再次开启活跃的出行。

交通和旅游业的公司为了在当前形势下生存下来，需要抓住客户的新需求，解决在新常态下可能会变得更加重要的问题（如数字化、改善客户体验和可持续发展等），以实现迅速的转型。此外，为了应对未来可能会反复出现的各种危机，我们需要降低固定资产的比例，打造更具韧性的公司。正因为处于严峻的形势之中，幸存下来的公司才更具韧性，并有机会在竞争环境不断变化的新常态市场中赢得更大的发展机会。

第二部分

应对技术变革的经营策略

策略 4

实现数字化转型

マッキンゼー ネクスト・ノーマル
アフターコロナの勝者の条件

策略 4　实现数字化转型

由于人口增长缓慢，日本只能通过提高生产力来推动经济增长。疫情后，日本公司更加关注数字化，这使得线上服务广泛普及，消费者习惯了网购，劳动者习惯了远程办公，人们的生活习惯正悄然发生着变化。在这样的形势下，预计全球市场环境将产生更为剧烈的变化，而公司为了应对"黑天鹅"事件[1]，需要比以往更敏捷地做出决策，所以进行数字化十分有必要。

如图 4-1 所示，与欧美等国家和地区相比，日本至今没有增加 ICT 投资[2]，导致其在数字化方面已经远远落后。对于日本公司来说，目前市场结构出现巨大变化之时，也是发展数字化技术的最后机会。然而，在讨论日本的数字化时，有

---

[1] 纳西姆·尼古拉斯·塔勒布（Nassim Nicholas Taleb）在 2007 年出版的著作《黑天鹅》（*The Black Swan*）中提到的概念。一直以来所有天鹅都被认为是白色的，但随着在澳大利亚发现黑天鹅，鸟类学家的常识被大大颠覆。"黑天鹅"事件现在指事先预测困难，且一旦发生就会产生较大冲击的事件。

[2] ICT 投资指与数字有关的投资。ICT，information and communications technology，信息通信技术。

必要意识到日本不同于其他国家的独特情况，如云计算的落后和数字化人才集中于 IT 供应商等情况。

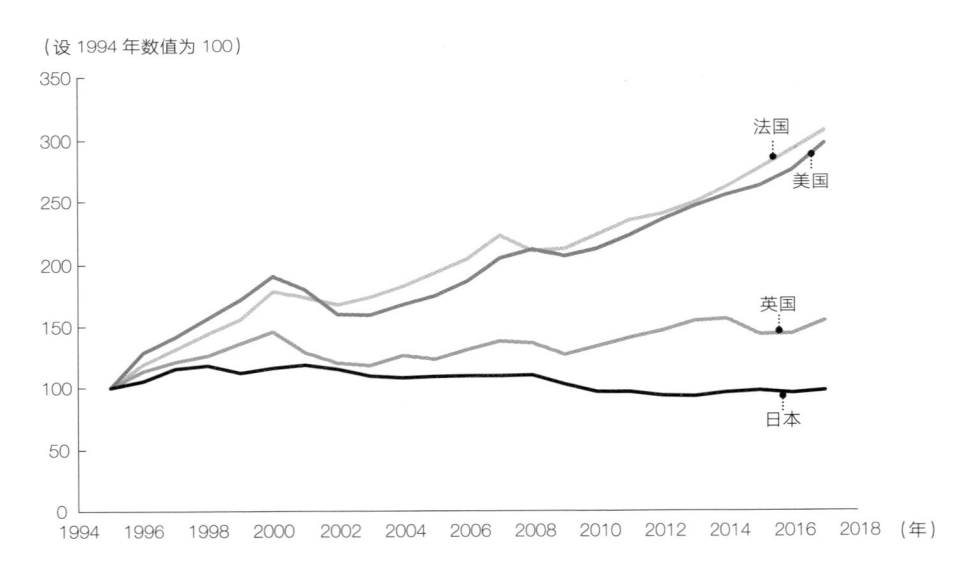

（设 1994 年数值为 100）

图 4-1　各国 ICT 投资情况

资料来源：经济与合作发展组织统计。

接下来，首先，解释为什么疫情使得敏捷的决策十分重要。其次，分析要做到敏捷的决策为什么需要数字化，并且介绍几个成功完成数字化转型的公司案例。最后，梳理处于数字化转型阶段的日本公司的问题，并提出解决问题的方法和实践。

为公司实现"敏捷的决策"

公司为应对消费者和劳动者行为上的变化，将所提供的产品和服务全部或部分地转移到了线上渠道。在未来，这种市场变化趋势将持续加速，从全球范围来看，截至 2020 年 7 月，公司和客户接触点的 58%（相比 2019 年 12 月增加了 22%）集中于线上，而在亚洲，这一比例为 53%（相比 2019 年 12 月增加了 21%）（见图 4-2）。另外，全球范围内，选择将所提供的产品和服务全部或部分转移至线上的公司比例为 55%（相比 2019 年 12 月增加了 20%），这一数据在亚洲为 54%（相比 2019 年 12 月增加了 21%）（见图 4-3）。

在将客户的接触点转移到线上的过程中，公司为了第一时间满足因疫情而瞬息万变的社会需求，需要将通过线上获取的客户数据和积累至今的知识经验结合起来，在供应链整体上做出比以往更为敏捷的决策。

所谓"敏捷的决策"，并不是单纯地指快速做出决策，还包括在加快组织决策的基础上，将这些决策作为组织经验加以积累，进行反馈并应用于下一个决策。

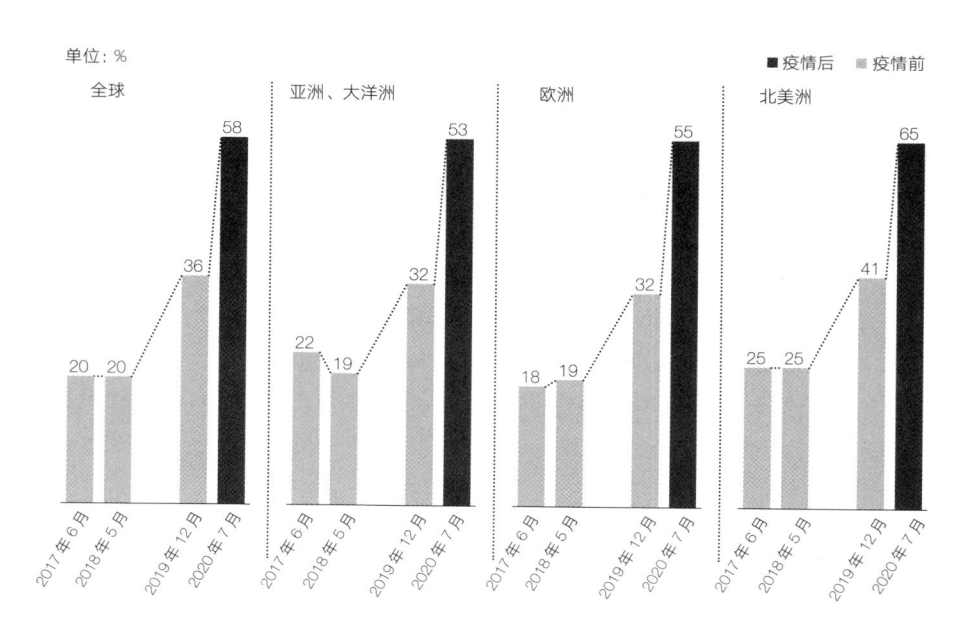

图 4-2　疫情前后公司与客户在线接触点的占比变化

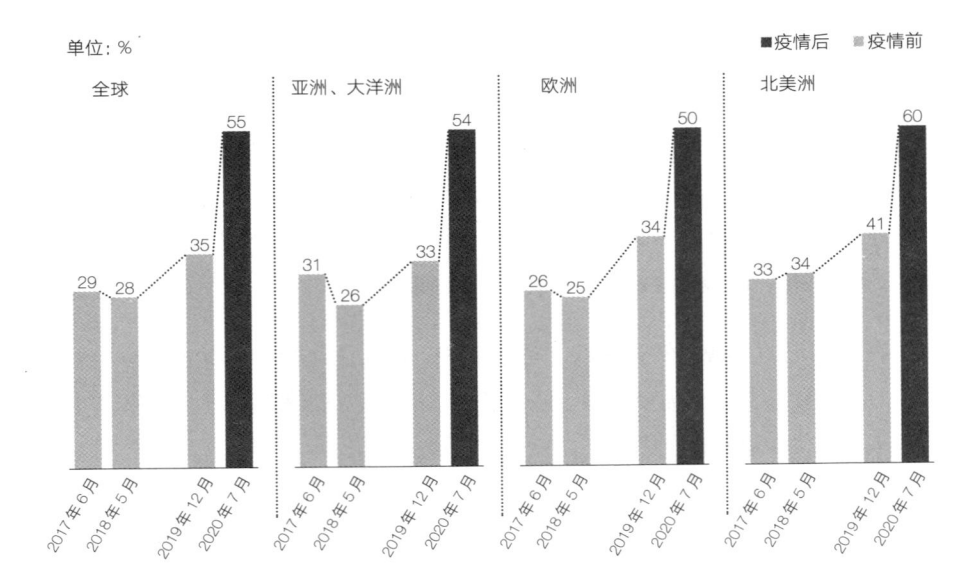

图 4-3 疫情前后全部或部分转型为数字化的商品和服务占比变化

图 4-4 将 2017—2019 年实现 25% 以上增长的优秀公司和其他公司进行对比，展示了优秀公司做出主要决策的时长，及其判断因疫情而变化的市场需求的速度。在此之前，优秀公司需要每月对消费者的隐性需求进行一次评估，其他公司则需要每季度进行一次。但是在疫情出现之后，各家公司必须每周进行一次评估。

此外，公司还需要对内部的措施进行精准的评估，对于成果不尽如人意的业务，减少资金与人才的投入。在此之前，优秀公司需要每月进行评估，其他公司为每季度进行一次评估。但是在疫情出现之后，所有公司都必须每月进行一次评估。

敏捷的决策不仅使公司能够对客户的需求做出快速反应，而且能够灵活应对新兴公司的兴起、加入竞争等所带来的市场环境变化。

策略 4　实现数字化转型

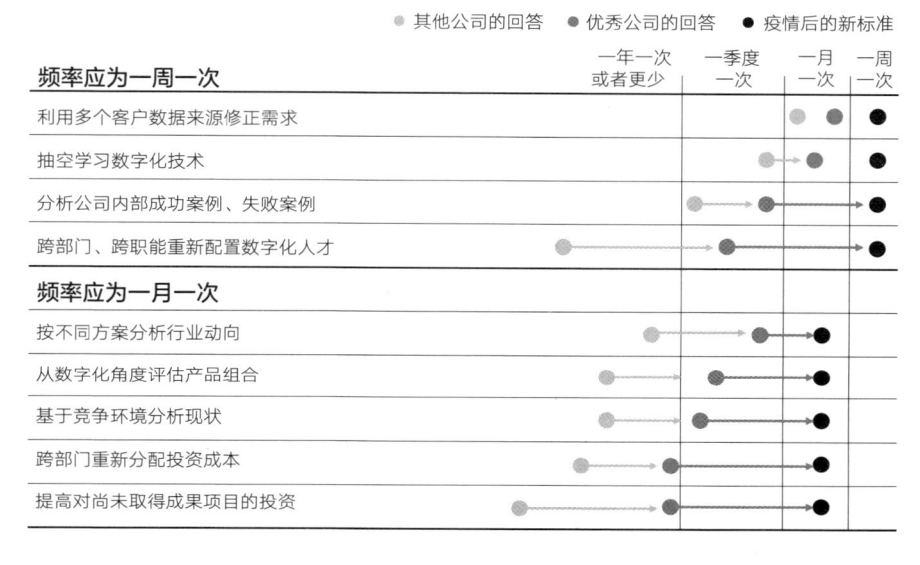

● 其他公司的回答　● 优秀公司的回答　● 疫情后的新标准

	一年一次或者更少	一季度一次	一月一次	一周一次
频率应为一周一次				
利用多个客户数据来源修正需求			● ●	●
抽空学习数字化技术			●	●
分析公司内部成功案例、失败案例		●	●	●
跨部门、跨职能重新配置数字化人才	●		●	●
频率应为一月一次				
按不同方案分析行业动向		●	●	●
从数字化角度评估产品组合	●	●	●	
基于竞争环境分析现状		●	●	
跨部门重新分配投资成本	●	●	●	
提高对尚未取得成果项目的投资	●	●	●	

图 4-4　疫情时期公司需要进行判断的频率

实现数字化转型的公司与其他公司拉开差距

公司为了实现敏捷的决策，应该如何做出改变？其中最重要的一点就是向数字化转型。事实证明，实现了数字化转型的公司比起其他公司更容易在股市上获得好评，并实现 EBITDA[①] 的增长。

麦肯锡在 2017 年进行的数字战略调查显示，在收入方面，有 47% 的公司实现了 10% 以上的年销售增长率；从 3 年间股东总回报率的年增长率可见，在数字化程度方面处于前 20% 的公司实现了 18% 的增长，而没有进行数字化转型的公司只有 7% 的增长。同样地，两者 3 年间在 EBITDA 的年均增长率分别为 6% 和 1.5%，表现上产生了 3～4 倍的差距。

---

① EBITDA，Earnings Before Interest, Taxes, Depreciation and Amortization，即未计利息、税项、折旧及摊销前的利润，用以计算公司经营业绩。——编者注

具体来说，若要向数字化转型，究竟应该怎么做呢？公司必须满足以下 5 个要求：

- 供应链从上游到下游贯彻数字化。
- 改革商业模式。
- 实现自上而下的整体战略，采取从每一个基层员工出发自下而上的具体对策。
- 改革公司管理，包括业务案例的审查、成果预测和决策等。
- 推行从错误中获得经验的文化理念。

日本公司越来越关注数字化转型

日本对数字化转型给予了关注。日本经济产业省和东京证券交易所挑选了 35 家公司作为"进攻型 IT 经营 2020"的选定公司，入选标准为"能够应对商务环境的激烈变化，活用数据和数字技术，根据客户和社会的需求，在变革产品、服务、商务模式的同时，优化业务本身、组织结构、工作流程和公司文化，以确立竞争上的优势"（见图 4-5）。

同样让人记忆犹新的，还有日本经济产业省在 2018 年发布的《DX 报告 :IT 系统"2025 年的悬崖"的克服和 DX 的正式开展》。

报告指出，许多日本公司仍然依赖于过时的运营系统，并因此面临着 2025 年的发展悬崖问题。2025 年的发展悬崖问题是指，如果日本公司仍不推进数字化，那么到 2025 年，整个日本可能面临每年 12 万亿日元的经济损失。

疫情是实现数字化转型的大好机会，可以说数字化转型是日本公司在国际舞台上生存下去的一个必要条件。

策略 4　实现数字化转型

定义：
日本经济产业省、东京证券交易所共同评选出致力于经营革新、提高收益水平和生产力的 IT 公司，将它们称为"进攻型 IT 公司"（共 35 家，IT 经营备受关注的公司有 21 家）

评选标准：
在 3 700 家公司中选出能够在应对商务环境激烈变化的同时，活用数据和数字技术，根据顾客和社会的需求变革产品、服务、商务模式，优化业务本身、组织结构、工作流程、公司文化，确立竞争优势的公司。

证券代码	公司名称	行业
1812	鹿岛建设公司	建筑
1980	DAI-DAN 公司	建筑
2502	朝日集团控股公司	食品
2897	日清食品控股公司	食品
3402	东丽公司	纤维制品
4901	富士胶卷控股公司	化学
8113	尤妮佳公司	化学
4519	中外制药公司	医药
5020	ENEOS 控股公司	石油、煤炭
5108	普利司通控股公司	橡胶、泥土制品
5201	AGC 公司	玻璃制品
5411	JFE 控股公司	钢铁
6301	**公司小松制作所**	机械
6367	DAIKIN 工业公司	机械
4902	柯尼卡美能达公司	电器
6702	富士通公司	电器
7272	雅马哈发动机公司	运输机械
7732	公司拓普康	精密机械
7912	大日本印刷公司	其他制品
9531	TOKYO GAS 公司	电力、天然气
9020	东日本旅客铁道公司	陆运
4689	Z 控股公司	信息通信
9613	NTTDate 公司	信息通信
8053	住友商事公司	批发
9830	**TRUSCO 中山公司**	批发
3134	Hamee 公司	零售
8174	日本瓦斯公司	零售
8308	理索纳控股公司	银行
8601	大和证券集团公司	证券、期货
8630	SOMPO 控股公司	保险
8439	东京盛世利公司	其他金融业
3491	GA technologies 公司	房地产
8802	三菱地所公司	房地产
2432	DeNA 公司	服务
9735	西科姆公司	服务

图 4-5　以进攻型 IT 经营为发展目标的日本公司

注：加粗的公司为本次排名中最高奖获得者。

资料来源：经济产业省网站。

日本关于数字化的几个特殊情况

在数字化的进程中，日本公司如果仅模仿其他国家公司的做法，是很有可能失败的。因为就日本的现状而言，有几个前提条件和其他国家差异很大。

首先，在人才方面，日本几乎所有的 IT 工程师都归 IT 供应商管理，导致各公司内部缺乏擅长数字和分析的人才。日本 IT 工程师在公司内的雇用率为 28%，而美国为 65%，德国为 61%，差距很大。

其次，日本在数字基础设施方面也很落后。即使只是一部分，但仍有 85% 的公司依然使用过时的系统，约 70% 的公司认为这种过时系统是数字化的绊脚石。另外，在数字领域的相关支出中，日本对云投资的比例也仅为美国的 1/3（美国为 15%，日本为 5%）。

数字化转型成功的必要条件

接下来，我们将验证日本公司如何进行数字化。本节首先介绍 3 个成功实现数字化转型的具体公司案例，以明确什么是数字化。之后，梳理日本公司所独有的问题，并提出每个问题的解决方向。

案例 1：西部数据公司

西部数据公司是一家总部位于美国的硬盘驱动器（HDD）和闪存产品制造商，2020 年该公司销售额为 167 亿美元，EBITDA 为 19 亿美元（EBITDA 与销售额的比率为 11.4%）。其业务的一个特点是需要大量的零部件，因此一般来讲在供应链构成上是复杂的。但是，该公司通过从上游到下游整个供应链的数字化，达到了几乎零成品库存，原本从客户下单到配送需要 5 天以上才能完成，而利用了数字化后只需 2 天。

首先，在接到客户的订单后，位于圣荷塞的总公司会自动根据客户的优先级分配生产配额，在这个阶段，公司就可以掌握情况以确保 2 天内配送。总公司会不断收集各地区各工厂的信息，并根据之前积累的数据掌握各工厂的生产计划、供应商的交货状态以及物流的运送能力等信息。利用这些信息，公司分析引擎能立刻计算出应做出哪些决策以赶上交货期，并将生产和出货计划通知到各工厂。这些生产和出货计划传达到各工厂后，生产、原材料订购、操作、配送这四项计划会在工厂同时进行并最终固定为一种模式。随着数字化的推进，生产工序缩短，生产计划也能自动制定，同时本地分析引擎会自动向供应商订购材料。此外，通过就近整合供应商，可以实现每天 3 次的材料配送，并将交付的零部件自动储备在生产线附近。每条生产线上的原材料配置由机器人精确设计，最终产品会通过最高效的途径自动运送到仓库。在制作产品的同时，数字化技术还能自动进行安排发货等准备工作，使得产品一完成就可以发出。

那么，在这种曾被认定为难以做到数字化的业务形态下，西部数据公司是如何实现数字化改革的呢？

钻研数据的应用

西部数据公司为了加快决策会应用数据，对数据进行加工，并根据使用频率进行分类。具体而言，公司会将传送数据时所花的通信时间（即延迟）区分为 1 秒内的和非 1 秒内的相关制造工序，对传送时间要求越高的数据，越是需要将分析数据的功能与该数据实际的生成紧密联系起来。另外，为了以正确的形式持续收集到数据，在数字部门内还设置有负责检查数据质量的专属团队，这个数据管理团队负责确定每个案例所使用的工具，还负责数据的构建。此外，为了在业务方面能够自主利用数据，开发团队还配备了运用云技术的 PaaS（Platform as a Service，平台即服务）。

为了有效地利用数据，该公司还强化了数据可视化、实时查询（旨在通过简单的界面让用户进行特定查询的程序）、利用 AI 的经营判断和决策（商业智能）、AI 机器学习这 4 个功能，并且开发了工具，以便任何人都可以使用这些功能来达到自己的目的。

通过敏捷开发的反复试错产生更大的影响

西部数据公司基于"小小的成功经验能创造进一步改进的机会"的理念，优先考虑敏捷开发的试错，而不是长时间实现单一的改革。

例如，该公司开发了一种名为 DefectNet 的机器学习应用程序，以解决识别硬盘驱动器表面故障模式的问题。初步验证的结果表明，该程序可以根据表面图像识别故障模式，而根据分析的结果，技术人员可以追溯到上游的制造过程。由此产生的最终解决方案具有比最初设想的更为广泛的应用范围，现在正在多个工厂中应用。

平民数据科学家的养成

西部数据公司为了提高分析能力，一直致力于提炼出必要的技术和知识，并且与外部合作伙伴联手以培养"平民数据科学家"。所谓平民数据科学家，是指那些不具备数据科学家的特定技能，但是可以使用分析工具进行一定程度的分析的人。该公司通过应用谷歌公司和亚马逊公司的自动机器学习技术，使销售方面的人才能自行利用数据科学来改善业务。

案例 2：大众汽车公司

总部设在德国的大众汽车公司是世界上规模最大的汽车制造商之一，到 2019 年为止，已经连续 4 年在全球范围内销售汽车 1 000 万辆。由于疫情对该公司主要的欧洲市场产生了长期影响，导致其在 2020 年的全球销量跌至第二位。该公司正处于其在 2016 年发布的"变革 2025+"计划所描述的 10 年发展期中的最盛时期，该计划的目的包括进一步明确全球每种车型的品牌价值，以及对电动车（交通方式的电动化）和互联互通（与周边设备的连接）领域进行大规模投资。通过这种全公司范围的改革，公司的目标是到 2025 年成为全行业转型的中心，并在 2030 年电动汽车（EV）大范围普及的浪潮中发挥主导作用。如今，"变革 2025+"的成果已经显现，到 2019 年底，30 亿欧元的年度成本削减目标已经提前实现了 27 亿欧元。

在此背景下，大众在 2019 年发布的数字化转型计划也备受关注，因为该计划旨在以数字化转型来进一步推动全公司的改革。那么，数字化转型计划的具体内容是什么呢？

新设立汽车软件部门

大众汽车创建了汽车软件部门，该部门作为内部的一个创业公司，致力于"为汽车和数字生态系统开发软件"，目标是到 2025 年将自制软件的比例从 10% 提高到 60%。目前，大众有 200 家供应商提供多达 70 种控制单元和用于控制的软件，而该部门的目的就是未来在集团内部开发具备相同基本功能的操作系统以消除烦琐的工作流程，提升集团的规模效益。

为了实现这一目标，该公司意图到 2025 年在软件开发、电动和电子开发、互联互通、自动驾驶、用户体验、云架构和电商等领域拥有超过 5 000 名专家。为了确保人才储备，公司打算雇用外部专业人员或者投资其他公司。

培训现有人才

然而，仅靠外部资源，很难在短短的 5 年时间内拥有超过 5 000 人的专家队伍。因此，大众汽车公司提供了相应的员工培训，重塑现有人才的技能。"重塑技能"指的是为了让员工"重新获得技能"而进行的人才培训，这一培训不仅针对汽车软件部门，也是对整个公司的数字化进程进行评估之后得出的应有之举。

具体而言，该公司打算加强职业培训和在线教育，让员工成为数字化方面的精英，该培训亦被称为"Faculty73"。

案例3：宜得利公司

在日本，也有一些公司通过数字化转型，在疫情期间取得了一定的成果。

日本宜得利公司正在以各种方式推进数字化，例如，使用能够与合作伙伴共同管理的区块链，通过与其他公司联合配送包裹提高装载率，积极在物流工厂中引入机器人，等等。该公司的股价在2020年上升了约28%（作为参考，日经平均指数在同一时期上升了约19%）。该公司实施了以下4项举措来推进数字化。

- 自制化：培养350名同时具有数字相关技能和商业洞察力的人才，大约从20年前开始自制系统。
- 敏捷开发：实现1天约10件的开发速度。
- 经营者的意识和信念：数字部门不是只接受事业部的要求，还要主导客户满意度和业务上的改善。
- 影响主义：开发之初与发布之后都要对业绩和ROI（投资回报率）进行彻底评估。

除了这4项举措之外，宜得利公司还设定了到2032年拥有3 000家门店和实现3万亿日元销售额的目标，并通过最新的技术促进与日本国内和国外公司的合作伙伴关系。例如，通过与谷歌合作，该公司为每个客户根据各自的属性创建了1 128种模式的广告，以提高广告的投资回报率，这一举措也使得广告点击率提高了2倍。此外，通过与区块链技术公司LayerX合作，取消了纸质发票；通过定位技术管理货运卡车实时位置和装载货物的信息（见图4-6）。

分析	·与谷歌合作，根据每个客户的特点制定了高达 1 128 种广告模式 ·点击率提高 2 倍
机器人技术	·在日本首次导入挪威的"自动商店"体系，将商品分类自动化 ·导入新加坡 greyorange 公司的自动移动货架机器人"管家"
员工培训	·与 GLOBIS 合作提供面向员工的 MBA 教材 ·通过 Workday HCM 平台管理员工技能
RPA 云技术	·推进使用 NTT 数据实现 RPA 业务自动化 ·推进使用 Azure 的虚拟 PC 实现远程工作
AI	·开发 AI 判断配送路线和提高库存管理效率等 500 个功能 ·在日本首次导入阿里巴巴的图像检索引擎，使顾客可通过拍摄的照片检索类似商品
区块链	·与 LayerX 合作，通过区块链技术代替纸质发票 ·管理货运卡车的实时位置和载货信息 ·与其他公司商讨共同配送服务，通过对外推销物流和咨询业务获得数百亿日元的销售额

图 4-6　宜得利公司与日本国内及国外公司合作案例

资料来源：企业主页、文章检索。

西部数据、大众汽车和宜得利等公司都根据自身的业务战略制定了数字投资战略，同时为了实现这些战略，它们进行了人才和组织改革，开发了旨在实现灵活试错的数字基础设施。这也是完成了数字化转型的公司领先于其他公司的一个原因。

虽然有具体案例可供参考，但日本公司要真正实现数字化转型，还有许多障碍必须克服。许多日本公司目前处于所谓的"试验困境"之中，它们试验了各种尖端技术，但最终并没有实际应用，无法高效地实现数字化。日本公司若要走出"试验困境"，在最短的时间内实现数字化转型的目标，应特别考虑以下 3 个问题。

- 如何确定投资领域和分配资源的优先顺序。
- 当数字化人才大都依靠外部资源时，如何有效地培训数字化人才并扩大人才规模。
- 在一个云技术落后、受传统系统影响极深的国家，如何快速推进数字化转型。

下面将围绕以上几点，一一阐释日本公司应该具备哪些条件才能实现数字化转型。

条件1：确定投资领域和分配资源的优先顺序

若要使数字化转型与公司的理想目标相协调，首先需要确定公司希望通过转型实现什么目标。许多日本公司倾向于自下而上地从每个业务部门收集有关数字化的意见，再在没有明确标准的情况下进行投资。所以在制造业中经常会出现一个现象，那就是为了进一步加强原有的制造实力，拥有强大话语权的生产部门的数字化能取得进展，而销售、开发、采购等部门的数字化进展却不大。但其实对公司来说，生产部门的数字化对整体业绩的提高并没有多大贡献，因为生产成本还不到总成本的10%。

因此，如果一个公司要想朝着理想目标推进数字化，就应该针对内部每块业务，通过以下5个角度来判断该业务能否对损益表产生积极影响，从而确定重点投资的领域（见图4-7）。

- 商业模式转型：能否利用数字技术建立新的商业模式。
- AI（数据分析）：能否通过对大量复杂数据的全新分析实现价值最大化。
- 机器人技术和自动化：能否通过AI机器学习提高工作效率。
- 流程数字化：工作流程能否数字化。
- AR（增强现实）：能否通过物与人的互连来降低成本。

最理想的方案是，基于分析的结果考虑各个因素所做出的贡献，再根据数字化投资的优先顺序来建立路线图。这样一来，通过有限的资源进行有效的投资，经由数字化转型，公司可以进一步接近理想目标（见图4-8）。

策略 4　实现数字化转型

业务功能	分析范围	商业模式转型	AI	机器人技术和自动化	流程数字化	AR	合计
生产	材料费以外的制造成本项目（劳务费等）	xx	xx	xx	xx	xx	xx
调度	材料费 间接材料	xx	xx	xx	xx	xx	xx
SCM	除去仓储、物流费以外的物流费用 物流相关人工费	xx	xx	xx	xx	xx	xx
营业与服务	营业人工费 仓储、物流费	xx	xx	xx	xx	xx	xx
间接业务	本公司支出、管理费用（包括人事、会计、法务等）	xx	xx	xx	xx	xx	xx
合计		xx	xx	xx	xx	xx	xx

图例：□受影响最低　受影响低　■受影响适中　■受影响高

图 4-7　数字化分析结果

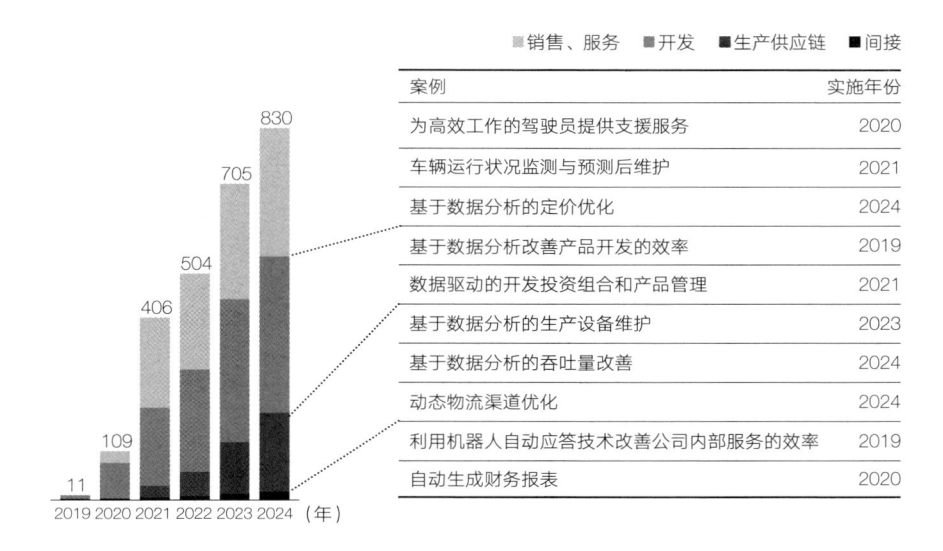

图例：销售、服务　开发　生产供应链　间接

柱状图数值：2019年 11；2020年 109；2021年 406；2022年 504；2023年 705；2024年 830

案例	实施年份
为高效工作的驾驶员提供支援服务	2020
车辆运行状况监测与预测后维护	2021
基于数据分析的定价优化	2024
基于数据分析改善产品开发的效率	2019
数据驱动的开发投资组合和产品管理	2021
基于数据分析的生产设备维护	2023
基于数据分析的吞吐量改善	2024
动态物流渠道优化	2024
利用机器人自动应答技术改善公司内部服务的效率	2019
自动生成财务报表	2020

图 4-8　数字化投资路线图

注：左图显示了不同商业领域的案例获得的预期息税前利润（EBIT）影响及年化效果，以2018年数值为基准。

条件2：有效地培养数字化人才并扩大人才规模

那么，已经明确投资领域后，应该如何推行数字化？

管理层要做出强有力的承诺

首先，重点在于管理层对数字化转型的意识和信念。如图4-9所示，麦肯锡在2020年对1 256家公司的调查发现，62%的公司已经停止了数字化转型。在主要原因方面，21%为公司的管理层对数字化理解不足或战略不够明确，20%为公司缺乏组织能力，18%为公司缺乏意识和风气的转变，从而使转型受到一线员工的抵触。

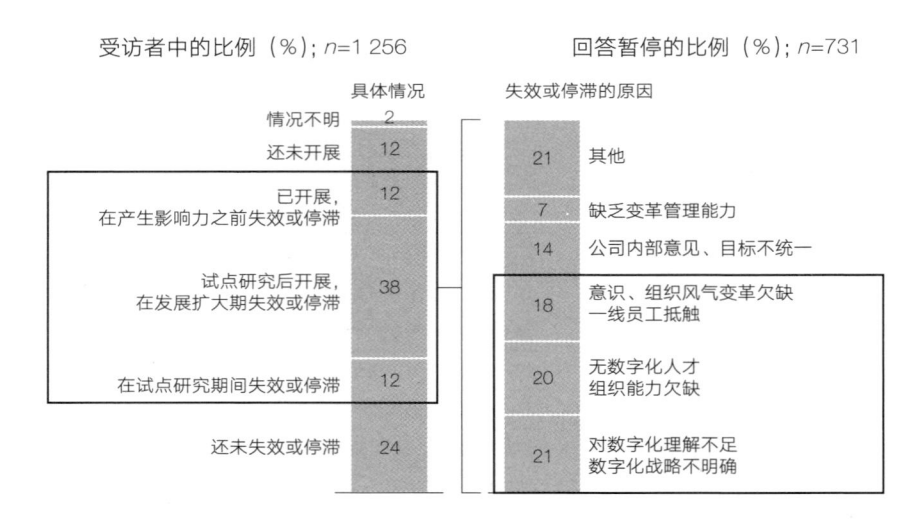

受访者中的比例（%）；n=1 256		回答暂停的比例（%）；n=731	
具体情况		失效或停滞的原因	
情况不明	2	其他	21
还未开展	12	缺乏变革管理能力	7
已开展，在产生影响力之前失效或停滞	12	公司内部意见、目标不统一	14
试点研究后开展，在发展扩大期失效或停滞	38	意识、组织风气变革欠缺 一线员工抵触	18
在试点研究期间失效或停滞	12	无数字化人才 组织能力欠缺	20
还未失效或停滞	24	对数字化理解不足 数字化战略不明确	21

图4-9 数字化转型情况及失效或停滞的原因

注：回答暂停的比例中排除了回答"情况不明"的比例。

改革就像是把一种"异物"引入传统组织内部，会给一线员工带来沉重的负担，因此在这个过程中不可避免地会产生阻力，而克服这个问题的关键是领导团队的参与方式。管理层不能只是自上而下地发出指示，还必须提出一个长期愿景，并尽最大努力带领一线员工实现愿景。这里提到的管理层不仅限于数字化部门，还包括各业务部门的负责人，因为如果仅由数字化部门来推进数字化，是无法实现整个公司向数字化转型的。数字化部门无法在没有正确把握各个部门状况的情形下自上而下地做出决策，如果不去沿着各业务部门的实际商业需求去推进数字，那么已经计划好的数字化方案就很有可能无法贯彻至一线，反而会增加公司的负担（见图4-10）。

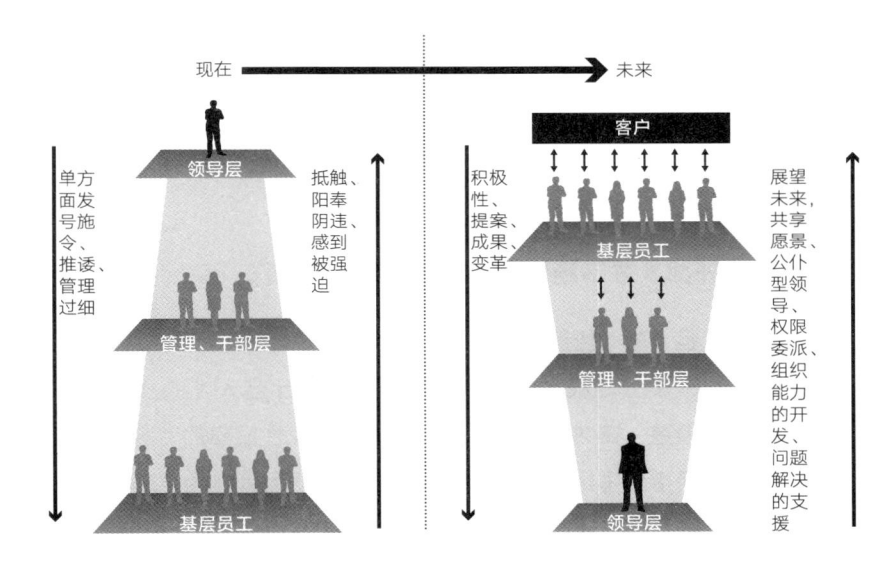

图 4-10　管理层在数字化转型中的作用

培养"翻译者"是成功的必要条件

数字化转型需要许多人员的参与，而成功地将他们联合起来是顺利转型的关键。公司在推进数字化时一般倾向于依靠专业度高的内部数据工程师或外部供应商，但实际上这还不够。在现实中，要想推进数字化，就有必要协调发挥不同作用、具备不同优势的人才。

其中特别需要重视被称为"翻译者"的人员。这里的翻译者是指能够认清一线数字方面的机遇，在商业人员和数据科学家之间能实现沟通、理解的商务人才。这种人理解商务问题，并能穿梭于具有数据科学等专业知识的专家中间，激活相互的沟通，确认必要的数据、分析和机能，拥有协作以促成问题解决的技能。

那么，公司怎样才能调配到可以推进数字化转型的人才呢？首先是从外部的人才市场雇用，但这在日本是很难大规模开展的。在北美的调查显示，重塑一个人的职业技能最多需要 2 万美元，而从外部人才市场录用一个人则需要 3 万美元，且入职后还会产生训练费用，此人辞职的风险也很高。虽说是为了大规模的改革，但只依赖外部人才市场是不现实的。

麦肯锡的经营策略

从外部人才市场雇用人才时的注意事项

- 比起"量"更重视"质"

  很多公司被过多的需求量所迷惑，比起人才的质更容易关注量。但是，在数字领域，只要有一位专业性很高的专家，就可以胜任从新手到中坚力量的几个人的工作量。因此，为了确保能拥有这样一名专家，公司必须毫不犹豫地支付比竞争对手更高的报酬。

- 重视学习积极性

  数字化技术日新月异，在某个阶段获得的知识在不到几年的时间里就会落伍。为了应对这个问题，时刻具备学习积极性就显得很重要，而公司为此应着重于基础设施的建设。在公司内部不能提供培训的情况下，可以和其他公司合作，或者让员工参加外部活动以获得知识。

- 用数字人才录用数字人才

  在录用数字人才时，与缺乏数字知识的人事部门员工相比，最好还是由具有丰富数字知识的人才来担任招聘工作。另外，录用数字人才的途径和其他职业有很大的不同，需要灵活运用软件相关的交流活动以及专业性高的会议等。

下面将详细介绍重塑现有人才数字技能的方法。如上所述，重塑技能是指为了让员工适应新的角色，在组织内为员工培养胜任公司新业务所需要的技能。

重塑现有人才的数字技能

重塑数字人才的技能工作已经在其他国家的一部分公司内开展。例如，AT&T 公司在 2013 年提出从以往以硬件为中心的电话公司向以软件为中心的通信、技术和媒体公司转换的战略时，就已明确了在所拥有的员工中，有 45%（约 10 万人）不具备实现战略所需的科学、技术、工学、数学方面的技能，同时认识到了现有能力和被要求的能力之间的差距。因此，该公司建立了可以弥补这一差距的项目 "Workforce2020"，在该项目中，各部门的未来前景以及各自需要的人才技能、工资范围都被可视化。另外，根据各员工的所属部门和工作经历，制作了能清楚掌握自身能力的履历文件夹，且每年投资约 250 亿日元用于筹备各种培训。具体来说，包括导入在线的针对性讲座，训练与新技术相关联的必备技术，对结业者发放"纳米学位"证书，并导入与大学合作设计的"计算机科学在线硕士学位程序"。为了能积极地开展这些工作，公司每年给每人 8 000 美元的费用补助，由此，目前公司内部 81% 的技术岗已经通过内部变动得以补充。此外，参加重塑技能的员工在年末获得的评分比其他员工高 1.1 倍，获得的表彰比其他员工高 1.3 倍，晋升率比其他员工高 1.7 倍，而离职率比其他员工低 1.6 倍。

沃尔玛公司则在 4 年内投入约 40 亿美元的资金，以北美 140 万名门店从业人员为对象，提供了基本的零售技能和 AI 时代所必需的情感技能的培训，并提供了认证程序，与 IBM 等公司合作开发了 14 000 个重塑技能课程。作为公司 "UP Skilling 2025" 计划中的一环，沃尔玛特别向着眼于数据科学、安全管理和商业分析等业务的项目投资了 7 亿美元资金，设立了今后 6 年为 10 万多人提高技能的计划。根据世界经济论坛发表的预估数据，全球公司的员工中有54%需要重塑数字技能，其中有35%的员工需要6个月时间，9%的员工需要6个月到1年时间，10%的员工需要1年以上的时间。

重塑技能并不是指胡乱地灌输一些数字化最新技术的知识，而是应该按照以下3个步骤进行。

步骤1：重塑技能战略的制定。

数字化进程需要与业务战略保持一致，它并非指胡乱地汇集精通于最新流行业务的人才，而是有必要沿着3～5年后的经营战略进行员工的重塑技能培训。因此，为了达成3～5年后的经营战略，需要制作必要的人才构成表，并与现有的人才进行比较，以确定重塑技能的员工及其应该提高的技能。此外，还需要画出重塑技能的路线图。

图4-11是某技术公司的案例。通过数字化培训、小组学习、在职培训（OJT）相结合，将需要掌握的技能划分成几个阶段，使员工一步步从技术项目管理者转变为数字平台管理者。

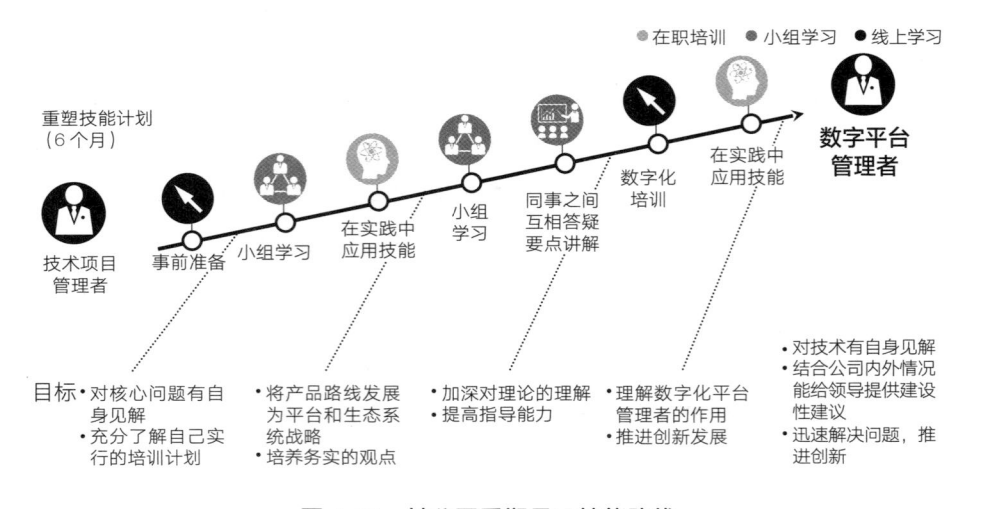

图4-11 某公司重塑员工技能路线

步骤1的重点在于，战略应该由业务部门而不是人才部门主导，因为这一战略更需要着眼于未来。另外，日本和欧美不同，并没有形成工作型雇用模式，所以必须留出时间来观察现有人才的技能。

此外，日本有很多重塑技能的对象仅限于资格更老的人才，而不是20～40岁的员工。但是，现在20～40岁的人群对于数字技术并不抵触，所以在重塑技能上更容易成功。实际上，在上述AT&T公司的例子中，就有一个30多岁的从事监控电话线和测试设备的网络工程师变成了数据科学家的案例。所以，不要因为年龄而去限制重塑技能的对象。

步骤2：重塑技能计划的详细设计。

步骤2是设计具体的对象和培训项目。重塑技能不是一次性的，为了能在把握业务环境和技术潮流的同时持续实施，改善组织文化和基础设施很重要。

其中特别重要的一点是，保证足够的激励措施，如加薪和晋升等，否则，重塑技能可能会被员工视为一种负担，降低工作积极性，从而无法确保足够的人员受训。在上文提到的AT&T公司案例中，通过修改一个人的市场价值及其对整个公司的贡献程度等人员评价指标，能避免此情况的发生。还应注意到的是，在培训中，许多日本公司往往过于以自我为中心，这也影响了培训的效果。

步骤3：重塑技能的实施。

步骤3为实际开展重塑技能的培训，重点在于平衡重塑技能的4个基础：数字技术相关知识、高度的认知能力、社交和情感能力、适应性和韧性。

数字技术相关知识。为了在公司所属的生态系统（如客户、供应商、相关的监管机构）内提高生产效率，对关键技术和数据处理方法（如数据可视化、应用机器学习、高级分析）的基本理解显得十分重要。一项以欧美公司为对象的调查显示，预计在2030年，利用这一能力工作的时长将比2016年增加55%。

高度的认知能力。今后市场的变化速度会比以往更快，所以解决问题的能力和创造力变得更加重要。特别是随着远程办公的普及，对每个员工自主性的要求变得更加强烈，这使得独立思考和管理项目的能力也变得更加重要。调查显示，预计到2030年，利用这一能力进行工作的时长将比2016年增加24%。

社交和情感能力。随着远程办公的普及，公司需要加强与员工的联系以推动变革。调查显示，预计到2030年，利用这一能力进行工作的时长将比2016年增加8%。

适应性和韧性。由于变革中存在大量需要学习的新内容，公司应利用这样的机会鼓励员工进行反思，增强他们的信心和自我认知。

重点在于制定一个PDCA循环（即Plan、Do、Check、Act），即在监测目标群体学习进展的同时，对程序和实施方法进行必要的修订。这种新兴公司才会使用的方法不应该被忽视，尤其是对大公司而言。

尽管人们普遍认为大公司更有可能在重塑技能方面取得成功，因为其拥有更多的财力、人力以及人才培养经验，但事实上，组织规模小于1 000人的公司要比超过1 000人的公司更有可能取得成功。这是因为在员工人数少于1 000人的组织中，最高管理层的战略更容易传播给广大员工，决策过程也更简单，更有条件在试错的基础上实施新举措。而大公司在重塑员工技能时，不应该在现有的组织框架内进行，而应该意识到可以灵活地快速进行PDCA循环，就像新兴公司一样。

然而在现实中，日本公司很难像欧美公司那样大规模地开展重塑员工技能的培训。正如一开始所提到的，许多日本公司依赖于IT供应商，多数情况下在内部并没有数字化相关的知识与经验。因此，对日本公司来说，重要的是通过与已经积累了技术的公司建立合作伙伴关系，一边推进重塑技能，一边充分利用外部IT供应商。

条件3：引入"双速"体系加速推进

除了人才外，另一个重要的问题是如何切实保障用于数字化的资金。这里的关键在于"双速"体系的运用。

"双速"是指分开运行两个独立的 IT 系统：一个在前端面向用户，进行快速响应；一个在后端不面向用户，发挥基于传统的基础系统作用。通过这种方式，公司可以在不花时间整合现有大规模系统的条件下，在试验新软件的同时稳定地运行其基础系统。

通过导入"双速"体系，可以在短期内将基于传统的基础系统优化到合适的规模，同时利用由此节省下来的资金作为数字投资成本，以进一步节省成本和更新再投资，从长期来看，实现 IT 技术的现代化便会成为可能。在各个领域都存在大量的再投资对象，其中包括快速提供最新数字化分析和解决方案的云计算、加速引入新的解决方案、人才和安全防御等。

引入"双速"还能使公司的风险最小化。在长期使用已有平台的公司中，员工习惯于在已有平台上开展业务，工作方式早已根深蒂固。而"双速"体系的引入能使他们尝试新技术和数字化工作方式，同时在一定程度上保持已有的工作方式。如果出现问题，可以在尽量减少对现有业务的影响下，对员工进行相关培训，必要时也可寻求外部帮助，逐步实现向新工作方式的转变。

对于推进"双速"体系来说，比起公司自行制作一个复杂的系统并运行，更为重要的是对于云技术的利用。在使用云技术的过程中有一个特别重要的思考方式，那就是最佳组合，它指的是不拘泥于供应商的差异，将各解决方案所需要的应用程序以最优的形式进行组合。近年来，许多类似的解决方案都采用了比较直观的用户界面（UI）和用户体验（UX），因此即使是并未熟练掌握数字技术的人也可以操作。像这样，不局限于现有的系统框架，而是将其与外部的云解决方案适当地组合在一起，就可以敏捷地进行决策。

对新常态的深度思考

マッキンゼー ネクスト・ノーマル
アフターコロナの勝者の条件

虽然数字化转型在疫情之前就已经开始，但在疫情的催化下，已经完成数字化转型的公司和没有进行数字化转型的公司响应市场需求的速度差距比以往任何时候都要大。对于公司来说，实现数字化转型的重要性也进一步提高。在这一过程中，日本公司首先需要定义它们希望通过数字化达到的理想目标，然后决定重点投资的领域。管理层应亲身参与系统建立，对各部门的重要员工进行技能重塑，不仅在数字化部门，还应在业务部门开展这些工作。此外，有必要在外部供应商的协助下，推进能促进改革加速的"双速"体系。

要同时实施所有的事情会非常困难，可变化往往是伴随着痛苦的。在被已经推进数字化的公司拉开更大的差距之前，其他公司应该努力开始实现自身的数字化转型。

策略 5

进行供应链改革

マッキンゼー ネクスト・ノーマル
アフターコロナの勝者の条件

策略 5　进行供应链改革

疫情对全球供应链的破坏，使得一直以来潜伏在其中的漏洞暴露了出来，但与此同时，也为全球引领供应链发展的人们提供了更多的变革机遇。因此，各公司不应该只看问题的表面就简单地采取应对措施，而应该以此为契机，从更广阔的视野重新审视供应链，应对包括"黑天鹅"事件在内的各种各样的事件，从全面的、长期的观点出发，以兼顾效率和韧性的最佳形式，进行彻底的供应链改革。

要进行如此大刀阔斧的改革，必须先去了解引发公司危机的事件性质，以及供应链中的漏洞。重点在于在效率和韧性之间进行权衡，为追求两全而进行模拟实验，灵活运用数字技术对策，以最低的成本获得最大的成果。

回顾历史，虽然供应链的危机早已显现，但修复漏洞的措施并不多。随着疫情结束，可以预见很多供应链发展又会回到强调效率的状态之中。然而，在疫情期间解决了供应链中的漏洞并成功利用数字技术进行转型的公司，在未来很有可能会保持长期的、不可动摇的竞争优势。因此，此次改革的成败将决定公司未来长期的胜负。

全球供应链危机重重

疫情给供应链带来了改革的机会

疫情正是所谓的"黑天鹅"事件,它以全人类都意想不到的形式和规模对全球供应链造成了巨大破坏。

在中国,汽车和电子设备行业所需的原材料和零部件供应延迟;在欧盟,过境时间增加导致物流延误和移民停滞,由此带来的劳动力短缺影响了许多行业的发展。因此,全球范围内的供应链因疫情产生了断裂。

疫情引发的供应链断裂,让各个行业、公司的供应链负责人都深刻地意识到改革的必要性。麦肯锡在2020年5月对60位引领着全球供应链管理的领导者进行的一项调查发现,他们都将危机视为供应链改革的契机。具体而言,60位领导者中有93%表示需要解决供应链的脆弱性,其中有20%表示需要弥补的幅度大。

调查结果还显示,解决供应链脆弱性的重要方法有增加供应商、提高库存水平和近岸化(部分或全部开发工作委托给相对距离近的外包公司)(见图5-1)等。通过解决供应链的脆弱性,来灵活应对不可预知的情况,将是未来全球供应链的发展趋势。

但是,这并不是说日本公司只要顺应其他国家的趋势,采取增加供应商、提高库存水平和近岸化等措施,就可以使一切问题迎刃而解。在制定政策之前还要进行一些考虑,重要的是从疫情对策的狭隘领域中跳出,拓宽视野,正确、全面地了解公司可能面临的潜在危机,然后重新审视自己的供应链。

是否有必要解决供应链脆弱性（%）

- 没有必要解决供应链脆弱性
- 评估解决的必要性：2
- 没有必要解决供应链脆弱性：5
- 大幅解决供应链脆弱性：20
- 需解决供应链脆弱性：73

如何解决供应链脆弱性（%）

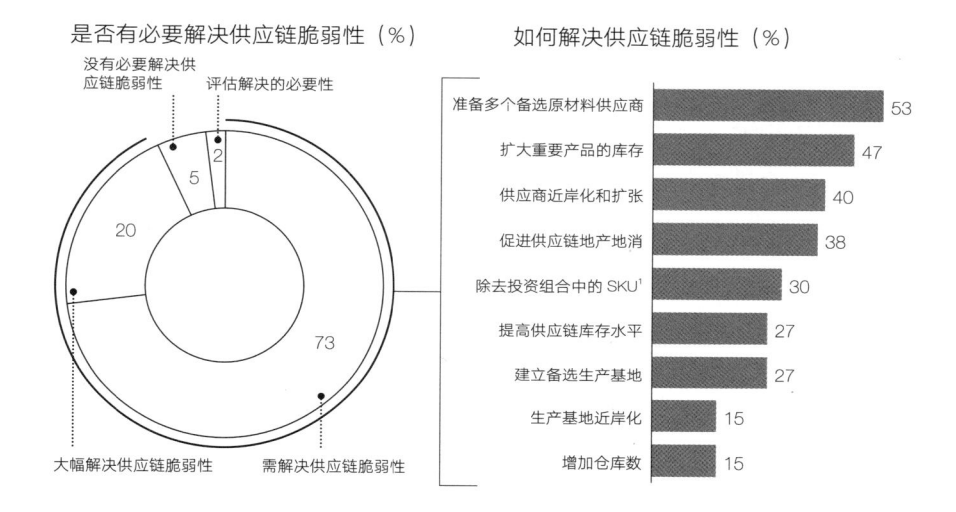

方法	%
准备多个备选原材料供应商	53
扩大重要产品的库存	47
供应商近岸化和扩张	40
促进供应链地产地消	38
除去投资组合中的 SKU[1]	30
提高供应链库存水平	27
建立备选生产基地	27
生产基地近岸化	15
增加仓库数	15

图 5-1　公司解决供应链脆弱性的必要性与方法

注：1. SKU 即 Stock Keeping Unit 的缩写，指进行订货、库存管理时的最小管理单位。

资料来源：麦肯锡于 2020 年 5 月 15 日至 22 日进行的全球供应链领导者调查（n=60）。

正确理解各种危机的性质

当我们将目光转向除疫情之外的供应链风险，会发现公司面临着各种潜在危机。具体如下：

- 不可抗力引发的危机。飓风、洪水、地震、森林火灾、火山喷发、传染病等灾害虽多发生在局部地区，但也会为全球生产、物流网络的运转带来阻碍。
- 宏观政治带来的危机。金融危机、贸易纠纷、制度的变化、经济不景气等。
- 犯罪、反社会行为引发的危机。网络攻击、盗窃、伪造等。
- 各公司特有的危机。产业事故、劳资纠纷、IT 系统老旧、供应商破产等。与少数公司相关联的事件，有时会波及更大的范围。

供应链所面临的各种危机，可以根据影响程度和可预测性两个方面的表现来进行分类。影响程度可以根据持续时间、扩大程度、跨行业程度来进行评估，可预测性可以从危机的发生频率、从征兆出现到事故发生所需的时间来进行评估。影响程度会影响应对方案实施的优先顺序，可预测性则会影响应对路径和方法的具体选择。

公司虽然能够应对影响程度小、可预测性高的危机，但是在应对可预测性低、影响程度较大的"黑天鹅"事件上大多一筹莫展（见图5-2），本次的疫情也使得这一问题更加凸显。今后，对于公司来说，进行以"黑天鹅"事件为前提的风险管理十分重要。

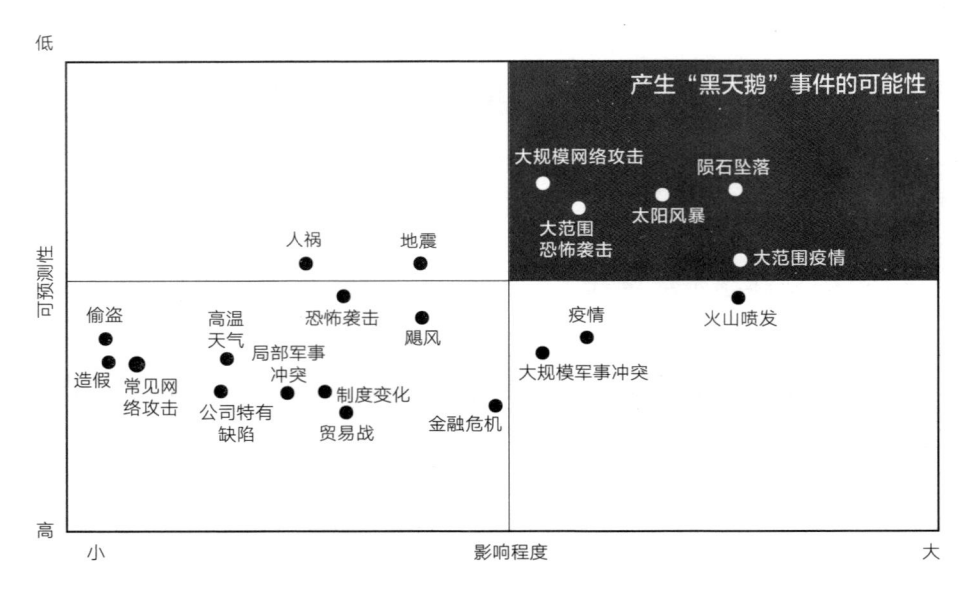

图 5-2 "黑天鹅"事件的可预测性和影响程度

首先，我们要对危机进行分析。如图5-3所示，从危机的持续时间、扩大程度、跨行业程度等维度出发，共有12种由危机造成的损害，它们的特点在于根据危机种类，影响的持续时间、广度和被发现的领域都有所不同。其中，造成损害最大的是疫情和大规模军事冲突，这样的危机一旦出现，可能会造成数万亿美元的损失。其次是自然灾害，这类危机在历史上造成了设备破坏和物流中断，带来了数千亿美元的损失，且近年来在所造成损失方面有越来越严重的倾向。然后是制度变化和局部军事冲突，可能会造成数百亿美元的损失。

> **麦肯锡的经营策略**
>
> 供应链危机性质分类
>
> - 风险的性质 = 影响程度 × 可预测性
> - 影响程度 = 持续时间 × 扩大程度 × 跨行业程度
> - 可预测性 = 危机发生频率 × 从征兆出现到事故发生所需时间

而且，不同行业在每次危机中所受到的损失也不一样，基本上由所处地区和生产要素决定（见图5-4）。例如，半导体行业由于数字化程度高、研发规模大、资本高度集中、数据体量大，极有可能因网络攻击和贸易战受到破坏，而因高温天气和洪水等气候危机遭遇损失的可能性相对较低。相比之下，农业、纤维、服装、食品和饮料等劳动密集型行业极有可能因高温天气和洪水受到破坏。这类倾向概括如下：

- 高度依赖贸易的行业（通信设备、半导体等）比不太依赖贸易的行业（水泥、食品、橡胶、塑料等）更容易遭受各种危机。
- 劳动密集型产业（农业、服装等）可能会遭受疫情、高温天气和洪水等的影响。
- 与非知识密集型产业相比，知识密集型产业（医疗器械等）总体上受到影响的可能性较小，但更容易受到网络攻击的影响。

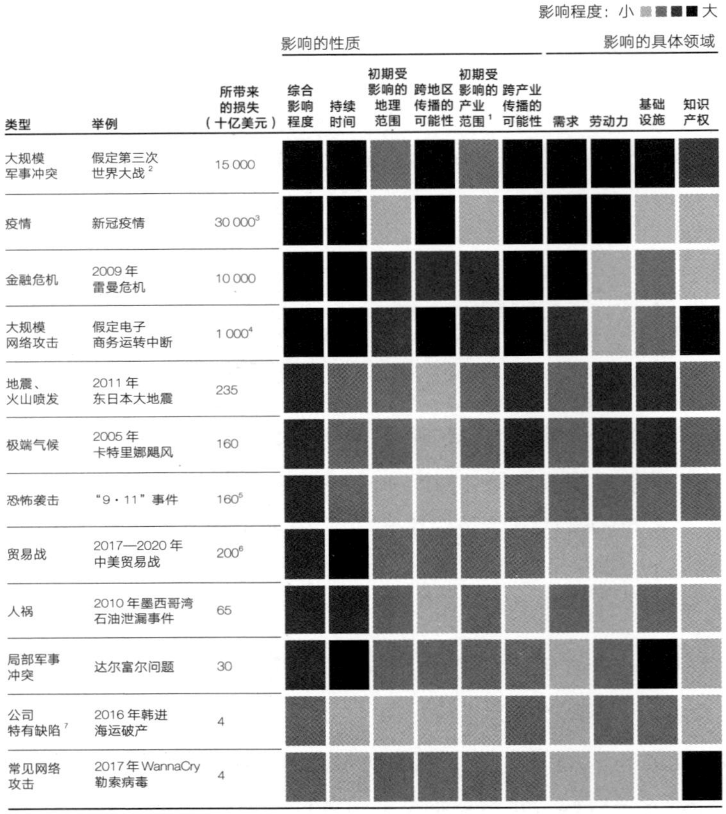

麦肯锡未来经营策略

影响程度：小 ■■■■ 大

类型	举例	所带来的损失（十亿美元）	综合影响程度	持续时间	初期受影响的跨地区传播的可能性	初期受影响的跨产业传播的可能性[1]	需求	劳动力	基础设施	知识产权
大规模军事冲突	假定第三次世界大战[2]	15 000								
疫情	新冠疫情	30 000[3]								
金融危机	2009年雷曼危机	10 000								
大规模网络攻击	假定电子商务运转中断	1 000[4]								
地震、火山喷发	2011年东日本大地震	235								
极端气候	2005年卡特里娜飓风	160								
恐怖袭击	"9·11"事件	160[5]								
贸易战	2017—2020年中美贸易战	200[6]								
人祸	2010年墨西哥湾石油泄漏事件	65								
局部军事冲突	达尔富尔问题	30								
公司特有缺陷[7]	2016年韩进海运破产	4								
常见网络攻击	2017年WannaCry勒索病毒	4								

影响的性质 / 影响的具体领域

图 5-3 危机的类型及其影响

注：
1. 危机造成冲击的最初效应不包括溢出效应或连带效应。
2. 基于当前世界经济论坛统计的全球范围内冲突年度损失总和。
3. 基于全球 GDP 损失预测，由牛津经济学院、麦肯锡进行统计。
4. 根据 Ponemon 研究所的估计，DDoS 攻击造成的互联网瘫痪给公司带来的损失为平均每分钟 2.2 万美元，有时甚至高达 100 万美元；其中 5 000 多家公司一天通信中断产生的损失达 1 600 亿美元，7 天的损失达 1 万亿美元。
5. 基于《纽约时报》预测的总物质损失和直接经济影响总和，不包括与国家安全或战争有关的费用。
6. 指直接费用。
7. 包括供应商危机、劳资纠纷、IT 系统故障等。

资料来源：国际货币基金组织；《纽约时报》；牛津经济学院；波尼蒙研究所；世界经济论坛。

策略 5　进行供应链改革

危害程度　小 ■■■■ 大

价值链		综合危害程度排行	疫情[1]	大规模网络攻击[2]	地震等[3]	高温天气[4]	洪水[5]	贸易战[6]
全球化创新	化学	11	16	4	6	19	16	8
	制药	19	23	2	17	23	19	4
	航天	8	2	1	18	20	21	5
	汽车	14	6	9	12	21	18	6
	搬运设备	4	5	12	7	13	5	15
	电器	16	17	11	9	15	15	10
	机械设备	18	9	10	20	17	20	7
	计算机和电子设备	6	15	5	4	14	14	9
	通信设备	1	13	3	2	16	7	2
	半导体及其零件	9	19	6	1	18	23	1
	医疗器械	23	22	8	22	22	22	3
劳动密集型	家具	13	3	21	14	4	12	17
	纤维	7	7	22	11	3	2	21
	服装	2	1	20	15	1	1	11
地区密集型	组装金属产品	21	14	18	19	8	17	15
	橡胶、树脂	15	8	17	16	9	13	13
	食品、饮料	19	21	14	13	12	6	22
	玻璃、水泥、陶瓷	10	11	16	5	5	11	20
资源密集型	农业	17	20	19	23	2	4	14
	石油制品	3	4	7	10	7	10	18
	金属（除贵金属外）	12	18	13	8	11	8	12
	矿业	5	10	15	3	10	3	19
	木制品	22	12	23	21	9	9	23

图 5-4　危机对不同行业造成的危害[7]

注：
1. 基于高感染率和人口流入多的地区数据，同时考虑到劳动密集程度和需求影响。使用 INFORM、UN Comtrade、世界旅游组织、美国 BEA、世界投入产出数据库（WIOD）数据。
2. 基于知识密集度、资源密集度、数字化程度以及在跨境数据流动活跃地区的数据。使用 MGI Digitization Index、MGI LaborCube、Telegeography、美国劳工部数据。
3. 基于易受资本密集和自然灾害影响的地区数据，使用 INFORM、UN Comtrade、WIOD 数据。
4. 在热浪和湿度下，脆弱地区的地理位置、劳动密集性和相对户外劳动比例。使用 MGI Workability Index、O*Net、UN Comtrade、美国劳工部数据。
5. 基于易受水灾影响的地区数据。使用 UN Comtrade、World Resources Institute 数据。
6. 基于贸易依赖性、产品复杂性和与国家安全的联系。使用 Observatory of Economic Complexity、UN Comtrade 数据。
7. 损失排行 1 为最高程度，数字越大程度越小。

其次，要关注可预测性。危机发生频率越低，从有征兆到发现所需的时间就越短，可预测性也就越低。

在应对危机发生频率的问题上，公司往往会将精力集中于发生频率高的危机，但也需要充分利用信息网抓住发生频率低的危机。例如，现在几乎所有的公司都将发生频率高的网络攻击作为全公司风险管理的一环而努力管控，但是对于疫情等低频率风险，准备得还不够充分。疫情让我们意识到，公司有必要为不常见的风险做好准备。麦肯锡对汽车、制药、航空和计算机和电子设备4个行业进行调查和专家访谈，从中发现，在对供应链可能产生危机的实际风险频率上，供应链断裂一个月以上的风险预计每3.7年会发生一次（见图5-5）。

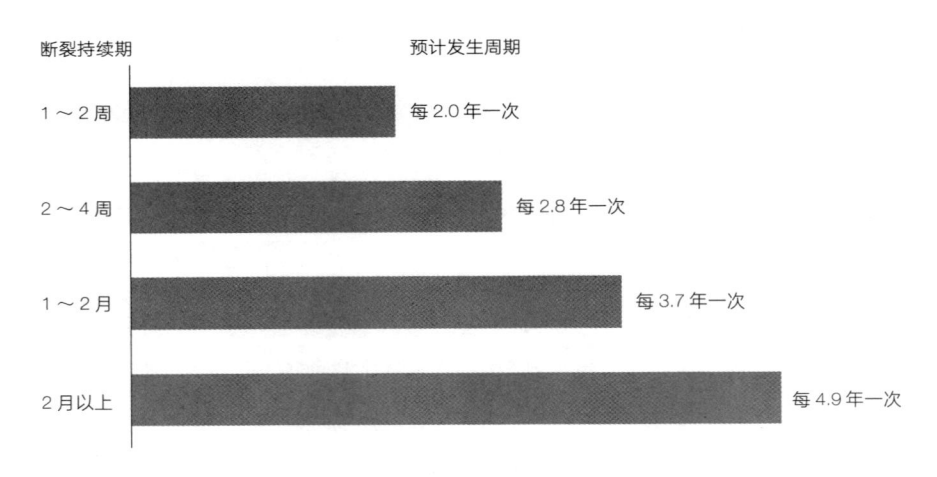

断裂持续期	预计发生周期
1～2周	每2.0年一次
2～4周	每2.8年一次
1～2月	每3.7年一次
2月以上	每4.9年一次

图 5-5 供应链断裂的预计周期

资料来源：麦肯锡公司。

关于从征兆出现到事故发生、受到损失所需要的时间，可以使用预警系统来对持续时间较长的风险采取预防措施，贸易战就是这样一个例子。近年来，一些可能成为贸易战征兆的信息在新闻头条被炒得沸沸扬扬，导致公司已经将贸易战纳入供应链风险管理计划。而对于自然灾害、疫情等从征兆出现到事故发生、受到损失所需时间较短的危机，也有必要做好应对准备。

供应链改革的 2 个关键问题

在认识到公司有可能面临多种危机的基础上,我们得出了这样的结论:公司需要从根本上进行供应链改革,必须考虑到包括疫情这样的"黑天鹅"事件在内的各种风险,从全面、长期的观点来得到兼顾效率和韧性的最佳改革方案。而为了实现这一目标,需要回答以下两个关键问题:

- 公司供应链在面对危机时有何漏洞?
- 如何平衡效率最大化和公司韧性?

关键问题 1:公司供应链在面对危机时有何漏洞?

全球供应链在过去几十年的演变过程中累积了许多漏洞,而疫情毫不留情地使这些漏洞暴露了出来。以下是当前全球供应链内在漏洞的主要内容:

- 重要原材料、零部件的供应依赖于特定地区。
- 依靠精益管理,在需求预测和库存管理方面过度追求效率[1]。
- 层次结构上的复杂导致供应商网络不透明。
- 危机应对体制不完善。

回顾近几十年来全球供应链漏洞上的变迁,值得注意的是,各行业和品种的全球化和地区化都在同时推进,而由于数据交易等新的因素影响,整体结构也越来越复杂。

2010—2015 年,以追求供应链效率的观点来看,在不同地区劳动工资差距

---

[1] 指在生产的各个工序中,通过"在必要的时候,只提供必要的量"来实现高效生产。

扩大、运输手段逐渐发达的背景下，供应链正朝着全球化的方向推进。供应链结构在全球范围内也变得更加复杂，如从距离遥远的国家购置低成本原材料和零部件，然后运往低人工费的国家进行产品生产。

像这样高效率地构建了全球供应链的公司，在此过程中实现了生产、流通的低成本，同时做到了缩短所需时间和减少库存。而这些供应链因减少了替代供应商和安全库存等冗余，导致对特定地区的依赖性增加，在发生危机时便少了很多从容和灵活性。另外，供应商网络的多层级也增加了供应链的不透明性，导致供应链中的一个小问题也能产生远远超出人们想象的影响。

近年来，商品交易也出现了本地化的征兆，虽然全球贸易总体仍在增长，但其中区域内贸易所占比例也在增加（见图5-6）。背景之一是随着生产技术的改进，将生产环节放在低人工费国家的必要性已经降低，相较于劳动力成本，倒不如说能获得高技术人才、营商环境和基础设施良好、知识产权保护程度高和与客户的距离近等因素才是选址时的优先考量[①]。

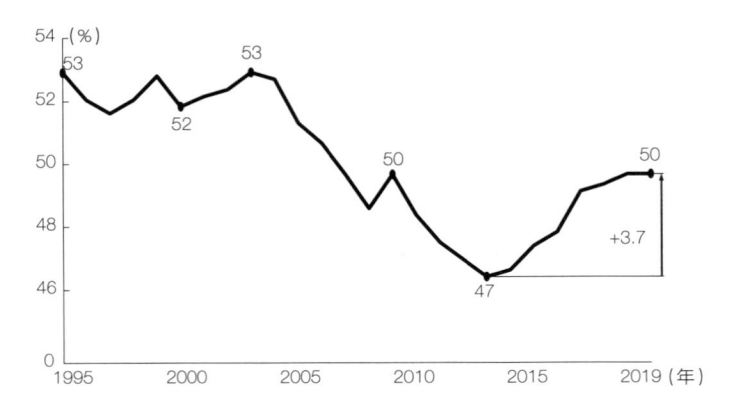

图 5-6　区域内贸易占贸易总额（出口＋进口）比例变化趋势

资料来源：联合国国际贸易中心贸易地图，联合国商品贸易组织。

[①] 实际上，2018年低工资国家对高工资国家的出口缩小到只占13%。

另外，以中国为代表的新兴国家已经发展到了新的阶段，而这也加速了商品交易的本地化。

新兴国家从前承担着将进口货物组装为成品的角色，但现在随着对精品的需求不断增加及其国内供应链的发展，这些国家已经能够自主生产成品。这导致新兴国家对进口货物的依赖度下降，曾经的出口产品也纷纷转为内销，从而以不同于全球化的方式实现了区域化集中发展。

还需要注意的是，由于这种全球化和区域化的混合，风险的表现形式因公司的布局战略而异，适合所有公司的万能解决方案已不存在。

此外，由于物联网[①]、云计算和分析技术的普及，公司能够自主开展全球业务，与海外供应商、海外客户进行交流和交易时所承载的数据通信量也变得极为庞大[②]。这些变化使得应对网络安全等新风险变得更加重要，同时也使得即时收集、整理和分析庞大数据的危机应对体制更加重要。

不过，这些都是一般的趋势，供应链中存在的漏洞类型和严重程度因公司情况而异。因此，各公司应逐一重新审查自身供应链中所存在的漏洞。

在下面的内容中，我们将依次深入讨论上述的4个有代表性的漏洞。

重要原材料、零部件的供应依赖于某特定地区

在过去约20年的全球化潮流中，有的行业供应商推进了世界性分散，有的行业供应商则推进了区域性集中（见图5-7）。后者的产业因在特定地区专门生产特定产品，实现了规模经济和技能的集中，从而形成区域产业集群。

另外，即使是前者那样供应商分散在世界各地的行业，其核心零件的生产

[①] 物联网也叫IoT，Internet of Thing 的缩写，是将汽车、家电等物品连接到互联网上，令使用更方便的一种尝试。
[②] 结果是2021年各地区之间的数据流动比2005年增加了320倍。

也会集中在特定地区。例如，航空业的生产链从整体上看分散于世界各地，但发动机、涡轮螺旋桨、大型机体等部件的生产一般会集中在特定地区。

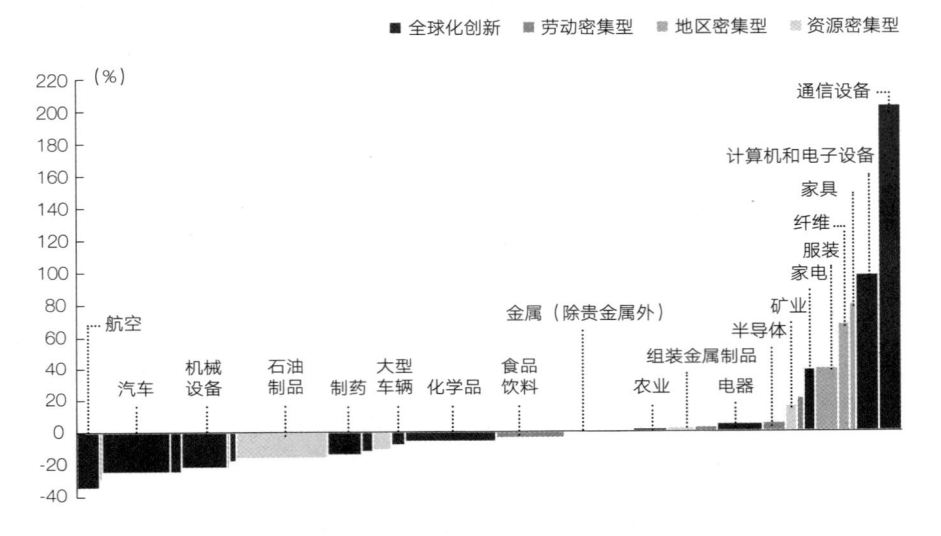

图 5-7　生产基地集中度情况

注：2000—2018 年数据。集中度的衡量标准即各国出口份额的平方之和。按部门划分，以赫斯曼指数（HHI）计量出品总价值（美元）。

资料来源：联合国商品贸易统计数据库。

制药业虽然也实行分散生产，但在低附加值和基本材料方面仍严重依赖中国和印度的生产力[①]。据麦肯锡估算，总体而言有 180 种产品（2018 年价值为 1 340 亿美元）都是从单一国家出口（见图 5-8）。一旦供应商集中在某一特定区域，就会产生脆弱性，局部的自然灾害、传染病等危机势必会波及整个供应链网络。

---

① 根据国际贸易中心 2022 年数据，全球抗生素出口主要来自中国，占全球抗生素出口价值的 42.4%。

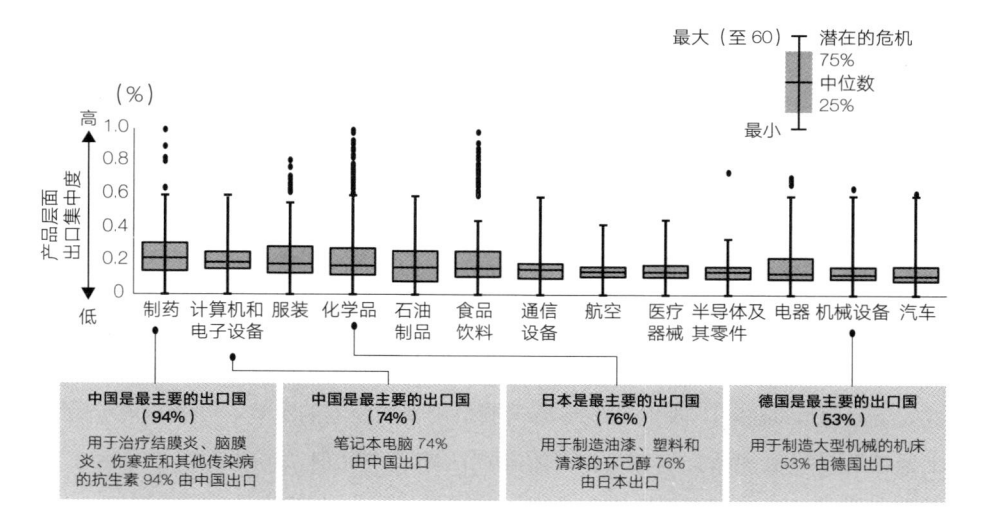

图 5-8　2018 年出口额 HHI 分布

注：按产品和价值链划分。

资料来源：联合国商品贸易统计数据库。

依靠精益管理，在需求预测和库存管理过度追求效率

精益生产方式、库存最小化和供应商整合等重视效率的供应链管理如果不考虑与供应链韧性的平衡，就会产生意想不到的漏洞。多年来，精益管理一直被吹捧为一种高效的供应链管理模式，但是其形式越完善，供应链建设者被允许的误差就越小，一个工序内产生的问题可以瞬间威胁到整个供应链。截至 2021 年 3 月，全球对汽车的需求快速复苏，但汽车生产中必不可少的半导体出现了供应短缺，导致汽车难以增产。其中，有半导体库存的汽车公司和没有半导体库存的公司显示出了差别，库存低的车企受影响较大，而关键零部件库存充足的车企受影响相对较小。

层次结构上的复杂导致供应商网络不透明

大型跨国公司拥有成百上千个一级供应商，而每个一级供应商拥有数百个二级供应商的情况并不少见。换句话说，与一家大型跨国公司相关的供应商生态系统从深层来看，是由全球数以万计的供应商组成的多层级生态系统（见图 5-9 和图 5-10）。例如，汽车、航空和电子设备行业难以预测供应链中的漏洞，因为这些行业涉及大量零部件的处理，从而形成了多层级的复杂供应链。当然，即使供应链构造复杂，如果有足够的灵活性和冗余，也不一定会产生漏洞。然而，复杂的供应商网络往往是不透明的，这也模糊了公司对底层供应商的依赖程度、供应商之间的相互依赖关系，从而阻碍了公司正确认识到供应链中的漏洞。例如，一家公司打算向多个地区的供应商分散下订单，但如果某一供应商依赖于同一地区的下级供应商的话，那么在地球另一端小范围内发生的自然灾害就可能导致整个公司的供应链中断。事实上，在麦肯锡的调查中发现，超过 50% 的采购主管表示"公司没有办法将直接供应商之下的所有供应商状态做到可视化"。这种供应链的不透明会放大漏洞。

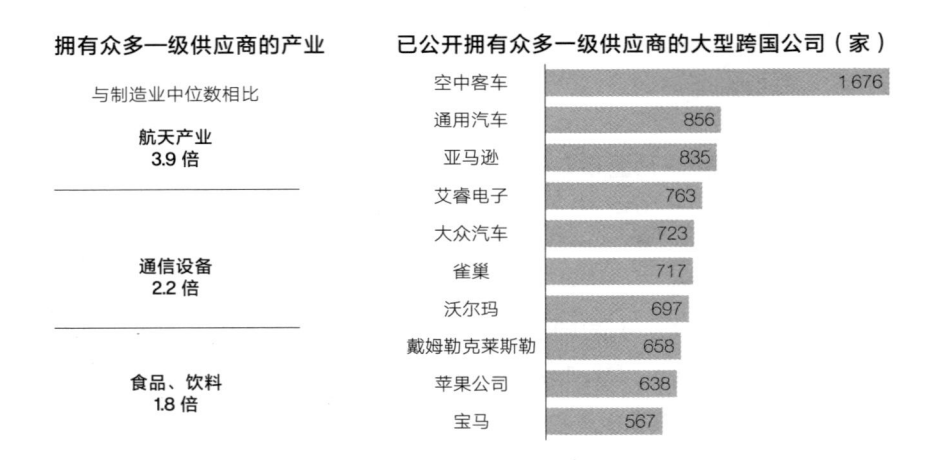

拥有众多一级供应商的产业	已公开拥有众多一级供应商的大型跨国公司（家）
与制造业中位数相比	空中客车 1 676
航天产业 3.9 倍	通用汽车 856
	亚马逊 835
	艾睿电子 763
	大众汽车 723
通信设备 2.2 倍	雀巢 717
	沃尔玛 697
	戴姆勒克莱斯勒 658
食品、饮料 1.8 倍	苹果公司 638
	宝马 567

图 5-9　大型跨国公司的一级供应商数量

注：以 MSCI 指数 1 371 家公司中的 668 家为对象进行分析。这 1371 家公司中排除了 57 家无法获取关于一级供应商的公开信息的公司和 645 家服务提供商。分析中包括了基于可获得的公开信息对客户和供应商关系的不完全估计。供应商的范围也很广，包括中间产品、服务、能源相关以及软件等不同领域。

资料来源：彭博供应链数据库。

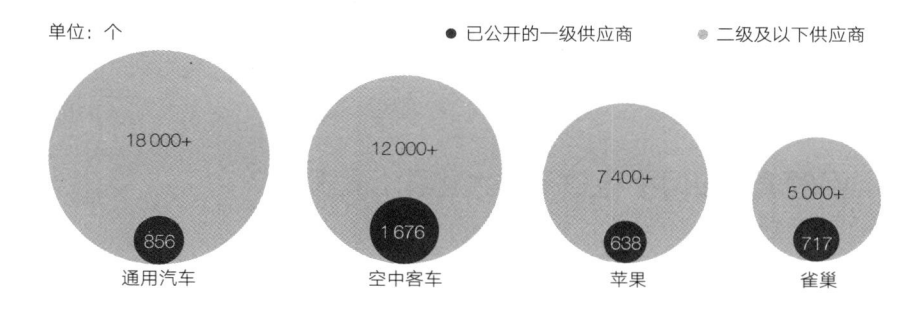

单位：个　　　　　　　　　● 已公开的一级供应商　　　● 二级及以下供应商

18 000+　　　12 000+　　　7 400+　　　5 000+
856　　　　　1 676　　　　638　　　　　717
通用汽车　　　空中客车　　　苹果　　　　　雀巢

图 5-10　大型公司供应商多层级生态系统

资料来源：彭博供应链数据库。

前文提到的汽车行业半导体供应困难的案例，可以说是汽车公司无法灵活应对供应链下级的结构性变化，以及由此带来的漏洞变化的案例之一。以前，半导体制造商被定位为垂直综合型金字塔中的"分包商"，位于金字塔顶部的整车制造商会做出生产汽车用半导体的指示。然而，当半导体制造商转变为无晶圆厂模式并将生产外包给半导体代工厂[①]时，情况就发生了巨大变化。对原本不处于金字塔之内的半导体代工厂来说，汽车制造商并不是大客户，因此，对于整车制造商来说，产生了与数据中心、智能手机等其他行业的公司争夺有限的半导体份额的格局变化。

危机应对体制不完善

在危机出现时，有必要对紧急性高的事件做出决策。为此，快速获得准确数据、各部门之间顺畅合作、基于系统制定和传达计划等工作就变得非常重要。

但是，通过疫情我们可以发现，这些工作并不总是有效果的。例如，随着形势的时刻变化，能够快速获取的信息是有限的，且有滞后性。另外，由于跨部门管理供应链的组织和结构并不存在，且重要部门的信息接触点不明确，产生了各部门的信息输入和部门间的交流被阻碍的状况。同时，还有以往的计划无法应对非常情况下的指示等问题。即使克服了供应链中的其他漏洞，如果危机应对体

---

① 无晶圆厂模式指半导体公司专注于设计，不从事生产。半导体代工厂是只承包制造的半导体厂商。

制不完善，公司也很有可能陷入运转失常的境地。

关键问题 2：如何平衡效率最大化和公司韧性？

　　修复供应链上的漏洞可以提高公司的韧性，但进行这样的改革措施需要成本，因此很少有人这么做。此时，探索效率和韧性的最佳平衡就变得非常重要，重点在于定量比较对策所能降低损害的大小与对策所需的投资、作业成本。在此，我们将通过具体的案例模拟来介绍平衡的方法。这里的前提条件是在不采取漏洞应对措施的情况下，预估产生的损失。首先，以 13 个行业为对象，我们使用规模较大的 25 家公司的数据建立了虚拟的损益表和资产负债表，然后设置了两个场景来估计供应链危机对财务的影响。

　　情景 1：生产中断 100 天的危机。

　　在这种情况下，销售物流能继续发挥功能，公司可以将产品送到市场。但是，安全库存耗尽后就不能再赚取收益了。

　　情景 2：生产和销售中断 100 天的危机。

　　除情景 1 的情况外，还产生了销售物流也无法发挥作用的情况。这种情况下公司即使拥有安全库存，也无法将产品送到市场。将中断时间设为 100 天是基于对过去实际情况的详细研究而决定的[①]，100 天的时间可以凸显各行业库存水平和固定成本水平上的差异，在时间更短的危机中，安全库存能起到更大的作用；在时间更长的危机中，固定费用维持在较低水平能起到更大的作用。模拟结果显示，假设每年发生一次这样的危机，在情景 1 中，大多数行业的年度 EBITDA 会下降

---

① 2018 年最具破坏性的五次冲击影响了全球 2 000 多个地点，工厂需要 22 至 29 周的时间才能重新运行。最典型的例子是第 22 号台风"曼库特"，它在中国东南部的工业区造成了停电和洪水。由于当年对大雨和水污染的担忧，巴西铝厂数月来产能减半，导致铝资源稀缺和价格飙升。

策略 5　进行供应链改革

30%～50%；而在情景 2 中，一些行业的损失会以更快的速度扩大（见图 5-11）。可以发现，供应链中断 100 天，意味着一些行业半年以上的利润被抹去。

	供应链中断 100 天的影响占 EBITDA 的百分比		主要变量		
	情景 1：生产中断 100 天	情景 2：生产和销售中断 100 天	正常库存水平[1] 天数	销售成本与销售比率[2]（%）	EBITDA 与销售额之比（%）
航空（民生）	-56	-90	60	78	11
汽车	-39	-60	43	76	13
化学品	-38	-45	18	68	16
计算机和电子设备	-50	-52	4	68	15
电器	-50	-61	30	69	13
食品、饮料	-31	-34	11	49	25
玻璃、水泥	-48	-53	11	66	15
机械设备	-48	-55	17	68	16
医疗器械	-32	-53	59	43	23
矿业	-47	-53	15	78	18
石油制品	-52	-54	8	75	19
制药	-12	-38	75	29	25
纤维、服装	-43	-52	22	39	20

轻微 ■■■■ 严重　　　危险性：低 ■■■■ 高

图 5-11　不同情境下各行业亏损程度

注：
1. 预测模型考虑到了因冲击引起需求下降而带来的收益率风险存在产业上的差异（根据历史经验）。
2. 根据每个行业几个有代表性的全球公司的标准化财务报表和对存货的成品、在制品比率进行评估的专家咨询得出。

资料来源：标普资本智商公司。

然后，我们将时间跨度从 100 天扩大到 10 年，在考虑到在此期间发生的危机频率和持续时间的基础上，计算出了各行业损失期望值的现值（见图 5-12）。平均来看，如果 10 年间每年预计亏损 45% 的 EBITDA，将对 EBITDA 与销售额之比产生 7% 的不利影响。

行业	10年损失期望值的净现值占年EBITDA的百分比（%）[1]	大型公司的净现值[2]（百万美元）	损失期望值的净现值EBITDA差额（%）
航空（民生）	66.8	1 564	7.4
汽车	56.1	6 412	7.3
矿业	46.7	2 240	8.4
石油制品	45.5	6 327	8.9
电器	41.7	556	5.4
玻璃、水泥	40.5	805	6.2
机械设备	39.9	1 084	6.5
计算机和电子设备	39.0	2 914	5.9
纤维、服装	38.9	788	7.8
医疗器械	37.9	431	8.7
化学	34.9	1 018	5.7
食品、饮料	30.0	1 578	7.6
制药	24.0	1 436	6.0

图 5-12 假设 10 年 45% 的年度 EBITDA 被抵消的后果

注：
1. 基于对 10 年内发生两次中断危机的假设（波及所有行业）和风险收益价值的比例（每个行业都不同）。数值以年度 EBITDA 的占比表示，但并非每年都会发生危机。将 10 年内对生产和销售的冲击所造成的损失金额乘以每年发生 2 次的概率。贴现率是每个行业资本加权平均资本成本的平均值。
2. 采用每个行业中市值前 25 家公司的加权平均值。

资料来源：标普资本智商公司。

计算结果表明，制药和食品、饮料行业的财务损失较低，航空、汽车、矿业的财务损失较高。

每个公司的财务影响可能高于或低于上述结果，这取决于危机可能产生的损害和供应链的漏洞大小。另外，在竞争对手受到危机影响的同时，自家公司却克服了漏洞，这种将危机影响降到最小限度的情况，使得危机反而成为公司扩大市场份额的机会。这方面的迹象如今已经开始显现。

接下来，为了预估实施应对措施可以减少多少损失，我们运用"实施了应对措施的 A 公司"和"没有实施应对措施的 B 公司"构建了一个模型，并假设在 50 天内，制造和销售物流环节出现了危机①，对以下因素进行了分析。

- 生产基地数量：A 公司经营两个工厂，各赚取 50% 的收益，B 公司则依靠一个工厂获得 100% 的收益。结果，危机使 A 公司损失了 25% 的收益，B 公司损失了 50% 的收益。而且，A 公司可以将不受危机影响的工厂的生产能力扩大 25%。
- 库存水平：A 公司因库存分布在两个工厂，所以只损失了 25% 的库存，B 公司由于危机损失了 50% 的库存。而且，A 公司最初拥有的库存是 B 公司 3 倍。
- 保险范围：A 公司投了完全覆盖设施损失的保险，B 公司则没有。A 公司的保险费反映在产品成本中，B 公司则需要另外花费资金来修复受损设施。

模拟结果显示，A 公司的损失比 B 公司的损失低 23 个百分点（见图 5-13），这说明解决供应链的漏洞可以减少供应链中断对 EBITDA 的影响。

各公司应该根据自身情况进行类似的模拟，量化风险对财务的影响，采取有效的应对措施并进行成本效益分析。其中的一个关键因素是可能会损害到公司的危机性质，如危机的持续时间和受影响的工厂数量；另一个因素是供应链的脆弱性，如库存水平、保险范围和供应商的转换能力。

虽然一些公司已经对风险进行了优先排序，并建立了财务模型，但仔细观察就会发现，它们往往将危机视为是一次性的。现在分析技术已经非常发达，我们可以根据情景设定进行更为广泛的风险量化。

---

① 两家公司的财务状况为制造业中出口比重较高的。在供应链管理方面，它们被拿来与汽车产业的平均水平进行了比较，从这种比较中获得的启示也适用于其他不同的行业。

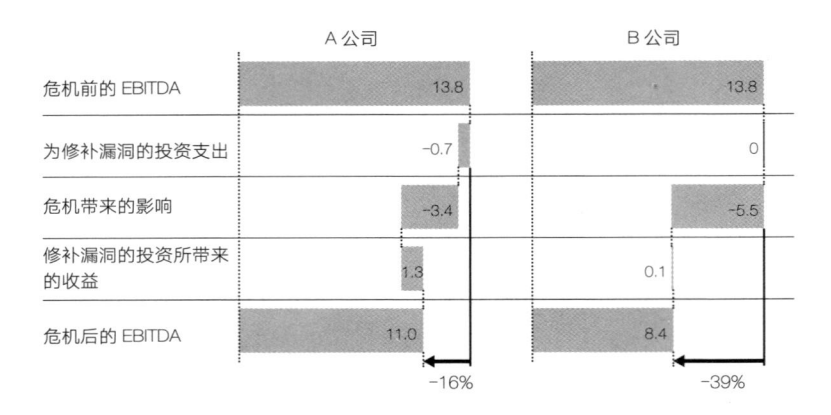

	A 公司	B 公司
危机前的 EBITDA	13.8	13.8
为修补漏洞的投资支出	-0.7	0
危机带来的影响	-3.4	-5.5
修补漏洞的投资所带来的收益	1.3	0.1
危机后的 EBITDA	11.0 (-16%)	8.4 (-39%)

图 5-13　修补供应链的漏洞后产生的效果

注：为修补漏洞的投资支出指追加的成本以及保险费用。假设危机在 50 天内对产品制造和销售物流产生影响。本分析中，假定生产基地的数量、库存水平、保险范围等均不同。设定收益 =100。

充分利用数字技术制定措施

日本公司进行兼顾效率和韧性的供应链改革，具体措施中的一个关键因素在于数字技术的应用。数字技术能在不影响韧性的情况下提高效率，以前高成本的增加韧性的措施，现在可以通过数字技术以低成本实现。

接下来，我们将深入探讨以数字技术为基础的措施，以解决上文提到的 4 个有代表性的漏洞。

数字化定位策略

以疫情为契机，日本公司的布局战略呈现出地区分散化和回归日本两类进一步分化的倾向。在地区分散化上，由于中国的原材料供给中断，越来越多的公司规划多个采购地点，转向了印度和东南亚。而回归日本是因为越来越多采取地区分散化的公司在危机发生时难以控制当地的工厂，所以增加了日本制造的比例。

控制困难的因素包括工程师跨境行动的限制，且由于国际航班锐减，从日本派遣有经验的工程师到当地工厂变得困难。另外，日本经济产业省也打算通过发放"针对供应链对策的国内投资促进事业费用补助金"，来推动生产回归日本。

这两个选择看上去都是摆脱日本对中国的依赖度、追求安全性的措施，但实际上，日本公司应该采取的判断标准是可控性和日本国内劳动力成本两者是否能够两全。海外分散的瓶颈在于危机发生时的可控性，而日本国内生产的高额劳动力成本则是另一个瓶颈。

然而，随着近年来数字技术的发展，在增加可控性的同时降低国内劳动力成本已成为可能。例如，远程工程技术具有替代派遣到其他国家的工程师的潜力，国内工厂的无人化和自动化也成为消除国内劳动力成本瓶颈的一种方式。日本公司应该考虑应用这些数字技术措施，找到可控性和劳动力成本之间的最优解。

关于工厂的无人化操作，可以参考"数字化制造"案例（见图5-14）。在试点案例中，一家大型饮料制造厂以数字化机器替代员工，通过灵活的日程管理和整体设备效率的绩效管理来提高效率。

此外，在数字物流领域，各大矿业公司使用数字技术预测材料到达时间并显示实时关键绩效指标（KPI），实现了降低运输成本和所需工作时间的目的（见图5-15）。

大型饮料厂商（疫情前）

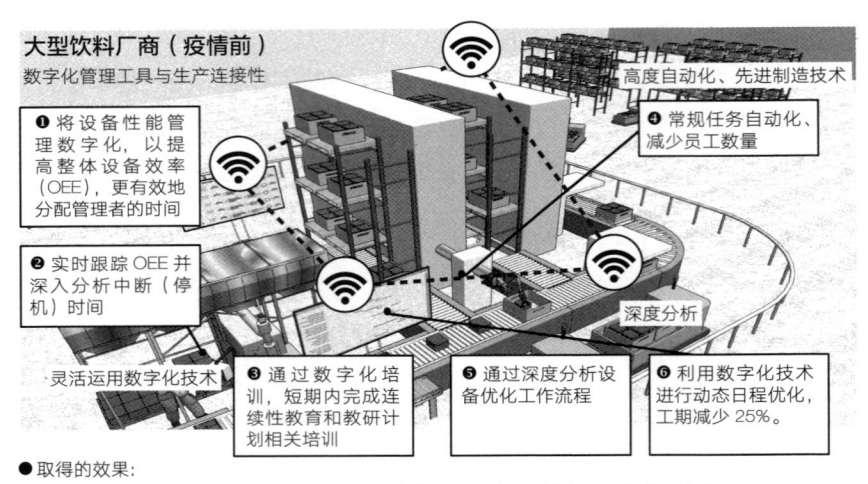

数字化管理工具与生产连接性

❶ 将设备性能管理数字化，以提高整体设备效率（OEE），更有效地分配管理者的时间

❷ 实时跟踪 OEE 并深入分析中断（停机）时间

灵活运用数字化技术

高度自动化、先进制造技术

❹ 常规任务自动化、减少员工数量

深度分析

❸ 通过数字化培训，短期内完成连续性教育和教研计划相关培训

❺ 通过深度分析设备优化工作流程

❻ 利用数字化技术进行动态日程优化，工期减少 25%。

● 取得的效果：
"未来工厂"示范基地的生产力提高了 40% 以上。50 多条用例和规划已经部署实施。

图 5-14 数字化制造案例

资料来源：麦肯锡公司。

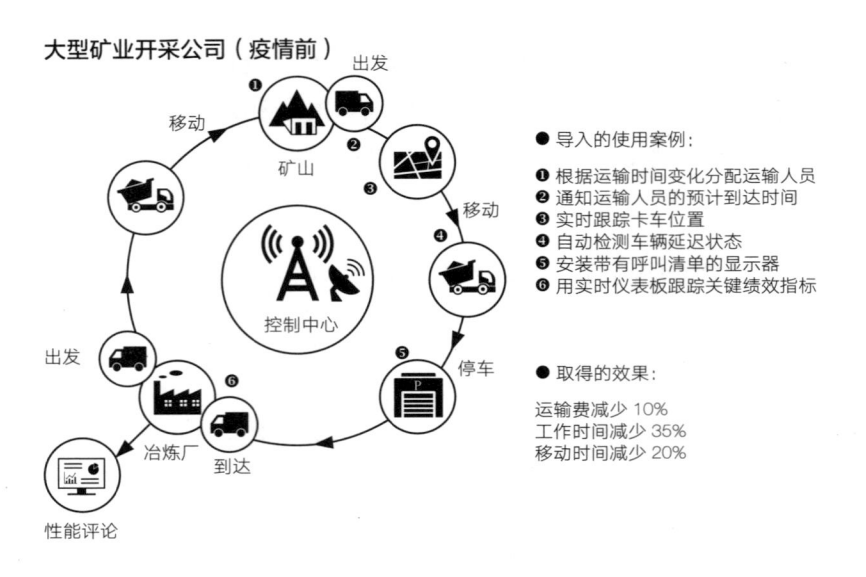

大型矿业开采公司（疫情前）

出发 — 矿山 — 移动 — 移动 — 停车 — 到达 — 冶炼厂 — 性能评论 — 出发

控制中心

● 导入的使用案例：
❶ 根据运输时间变化分配运输人员
❷ 通知运输人员的预计到达时间
❸ 实时跟踪卡车位置
❹ 自动检测车辆延迟状态
❺ 安装带有呼叫清单的显示器
❻ 用实时仪表板跟踪关键绩效指标

● 取得的效果：
运输费减少 10%
工作时间减少 35%
移动时间减少 20%

图 5-15 数字物流案例

注：取得效果有关数据均来自疫情前的相关案例，在疫情后可能会发生变化。

使用数字技术制定库存策略

以疫情为契机,全球正在加快对库存水平的提升。但是,库存水平取决于每个公司的具体情况,因此公司必须根据适当的需求预测制定库存策略。利用数字技术来预测需求并制定库存策略,可以找出供应链在安全和效率上两全的最优解。从单纯提高效率的角度来看,已经有实践证明数字技术措施比传统方法更有效。

在需求预测领域,值得考虑使用具有"自主规划"功能的软件。具体来说,是利用 AI 和机器学习的高级分析技术构建具有 SKU 的预测模型,由此,对以往的需求预测方法进行大幅度改进成为可能。事实上,也有大型厂商通过大幅提升预测精度,提高了生产计划效率,实现了销售额增长。

应用数字技术使供应链网络可视化成为可能

利用数字技术网络分析,可以使潜伏在供应链深处的风险可视化。图 5-16 是一个可视化供应链图,我们可以基于数字技术网络分析,发现有关供应商漏洞和潜在损害的信息。根据从供应商映射中获得的信息,我们可以对影响供应链网络漏洞的 6 个要素进行优先排序,观察供应链网络结构对漏洞形式的影响,从而达到改进的目的(见图 5-17)。

1. 供应商集中度:供应链中支出集中在特定地区或特定顶级供应商的程度。集中度越低,供应商出现危机并成为公司瓶颈的可能性越小。

2. 供应商可替代性:零部件、原材料对特定供应商的依赖程度。可替代供应商越多,风险越低。

3. 供应商之间的相互关联性:供应商之间进行交易的程度。相互关联性越小,特定供应商的危机就越不可能影响到网络中的其他供应商。

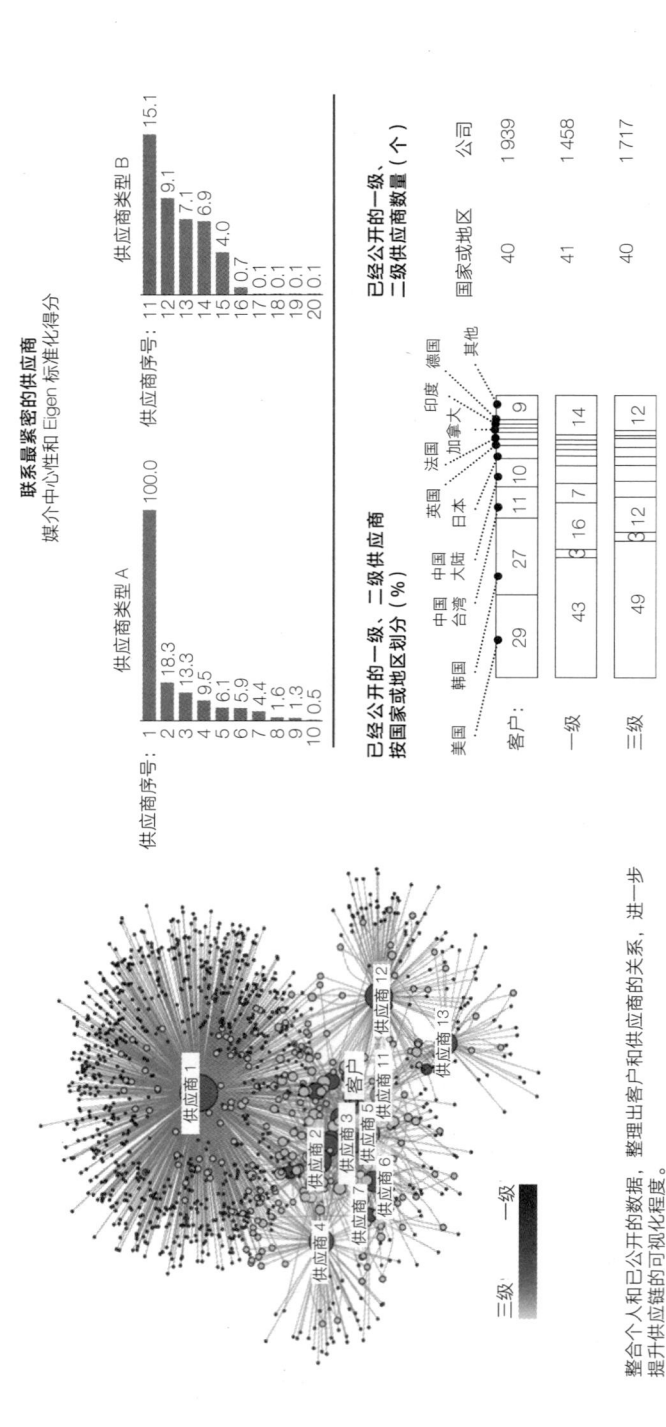

麦肯锡未来经营策略

联系最紧密的供应商
媒介中心性和 Eigen 标准化得分

供应商类型 A
供应商序号	得分
1	100.0
2	18.3
3	13.3
4	9.5
5	6.1
6	5.9
7	4.4
8	1.6
9	1.3
10	0.5

供应商类型 B
供应商序号	得分
11	15.1
12	9.1
13	7.1
14	6.9
15	4.0
16	0.7
17	0.1
18	0.1
19	0.1
20	0.1

已经公开的一级、二级供应商按国家或地产地区划分（%）

美国　韩国　中国台湾　中国大陆　日本　英国　法国　加拿大　印度　德国　其他

客户	29	43	27		其他
一级	49	3	16	7	11 10 9
二级		3	12	14	12

已经公开的一级、二级供应商数量（个）

	国家或地区	公司
	40	1939
	41	1458
	40	1717

整合个人和已公开数据，整理出客户和供应商的关系，进一步提升供应链的可视化程度。

通过独特分析评估以下网络：网络结构（如联系最紧密的供应商）、区域数据，可视化评估。

反复分析研究得到以下结论：类别细分、供应商的漏洞、供应风险的暴露程度。

图 5-16　供应链中的潜在风险

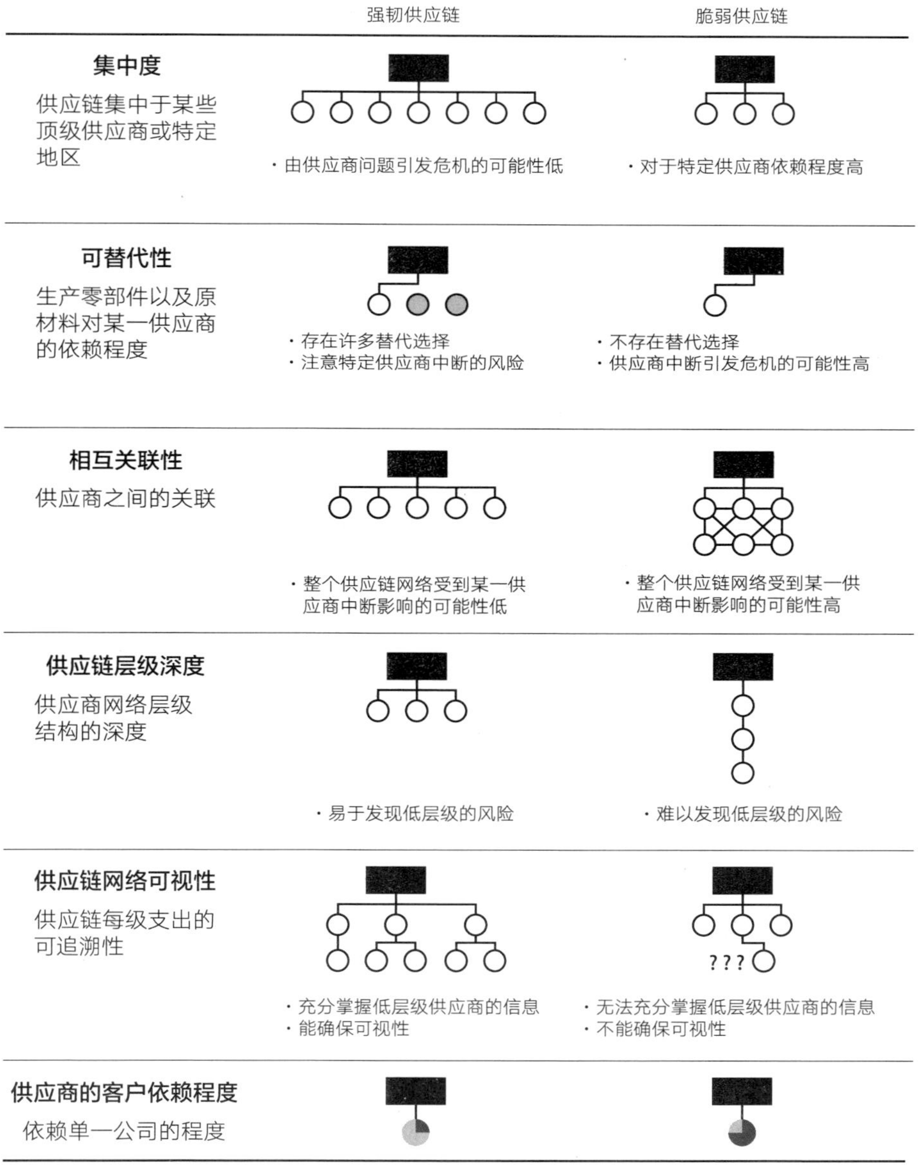

策略 5　进行供应链改革

	强韧供应链	脆弱供应链
集中度 供应链集中于某些顶级供应商或特定地区	·由供应商问题引发危机的可能性低	·对于特定供应商依赖程度高
可替代性 生产零部件以及原材料对某一供应商的依赖程度	·存在许多替代选择 ·注意特定供应商中断的风险	·不存在替代选择 ·供应商中断引发危机的可能性高
相互关联性 供应商之间的关联	·整个供应链网络受到某一供应商中断影响的可能性低	·整个供应链网络受到某一供应商中断影响的可能性高
供应链层级深度 供应商网络层级结构的深度	·易于发现低层级的风险	·难以发现低层级的风险
供应链网络可视性 供应链每级支出的可追溯性	·充分掌握低层级供应商的信息 ·能确保可视性	·无法充分掌握低层级供应商的信息 ·不能确保可视性
供应商的客户依赖程度 依赖单一公司的程度		

图 5-17　强韧供应链与脆弱供应链

141

4. 供应链层级深度：供应商网络所具有的层级数。层级越浅，越容易认识到供应商中的风险。

5. 供应链网络可视性：公司能够通过追溯供应商层级追踪支出的程度。下层供应商越被认可，透明度越高，风险越低。

6. 供应商的客户依赖度：下层供应商的客户依赖于单一客户的程度。客户依赖度越低，下层供应商的漏洞越小。

利用数字化建立危机管理系统

通过信息中枢功能在非常时期做出决策，是填补危机管理漏洞的有效途径。通过引入信息中枢功能，实施以下四个 D，可以改善以上各个要素：

- 为了能从各种来源获取信息，应设立信息收集据点，准确地把握（Discover）当前的状况，根据正确的信息预测未来，并确定其对组织的意义。
- 通过导入能够根据事实进行判断和敏捷应对的操作模型，设计（Design）行动计划，整个组织以此为基础行动。
- 在适当的时机决定（Decide）应采取的战略行动。对行动的前提假设和替代方案要进行充分的压力测试，以确保该行动没有违背公司使命和社会价值观。
- 以严谨高效的方式实施（Deliver），同时留出余地灵活应对。

数字技术的应用对信息中枢的引入至关重要。例如，应用数字技术可以安装供各层级人员使用的实时数据显示屏幕，并实时记录、更新团队工作流程中的风险。

对新常态的深度思考

マッキンゼー ネクスト・ノーマル
アフターコロナの勝者の条件

疫情是一只不折不扣的"黑天鹅",它以所有人都意想不到的形式和规模,给全球供应链造成了巨大的破坏。然而,造成如此破坏的罪魁祸首与其说是疫情所特有的影响,倒不如说是因追求效率而变得复杂的全球供应链的内在漏洞,而疫情只是让它们大规模地显现了出来。

因此,未来我们需要的是进行根本上的供应链改革,而不是单纯的防疫措施。具体来说,在考虑到疫情在内的各种风险的基础上,从全面、长期的观点出发,兼顾效率和韧性是很重要的。为了实现这一目标,需要回答两个关键问题:面对多种多样的危机,本公司供应链的哪个部分存在漏洞?对于本公司供应链来说,效率和韧性的最佳平衡点在哪里?

基于上述关键问题,为了解决公司供应链的漏洞,在设计以最小成本取得最好效果的具体措施时,充分利用数字技术就显得十分重要。这是因为数字技术使提高效率却不损害韧性成为可能,甚至在以前被认为是高成本的韧性提升措施,现在也可以通过数字技术以低成本实现。

虽然之前也有公司因为供应链危机采取措施解决漏洞,可一旦危机解除,因为不想继续承担应对漏洞而产生的成本,公司又会恢复到以效率为中心的供应链运作模式。然而,那些以疫情为契机找出供应链中的潜在漏洞,并利用数字化技术以最小的成本实现效率和韧性的公司,更有可能获得长期的竞争优势。因此,可以毫不夸张地说,供应链改革的成功与否将决定公司未来长期的成与败。

案例：生物技术的发展、经济效益，以及日本的落后

2020 年 12 月 2 日，由美国辉瑞公司和德国 BioNTech 公司生产的新冠疫苗在英国获得紧急批准，这一速度相当惊人：在病毒发现后不到一年的时间里开发出了疫苗。此前，开发速度最快的疫苗是 20 世纪 60 年代的腮腺炎疫苗，当时用了 4 年时间。

新冠疫苗的开发是生物技术研究和发展不断积累后的结果，是生物技术对社会产生巨大影响的一个象征性案例。辉瑞公司因此从美国政府获得了 19.5 亿美元的疫苗生产补贴，而 BioNTech 公司从德国政府获得了 3.75 亿欧元的补贴，作为对大量开发和生产的支持。当时人们估计，到 2021 年，辉瑞公司的新冠疫苗销售额将达到 150 亿美元。

但与此同时，日本在开发新冠疫苗方面已经落后于其他国家，主要原因在于日本过去引进疫苗的速度比其他国家慢，缺乏处理 SARS 等新兴传染病的经验，以及这次投入新冠疫苗研究、开发和生产的资金较少（补贴金额最大的公司为盐野制药，金额约为 236 亿日元）。此外，还有一些长期存在的问题，如难以获得海外研发资金，在全球生产和销售疫苗的制药公司、生物风险投资公司不足，等等。因此，日本的疫苗研究远远落后于其他国家。2020 年，日本有 6 714 亿日元被用于购买其他国家生产的疫苗。

在未来，生物技术有望在各个领域产生经济效益，据麦肯锡全球研究所估计，2030—2040 年，该技术将产生 2 万亿～ 4 万亿美元的经济效益。

日本生物产业的市值不如美国、欧洲和其他亚洲国家，如果这种情况持续下去，可能无法充分获取生物产业在未来产生的经济效益。本专

栏根据麦肯锡的研究，介绍了生物产业未来的跨领域扩展及其经济效益，希望能为读者探讨自身所处行业在生物相关领域的扩展提供帮助。

生物革命带来的经济效益将惠及多个领域

在沃森和克里克发现 DNA 分子双螺旋结构近 70 年后的今天，全球生物技术产业已经进入了下一个发展阶段。先进的基因编辑技术 CRISPR-Cas9 以及用干细胞繁育出全新细胞的干细胞技术等创新技术，不断生产出新的生物材料和工具，降低了成本。

例如，解读人类全部基因所消耗的成本以超过摩尔定律（半导体领域中著名的"每 18 个月制造成本将减半"的定律）的速度在持续下降，目前的科学技术已经能够以惊人的速度解析出一个人的基因序列，计算、生物信息科学和人工智能的快速发展，使全息数据（生物信息）分析正成为可能（见图 5-18）。这种生物技术发展带来的经济效益是巨大的，并有能力改变现有产业的结构。

例如，角鲨烯是一种应用于护肤品的成分，过去是从鲨鱼肝油中提炼出来的。但现在，角鲨烯可以通过转基因酵母的发酵技术，以可持续的方式生产下去。

此外，利用生物技术也可以生产非生物物质，如塑料和燃料等。从技术上讲，用转基因微生物替代石油生产尼龙已经成为可能。

虽然这些利用生物技术进行的经济活动变革（以下简称"生物革命"）是经过长时间后才产生的，但有一点很重要，那就是在我们所身处的世界，包括食物、衣服在内的所有东西都在发生着变革，全球经济的需求供给也在发生变革。

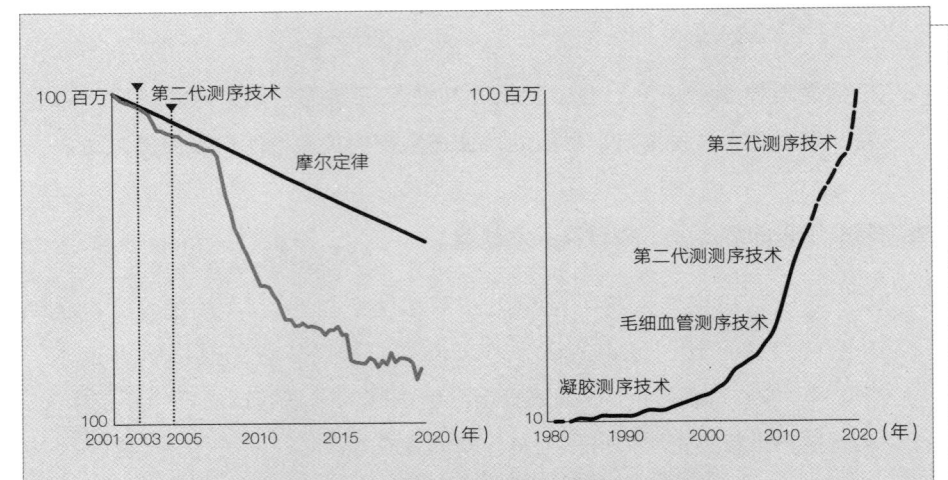

图 5-18 人类基因组分析成本及测序速度

注：该数据不包括基因组测序的所有相关费用，只包括与生产有关的费用（如人工设备、信息应用、数据传输）。费用单位为美元，测序速度单位为千字节/天。

资料来源：美国国家人类基因组研究所；www.yourgenome.org。

麦肯锡就生物革命涉及的广泛应用领域，验证了 400 个会实用化以及根据现在的科学技术到 2050 年可能实用化的事例，并估算了这些事例的实现可能产生的经济效果。

据估算，在此后 10～20 年，这些事例的实现将产生 2 万亿～4 万亿的直接经济效益，该经济效益通过"减轻疾病负担""提高质量""提高成本生产率""对环境的益处"等 4 个能带来附加价值的要素产生的直接效益估算，并不包括这些要素波及的效应。此外，生物技术的科学可行性和商业用途仍存在许多不确定因素，使得预期经济效益和产生时间将因创新方向的不同而有很大差异。

对 2030—2040 年各领域经济效益的分析表明，预计有一半以上的效益来自健康和医疗以外的领域,如农业、消费品、材料和能源等,这表明生物革命在未来将扩展到医药领域之外(见图5-19)。

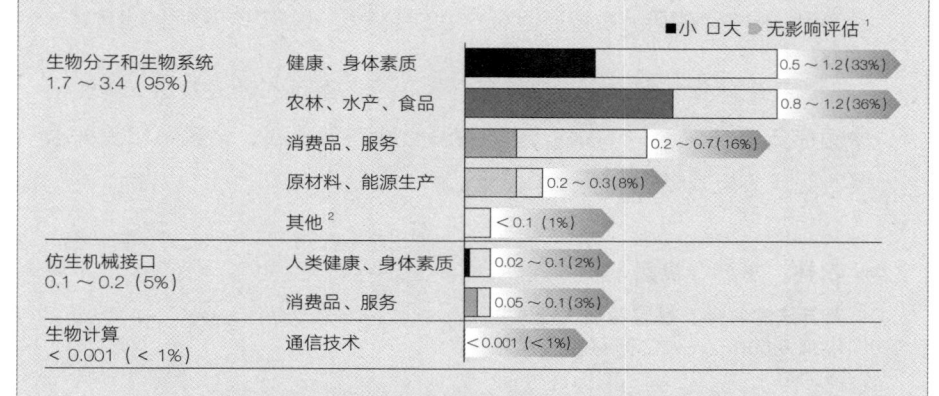

生物分子和生物系统 1.7~3.4 (95%)	健康、身体素质	0.5~1.2(33%)
	农林、水产、食品	0.8~1.2(36%)
	消费品、服务	0.2~0.7(16%)
	原材料、能源生产	0.2~0.3(8%)
	其他[2]	<0.1 (1%)
仿生机械接口 0.1~0.2 (5%)	人类健康、身体素质	0.02~0.1(2%)
	消费品、服务	0.05~0.1(3%)
生物计算 <0.001 (<1%)	通信技术	<0.001 (<1%)

■小 口大 ■无影响评估[1]

图5-19　2030—2040年直接经济收益部分预测[3]

注:
1. 评估包括但不限于经评估的间接经济效应和未经评估的经济效应。
2. 其他应用包括国防安全、环境保护、教育和人才资源等。
3. 预测按领域划分,单位为10万亿美元。括号内为占总收益的百分比,由于四舍五入,总和并非100%。所评估影响并不全部适用,评估中仅包括可见途径下的潜在直接经济影响。预估数值不是基于GDP或市场规模(销售额),而是基于直接经济效益,不包括对更广泛的经济波及效应。数值相对于2020年的经济而言,不包括人口和通货膨胀等变量。总影响比例是基于年度直接经济效益预测区间取中间值。

下面将介绍每一个领域中所设想的具体经济效益。

▶ **健康、医疗**

> 随着预防、诊断和治疗技术的发展,全球医疗负担将下降1%~3%

我们预测,在囊括了细胞、基因、RNA、人体共生微生物在内的总体分析、再生医疗等领域中，治疗和预防技术、药品开发、药物输送技术（将药物送到患部的技术）将十分发达。此外，还有望实现镰刀型细胞贫血病等单基因疾病（由单一基因变异产生的疾病）、循环系统疾病等多因素疾病（由多个基因为主要原因而产生的疾病）、疟疾等传染病的治疗等。

这些创新预计将产生 5 000 亿～ 1.3 万亿美元的经济效益，并使全球医疗负担减少 1%～ 3%。这与假设全球消灭肺癌、乳腺癌和前列腺癌时医疗负担减轻的规模大致相当。

> **农林、水产、食品**
> 新方法的育种、基因编辑等技术将带来 8 000 亿～ 1.2 万亿美元的经济效益

低成本分析技术的发展，预计将带来植物和动物基因序列信息获取的爆炸性增长。此外，还能带动标记育种法的发展，它比传统品种改良方法效率要高得多。

此外，随着基因组编辑技术 CRISPR 等基因工程技术的发展，一些通过高级基因改造技术的品种改良也将得到发展，如仅将可杂交植物基因高精度导入的技术（顺式基因改造），进行修改以控制目标植物基因表达的技术。

其他创新包括利用植物、土壤、动物和水中所含微生物的总量（微生物群）来提高农业生产的质量和生产力，开发替代蛋白质等。估计在 2030—2040 年，所有这些应用事例的经济效益为 8 000 亿～ 1.2 万亿美元。

> **消费品、服务**
> 活用生物数据以普及适合每个人的消费品和服务将带来 2 000 亿～8 000 亿美元的经济效益

随着生物数据的增多，预计将有更多的产品和服务倾向于符合人的个体特征。其应用包括消费者基因检测、利用微生物的美容产品、人和宠物的健康和健身，预估经济效益可达 2 000 亿～8 000 亿美元。

因为微生物美容产品的具体形式可能难以想象，所以在这里介绍一个案例。

创业公司 AOBiome 公司的消费者产品负责人员正在开发一种使用活微生物的护理产品，存在于泥浆和天然水中的细菌可以将汗液中的氨和尿素转化为对皮肤有积极作用的物质。随着近年来各种卫生用品和个人护理用品的普及，人类皮肤上的细菌数量正在减少，而使这些细菌重返皮肤，能产生改善体味和减轻皮肤困扰等效果。到目前为止，使用活微生物的美容产品尚未进入市场，但有望成为现实。

> **原材料、能源生产**
> 利用生物体的新材料生产技术的发展可以带来 2 000 亿～3 000 亿美元的经济效益

使用生物体创造新物质、化学物质和能源的生产和加工方法虽然能够改变许多行业以及我们的生活，但其经济可行性却是一个挑战。

除了能改进现有的发酵工艺外，这种技术还有望通过生物体创造多种物质和化合物，甚至是全新的材料。此外，在能源领域，该技术有望改善生物燃料、能源提取和能源储存的效率。

在利用基因编辑微生物方面，开发具有自愈功能的新材料和发展生物燃料，预计将产生 2 000 亿～ 3 000 亿美元的经济效益。

这还只是一个保守的估计，随着创新型新材料的发展，可预见的经济效益会更大。

利益相关者需要在风险和收益之间找到平衡点

在实现上文介绍的生物技术创新之际，利益相关者也需要认识到创新带来的收益和风险，找到其中的平衡点再做推进。在此说明一下每个利益相关者在生物技术创新中应该扮演的角色。

政府和社会

尽管中国、英国和美国等政府已经制定了生物创新的盈利战略和目标，但要享受生物技术创新带来的好处，就必须建立机制以实现使用的正当性。

麦肯锡分析，在未来 10 年产生的经济效益中，有 50% 的影响如果没有得到消费者、社会和监管部门的认可，所对应的效益是无法实现的。政府和社会提出生物技术的标准和法规，对于生物技术创新的实现而言是必不可少的。

创新人员

科学家和研究人员负责突破生物学领域的僵局，开发者和创新人员则负责将成果商业化并做成产品，同时创新人员还需要意识到工作中的机会和风险。正如阿希洛马会议制定了转基因技术的安全指南那样，人们有必要监测科学技术在商业中的正确使用。

个人和消费者

个人对生物技术创新的不同意见和态度形成了社会舆论与社会规范。为了使个人为生物技术创新相关难题（如受精胚胎的基因重组）的解决做出贡献，有必要让每个人都了解生物技术创新所带来的收益及其与风险之间的关系。例如，虽然 DTC 基因检测可以显示出一个人患病的可能性，但同时也可能导致隐私的泄露。

公司

任何公司都有可能直接或间接地受到生物技术创新的影响，因此有必要考虑如何从中受益。就如同数字技术那样，生物技术的发展有可能在各领域引入新的竞争对手，威胁到现有参与者，从而影响到各行各业。

以医疗保健领域为例。以 AI 为代表的信息技术、大数据应用、物联网等 IT 相关行业正在参与到对生物学数据大量的分析、存储和共享中。另外，电机行业的参与者还制造了最新型的测序仪和可穿戴设备等仪器，说明了各种创新正在跨学科进行。

接下来，让我们看看农业、渔业和食品相关行业。许多食品连锁店已经宣布将采用植物性人造肉来开发素食者和纯素食者的菜单。例如，Beyond Meat 和 Impossible Foods 已经与汉堡王、邓肯甜甜圈和肯德基合作了 2 年多，而在未来 5 年内，人造肉也将在特色餐厅等高价市场中普及。

随着基因工程种植农作物技术的普及，对谷物的相关保险内容也将发生变化。如果能开发出抗旱农作物，那么干旱农业保险额就会减少。此外，产品责任保险的范围也会因食品可追溯性的改进而发生变化。Clear Labs公司就已经宣布，公司可以利用新一代基因组测序仪的自动测试平台来根除食物中毒。

生物技术在普通消费者中的应用也将影响到健康保险业。如果有基于生物学信息提供建议以改善营养、运动状态和健康状态的服务，那么保险公司也会鼓励客户使用这些服务。从工作环境福利的角度来看，这些创新也可以降低员工的社保费用。

生物技术预计在材料、化学和能源领域也将产生很大的影响。在服装行业，越来越多的消费者会选择对自然资源消耗少的产品。例如，从动物和环境保护的角度考虑，消费者可能会转向购买那些不使用动物皮革的产品。而随着生物燃料的普及，航空、旅游和物流等行业也会受到影响。

检测生物信息的设备（生物机器接口）的广泛使用也可能产生跨行业影响。如果能够开发出传输神经系统信息的耳机，并检测出人类的应力水平，将有助于住宿和交通等旅游服务业的新服务开发。此外，如果能够开发出增强人类定量分析能力的生物机器接口，将有助于金融行业实施更高效的交易和金融分析方法。

而尽管速度很慢，生物技术革命也推动着价值链的变化。以肉类的生产及销售为例，对传统价值链中流通前的育种、饲养、屠宰、加工环节可以进行简化，被细胞组织标本采集培养肉、细胞培养基生产、培育所取代，仅由一家公司便可完成，示例如图5-20所示。

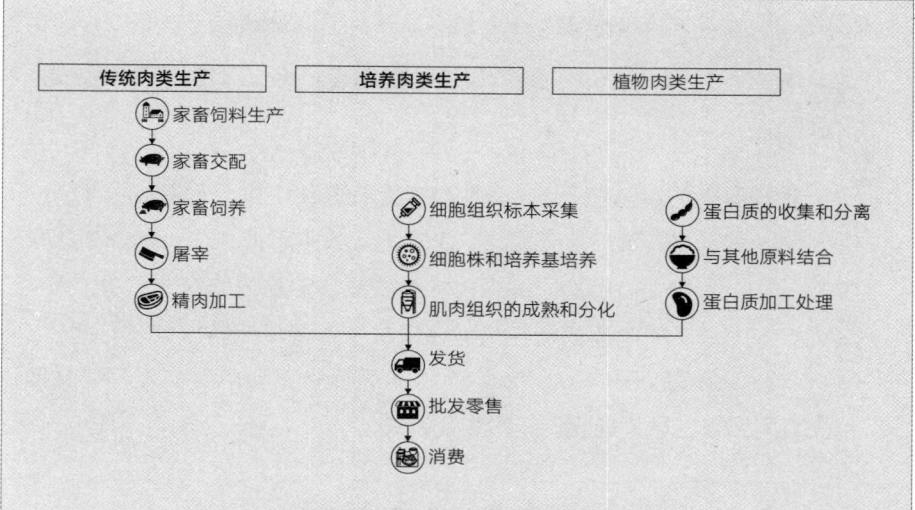

图 5-20　各种肉类生产及销售流程

此外，生物技术革命还影响着医疗保健系统。由于新的诊断和治疗方法的发展，治疗的场所也在发生变化。例如，随着基因诊断技术的发展，被认为是顽固性疾病的囊性纤维化在社区医院就可以进行治疗，无需专门的治疗系统。同时，随着医疗保健从治疗向预防的转变，急症治疗的负担将有所减轻，医疗系统将逐渐转变为以社区医疗和家庭医生为中心的早期治疗模式。

很多公司都需要为这场实现时间不明朗的生物技术革命制定商业战略，并根据业务投资组合，预测短期或中长期生物创新的具体形态以进行投资。

生物创新是一个跨领域的事件，其不仅涉及生物科学，还涉及计算、AI、数据分析和工程等领域，现有公司如果不改变，很难应对。公司在内部人才与外部的合作、协作之间找到适当的平衡，通过灵活的公司并购和建立合作伙伴关系进行能力上的建设，将比以往任何时候都更为重要。

许多现有的参与者已经实现了跨领域的合作和公司并购。例如，Facebook 在 2019 年投资 5 亿～10 亿美元收购了 CTRL-labs，该公司位于美国，致力于使用基因编辑技术提供更清洁高效的农业解决方案，具体技术为从肌肉中读取神经信号并通过软件将其转换为信息。此外，Novozymes 公司正在与 Inari Agriculture 公司合作，利用后者大规模农业从业者网络来主导大规模创新的实证研究。

第三部分

应对企业与员工关系变化的经营策略

策略 6

将提高多样化作为
管理重点

マッキンゼー ネクスト・ノーマル
アフターコロナの勝者の条件

策略6 将提高多样化作为管理重点

近年来，多样化管理的重要性不言而喻，已经成为许多管理者热议的话题。议论的焦点在于，将多样化纳入管理，公司能否更为灵活主动地应对环境的剧烈变化，并通过更多的创新提高自身竞争力。

疫情成为一个重大挑战，推动管理者不得不去应对前所未有的突发事件，他们需要更细致地考虑员工和客户的身体健康，运营模式的根本性变革，供应链的重组，以及因不断变化的消费趋势而引发的商业变革，等等。但现实情况是，人们对多样化和包容性举措（指接受、承认和充分利用个体差异）的认知和推进反而因为疫情被按下了暂停键。

麦肯锡在过去6年中以多样化和包容性为主题进行了长期研究，结果显示，疫情加重了女性和少数群体对于就业的不安全感。工作和家庭之间的界限模糊不清，在抚养10岁以下子女的双职工家庭中，母亲的工作量几乎增加到了父亲的3倍，在家里办公的时间也多了3～4小时。受访者中，几乎50%的女性对于平衡工作和家庭感到了巨大的压力，约33%的女性认为自己有被解雇的风险，约 25% 的女性正在考虑辞职或更换工作。

公司本该采取行动来解决这个问题，但在许多公司内部，多样化的建议并不受认可。在 2020 年 3 月进行的一项调查中，有 27% 的公司管理者表示将暂停与多样化和包容性有关的措施，而优先考虑业务转型措施。在 2008 年的金融危机期间，也曾出现过降低多样化和包容性举措在公司内优先级的情况。

然而，有科学证据显示，那些将提高多样化和包容性作为管理重点的公司比其他公司取得了更高的业绩，并对危机有更强的防御力。麦肯锡也认为，在提高公司业绩方面，实施改善多样化和包容性的举措有战略上的必要性。

麦肯锡分析了各行业公司的业绩与多样化和包容性程度之间的关系，将在性别多样化表现上排名前 25% 的公司与排名后 25% 的公司进行比较，结果发现，前者在业绩表现方面要比所在国家和行业的平均水平高出 9%。

公司在谋求恢复的过程中，若实施了有关多样化和包容性的积极举措，不仅能在短期内恢复，还能获得中长期的收益，为建设一个更具韧性的社会提供一个契机。

特别是在日本，这个问题已经持续了很长时间，在 2019 年世界经济论坛发布的性别差距报告中，日本在 153 个国家和地区中的排名下降到了第 121 位，是发达国家中性别差距排名最低的国家之一。也有观点认为，过去一些日本女性因为在家工作而感到自卑，但是由于疫情造成人们居家，这些女性的压力得以缓解，也可以花更多的时间与孩子待在一起，从而更好地平衡工作和家庭。

社会对女性的包容度在日本是一个严峻的课题。在有关多样化管理的部分，首先，我们围绕多样化和包容性对公司业绩的影响进行了定量分析，同时围绕多样化和包容程度对日本的影响进行了分析。其次，根据在全球和日本进行的调查，分析了疫情对女性的影响，以明确公司面临的挑战。最后，提出了政府、公司和个人可以采取的具体措施。

多样化程度越高,公司业绩越好

为了研究多样化和包容程度对公司业绩的影响,麦肯锡已经持续进行了10多年的相关调查,以分析它们与公司业绩之间的相关性。特别是在2014年、2017年和2019年,麦肯锡分别编制了《为什么多样化很重要》(Why Diversity Matters)、《撬动多样化的潜力》(Delivering Through Diversity)和《多样化的胜利》(Diversity Wins)3份报告,阐述了多样化与公司业绩之间的关联。麦肯锡在报告中逐步增加了所涵盖的国家和公司数量,目前已经调查了15个国家的1 000多家收入超过150亿美元的公司。

多样化程度高的公司业绩更佳

麦肯锡在几次调查中将目标公司按照人员构成多样化程度从高到低分为4组,并特别对最高组和最低组进行了比较,以分析多样化与EBIT的关联(见图6-1)。

■ 前25%的公司　■ 后25%的公司　⋯中间值

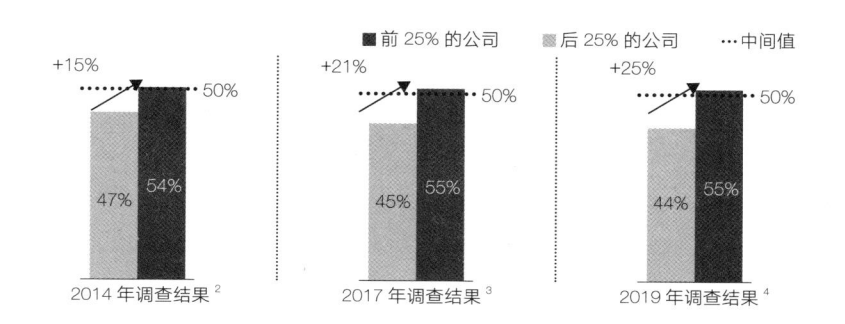

+15%　　　　　　　+21%　　　　　　　+25%
　　　50%　　　　　　　50%　　　　　　　50%
47%　54%　　　　45%　55%　　　　44%　55%
2014年调查结果[2]　2017年调查结果[3]　2019年调查结果[4]

图 6-1　人员构成多样化对公司实现高于行业平均 EBIT 概率[1] 的影响

注:
1. 在同一国家内业绩高于中间值的概率,p 值 < 0.05(2014年时 p 值 < 0.1)。
2. n=383;美国、英国、拉丁美洲 2010—2013 年 EBIT。
3. n=991;美国、英国、巴西、墨西哥、澳大利亚、日本、印度、新加坡、德国、法国、南非、尼日利亚 2011—2015 年 EBIT。
4. n=1 039;丹麦、挪威、瑞典 2014—2018 年的 EBIT 中加入了 2017 年第二次调查的数据。

在 2014 年进行的调查发现，排名靠前的公司的财务表现有 54% 的概率高于该行业的平均 EBIT；排名后 25% 的公司的这一概率为 47%，有 7% 的明显差距。在 2017 年进行的调查发现，两者的这一概率分别为 55% 和 45%，差距扩大到 10%。在 2019 年进行的调查发现，两者的这一概率分别变为 55% 和 44%，相差了 11%。

在 2014 年的调查中，我们对 365 家公司的董事会和管理层中的女性占比进行分类后做了类似的分析，将管理层类型分为 3 组：女性占比超过 30%、女性占比在 10% 到 30% 之间、女性占比低于 10%，然后估算了每家公司超过行业平均 EBIT 的概率。结果显示，随着管理层中女性占比的增加，超过行业平均 EBIT 的概率也随之增加。再将女性占比超过 30% 的管理层和占比低于 10% 的管理层比较后发现，前者有 63% 的概率实现高于平均 EBIT 的表现，后者的概率则为 43%，两者相差高达 20%（见图 6-2）。

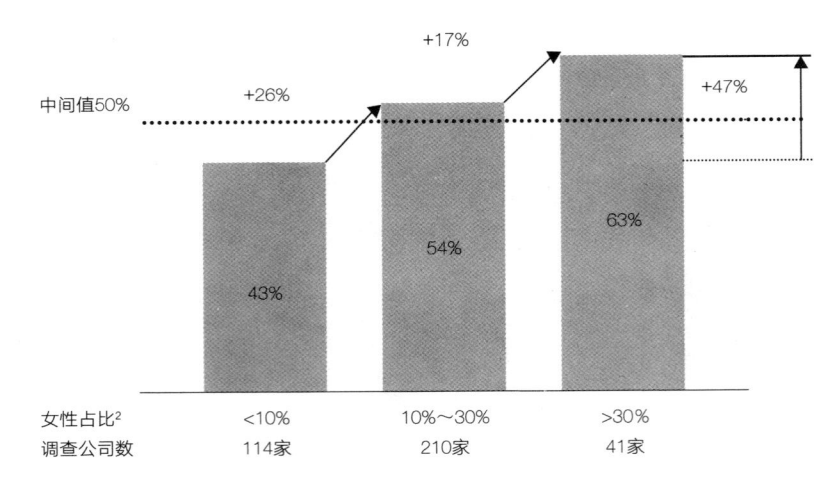

图 6-2　管理层中女性占比情况对公司实现高于行业平均 EBIT 概率[1] 的影响

注：
1. 在同一国家内业绩高于中间值的概率，p 值 < 0.05（2014 年度时 p 值 < 0.1）。
2. $n=365$；美国、英国 2014—2018 年 EBIT。

在这里，我们将特别讨论女性占比的多样化，同时在 2014 年、2017 年、2019 年的 3 次调查中也对不同族群进行了多样化影响的分析，其中主要对管理层中族群多样化程度高的前 25% 的公司与后 25% 的公司做了对比。结果显示，管理层中族群多样化程度越高，公司业绩越好，公司 EBIT 高于同行业平均水平的概率越大（见图 6-3）。

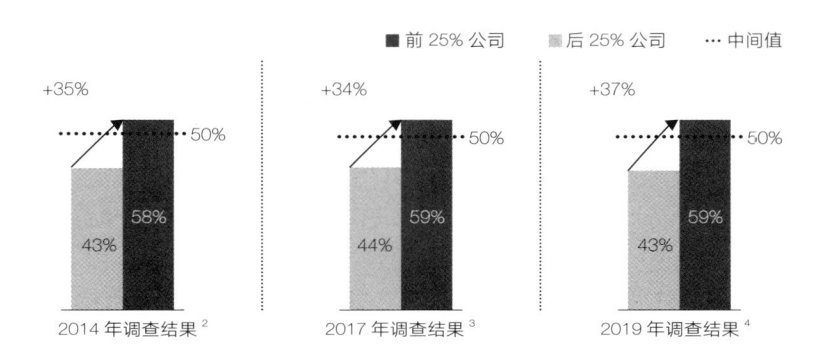

图 6-3　管理层中族群多样化程度对公司实现高于行业平均 EBIT 概率[1]的影响

注：
1. 在同一国家内业绩高于中间值的概率，p 值 <0.05（2014 年时 p 值 <0.1）。
2. n=383；美国、英国、拉丁美洲 2010—2013 年 EBIT。
3. n=991；美国、英国、巴西、墨西哥、澳大利亚、日本、印度、新加坡、德国、法国、南非、尼日利亚 2011—2015 年 EBIT。
4. n=1 039；丹麦、挪威、瑞典 2014—2018 年的 EBIT 中加入了 2017 年第二次调查的数据。

多样化程度的差距正在扩大

根据 2014—2019 年各公司多样化程度的不同，可以将公司分为 5 种类型（见图 6-4）。

- 优秀组：原本多样化程度高，近年来进一步提高或保持的公司。
- 迅速发展组：原本多样化程度较低，但近年来不断上升的公司。

- 维持现状组：原本多样化程度较高，但近年来有所下降的公司。
- 缓慢发展组：原本多样化程度低，近年有所提高的公司。
- 倒退组：原本多样化程度低，至今没有采取任何举措的公司。

性别[1]

	<10%	10%~20%	20%~30%	>30%
≥10%	迅速发展组 28%		优秀组 5%	
<5%	缓慢发展组 10%			
	倒退组 28%		维持现状组 29%	

2014年女性占比

民族性[2]

	<10%	10%~20%	20%~30%	>30%
≥25%	迅速发展组 24%		优秀组 15%	
<0	缓慢发展组 12%			
	倒退组 28%		维持现状组 22%	

2014年族群多样化占比
（其他族群占多数族群的百分比）

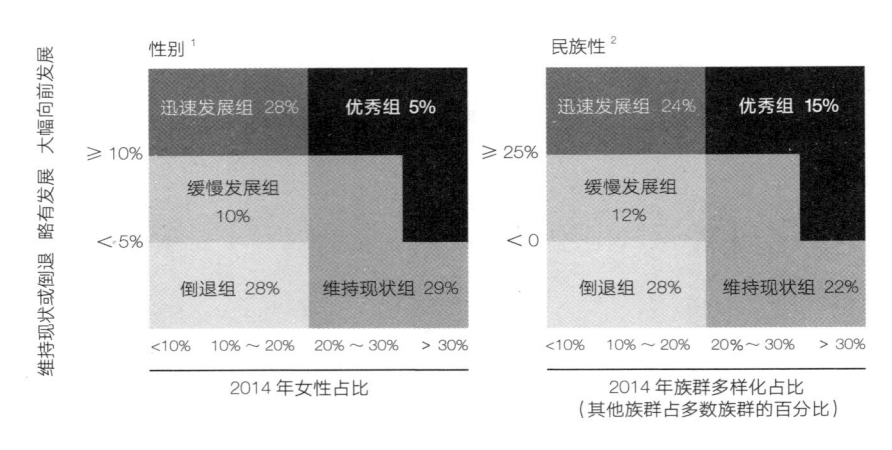

图 6-4　各公司多样化发展情况分类

注：
1. n=365；美国和英国。
2. n=241；美国和英国。

与上述分析结果类似，这5种超过行业平均EBIT的概率分别是：优秀组、迅速发展组、维持现状组均较高，超过行业平均水平的概率为52%～62%；缓慢发展组、倒退组低于行业平均EBIT的概率较大。

而观察各组公司女性占比的变化情况①也可以看出，原本就对多样化敏感度高的公司的女性比例在上升，敏感度低的公司的女性比例进一步降低。因此，实行多样化相关举措后的公司很容易与其他公司产生差距，并且使这个差距一步步扩大（见图6-5）。

① 热衷于多样化发展的公司女性占比较高，但对多样化发展不那么热衷的公司女性占比较低。

策略 6　将提高多样化作为管理重点

■2014年　■2019年

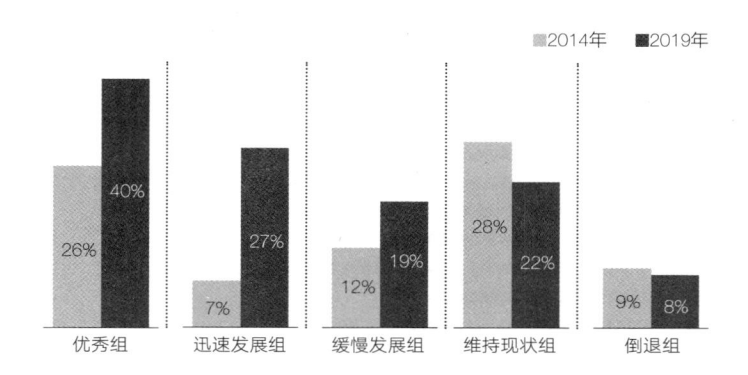

优秀组	迅速发展组	缓慢发展组	维持现状组	倒退组
26% / 40%	7% / 27%	12% / 19%	28% / 22%	9% / 8%

图 6-5　多样化发展程度对公司女性占比的影响

日本在多样化方面属于倒退组

让我们同时看看日本对多样化的定位。图 6-6 显示了此次分析的 1 000 家公司中至少有一名女性担任管理层的比例，以及管理层中女性占比的平均值。在挪威、澳大利亚、瑞典、美国等国家，90% 以上的公司管理层中必有一名女性，且管理层中女性平均占比 20% 以上。而在日本，管理层中有女性的公司比例低至 17%，且管理层中女性平均占比仅为 3%。

即使仅分析日本，也能证实多样化和业绩之间的紧密关联。如图 6-7 所示，从日本经济产业省和东京证券交易所共同选定的女性活跃公司"抚子品牌"[①]的股价变化来看，这些公司明显超过了东证股价指数（TOPIX）。

就财务表现而言，与东证一部[②]公司的平均水平相比，抚子品牌公司均实现了较高的销售额、营业利润率和股息收益率（见图 6-8）。

[①] 在日语中，"抚子"用来形容女性的秀丽端庄。"抚子品牌"每年评选，以介绍"女性积极参与"的上市公司。——译者注
[②] 东京证券交易所市场第一部，是四个市场版块中的主要市场。——编者注

麦肯锡未来经营策略

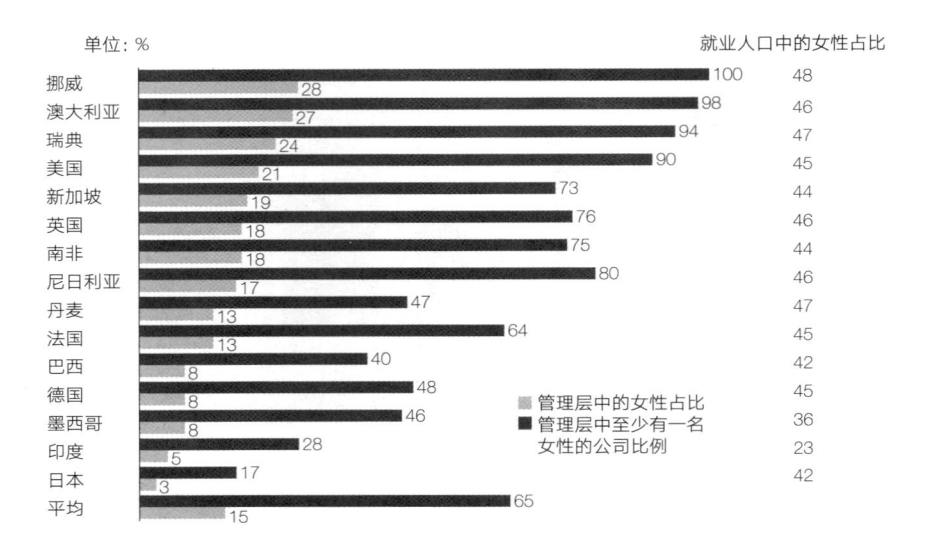

国家	管理层中的女性占比(%)	管理层中至少有一名女性的公司比例(%)	就业人口中的女性占比
挪威	28	100	48
澳大利亚	27	98	46
瑞典	24	94	47
美国	21	90	45
新加坡	19	73	44
英国	18	76	46
南非	18	75	44
尼日利亚	17	80	46
丹麦	13	47	47
法国	13	64	45
巴西	8	40	42
德国	8	48	45
墨西哥	8	46	36
印度	5	28	23
日本	3	17	42
平均	15	65	

图 6-6　15 个国家 1 000 家公司管理层中的女性占比情况

资料来源：世界银行 2019 年 9 月发布的关于劳动力参工率的报告。

图 6-7　"抚子品牌"选定公司与东证股价指数对比

资料来源：日本经济产业省。

策略 6　将提高多样化作为管理重点

2019 年 3 月营业利润率

2019 年 3 月股息收益率

图 6-8　"抚子品牌"选定公司营业利润率和股息收益率

资料来源：日本经济产业省。

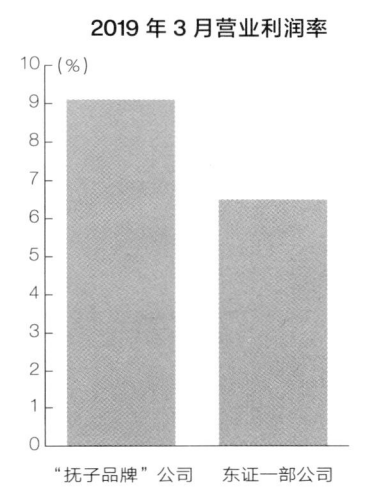

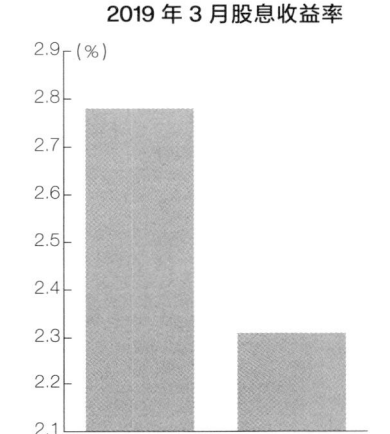

即便如此，仍有很多日本公司属于倒退组，且有可能在未来进一步加大多样化差距。

提高多样化程度，带来 GDP 增长

日本女性对 GDP 的贡献率

如果把创造全球 GDP 的来源划分为男性劳动和女性劳动，那么女性的 GDP 贡献占总体的 36%，在亚洲国家和地区为 11%～41%。日本劳动人口中的女性比例并不低，为 43%，但她们对 GDP 的贡献却为 33%，低于全球和亚洲平均水平（见图 6-9）。

167

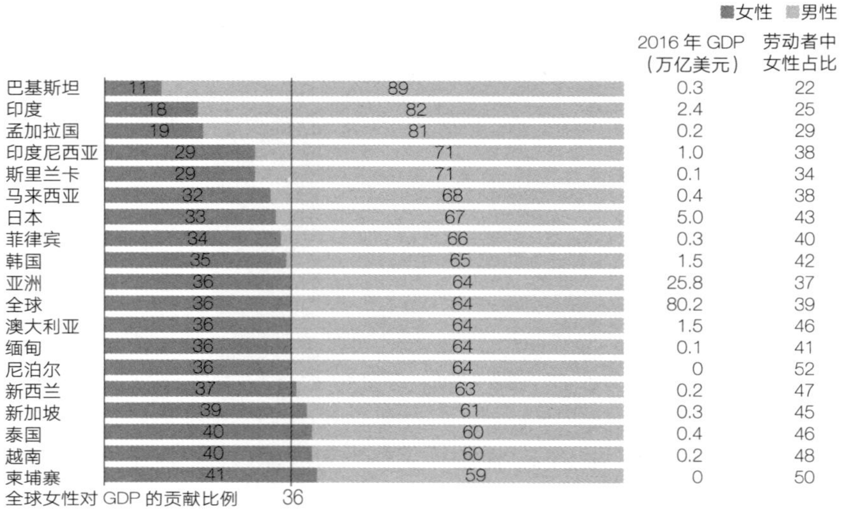

国家	女性	男性	2016年GDP（万亿美元）	劳动者中女性占比
巴基斯坦	11	89	0.3	22
印度	18	82	2.4	25
孟加拉国	19	81	0.2	29
印度尼西亚	29	71	1.0	38
斯里兰卡	29	71	0.1	34
马来西亚	32	68	0.4	38
日本	33	67	5.0	43
菲律宾	34	66	0.3	40
韩国	35	65	1.5	42
亚洲	36	64	25.8	37
全球	36	64	80.2	39
澳大利亚	36	64	1.5	46
缅甸	36	64	0.1	41
尼泊尔	36	64	0	52
新西兰	37	63	0.2	47
新加坡	39	61	0.3	45
泰国	40	60	0.4	46
越南	40	60	0.2	48
柬埔寨	41	59	0	50

全球女性对GDP的贡献比例 36

图 6-9　2016 年各国男女对 GDP 的贡献比

资料来源：世界银行 2019 年 9 月发布的关于劳动力参工率的报告。

如果尝试对各国女性就业、社会环境的性别平等程度进行评分（Gender Parity Score，GPS）[①]，就不难理解其中的原因了。在日本，如果将男性劳动力系数设定为 1，那么女性劳动力指数约为 0.7，处在亚洲国家的平均水平。另外，专业技术岗的女性及其劳动报酬（平均工资）指数分别为 0.66 和 0.61，虽然并不高，但仍与亚洲各国处于同样水平。同时，女性在管理层中的指数为 0.15。在无偿工作（家务劳动）方面，若将女性系数设定为 1，则男性的指数为 0.21，与其他国家相比差距极大（见图 6-10）。

有趣的是，在社会环境方面，日本在一些因素上得分较高。在对孕妇的支持、教育、财政支持、保障低犯罪率和对养育子女的扶持等政策上，日本基本上达到或超过了各国平均水平。但日本在"女性参政率"和"受法律保护程度"两个方面的得分低于其他国家。

---

① 用于衡量男性和女性获得机会差异的社会经济指标。——译者注

策略 6　将提高多样化作为管理重点

地区	国家	2016年女性人口（百万人）	2016年人均GDP（美元）	就业率（女比男）	专业技术岗位就业率（女比男）	同一岗位工资差异（女比男）	管理层比例（女比男）	护理、育儿参与率（男比女）	家庭计划无法被满足（女比男）(出现的比例)	孕产妇死亡率（10万名中）	教育平等水平	金融包容率（女比男）	数字包容率（女比男）	法律保护程度	参政率（女比男）	新生儿性别（男女比）	童婚率（女孩占女性比例）	女性受性别暴力（占女性比例）
大洋洲	澳大利亚	11.90	46 790	0.83	1.19	0.60	0.38	0.55	11.00	6.00	1.00	1.00	1.00	1.00	0.36	1.06	1.00	25.00
	新西兰	2.30	39 059	0.85	1.25	0.71	0.67	0.58	9.00	11.00	1.00	1.00	1.00	0.38	0.55	1.06	1.00	33.00
东亚	日本	65.20	41 470	0.76	0.86	0.61	0.15	0.21	20.00	5.00	0.95	0.80	0.97	0.51	0.14	1.06	1.00	15.00
	韩国	24.90	35 751	0.70	0.93	0.45	0.12	0.19	6.00	11.00	0.86	0.81	0.93	0.38	0.15	1.07	0.00	23.00
	印度尼西亚	125.60	11 612	0.61	0.94	0.63	0.30	—	12.00	126.30	0.98	0.81	0.86	0.45	0.29	1.05	26.00	—
东南亚	菲律宾	50.00	7 806	0.64	1.42	0.76	0.96	—	18.00	114.00	1.00	1.00	—	0.70	0.37	1.06	2.00	18.00
	越南	46.80	6 424	0.89	1.19	0.58	0.35	0.56	6.00	54.00	0.97	1.00	0.98	0.47	0.19	1.10	8.00	34.00
	泰国	34.30	16 917	0.79	1.31	0.73	0.48	—	6.00	20.00	0.98	0.84	0.98	0.29	0.09	1.06	11.00	44.00
	缅甸	27.60	5 773	0.93	1.12	—	0.40	—	16.00	178.00	0.98	0.60	0.96	0.39	0.08	1.03	12.00	38.00
	马来西亚	15.50	27 681	0.64	0.80	0.76	0.26	—	18.00	40.00	0.98	0.82	0.96	0.28	0.10	1.06	6.00	—
	柬埔寨	7.90	3 736	0.87	0.57	0.72	0.45	0.25	13.00	161.00	0.86	0.80	1.00	0.50	0.17	1.06	20.00	14.00
	新加坡	2.80	87 856	0.76	0.91	0.78	0.52	—	11.00	10.00	0.96	1.00	0.96	0.64	0.17	1.07	0.00	—
南亚	印度	612.20	6 572	0.34	0.28	0.50	0.03	0.10	13.00	174.00	0.87	0.66	0.72	0.40	0.18	1.11	21.00	37.00
	巴基斯坦	90.00	5 249	0.30	0.28	0.48	0.03	0.10	20.00	178.00	0.74	0.17	0.69	0.20	0.12	1.09	27.00	39.00
	孟加拉国	78.40	3 581	0.53	0.39	0.46	0.13	0.27	12.00	176.00	0.84	0.83	0.73	0.39	0.16	1.05	34.00	53.00
	尼泊尔	14.50	2 468	0.92	0.43	0.52	0.22	—	23.00	258.00	0.84	0.74	—	0.38	0.21	1.05	24.00	28.00
	斯里兰卡	11.00	12 316	0.40	0.97	0.63	0.33	—	7.00	30.00	0.99	0.96	—	0.29	0.05	1.04	9.00	38
亚洲最高水平				0.93	1.42	0.78	0.96	0.58	4.00	3.00	1.00	1.00	1.00	1.00	0.55	1.03	0.00	14.00
亚洲平均水平				0.60	0.95	0.56	0.25	0.25	10.00	102.00	0.92	0.76	0.77	0.47	0.19	1.11	14.00	28.00
全球最高水平				1.00	2.66	0.86	1.13	0.85	4.00	3.00	1.00	1.00	1.00	1.00	0.93	1.02	0.00	6.00

性别不平等程度：■极高　■高　■平均　□低

图 6-10　各国性别平等评分

169

在日本的就业环境和社会环境中，管理层中女性的比例尤其低。近年来，日本政府以提高女性在公司中的比例为目标，采取了各种平衡性别的相关措施，虽然也取得了一定的成果，但仅就管理层中女性的比例而言，与其他国家相比得分仍明显较低。事实上，对从接受教育到职场晋升的过程中人才流失阶段的分析表明，尽管在人才储备上女性的比例较高，但在进入管理层及以上岗位方面，女性比例却急剧下降（见图6-11）。

■ 在该阶段出现女性人才大幅度流失[1]

各阶段女性比例（推算值，单位：%）	参加大学等高等教育	大学等高等教育毕业	就业	管理层	高级管理层	董事
澳大利亚	57	56	44	36	21	18
印度	44	43	25	16	4	11
印度尼西亚	51	52	45	—	13	5
日本	47	46	49	9	1	3
菲律宾	55	53	43	—	33	15
新加坡	51	53	49	—	25	8

图6-11 流失女性人才的具体阶段

注：1. 相比于上一阶段减少超过50%。

资料来源：麦肯锡2015、2017年专有数据库，澳大利亚"女性领导力"平台数据，世界银行已发布的报告。

此外，尽管在人们的印象中，日本接受高等教育的人数比例很高，但事实上，与其他亚洲国家相比，女性进入大学等接受高等教育的比例并不高。在顶尖大学的升学率中也可以看到同样的趋势，近20年来，在东京大学就读的女性比例一直保持在20%左右，这种不均衡现象在日本许多顶尖大学中都很常见。《纽约时报》的一份报告显示，在日本 7 所国立大学中，只有约 25% 的本科生是女性，而在顶尖私立大学庆应大学和早稻田大学，也只有约 33% 的本科生是女性。相比之下，在中国的北京大学，女生占学生总数的近一半；在韩国的首尔国立大学，女性占 40%；在新加坡国立大学，女性占 51%。此外，日本女性在公司管理层中的比例也一直低于 15%（见图 6-12）。

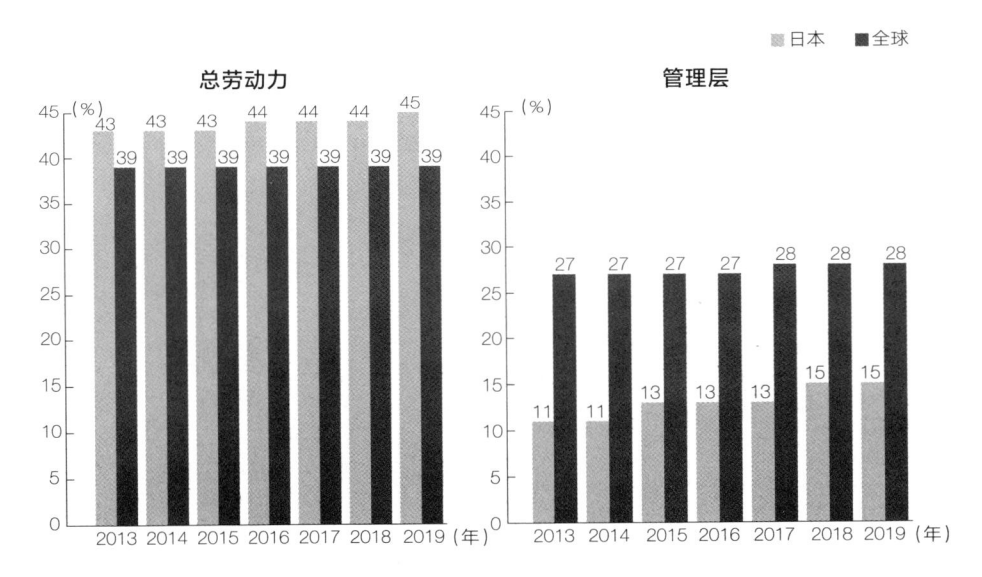

图 6-12　日本女性劳动力占总劳动力和管理层的比例

资料来源：国际劳工部；日本内阁府男女共同参与计划局。

推动性别平等可以提高 GDP

接下来，我们将探讨改善性别比例所产生的影响。图 6-13 总结了日本目前在工作和社会环境方面的性别平等指标，其中第一列为日本得分，第二列是亚洲最高水平得分，第三列是亚洲平均水平得分，第四列是全球最高水平得分。可以看到，在衡量性别平等的 15 个指标中，日本有 7 个以上显示不平等程度较高。

麦肯锡未来经营策略

单位：%	性别不平等程度 ■极高 ■高 ■平均 □低			
	日本	亚洲最高水平	亚洲平均水平	全球最高水平
就业性别不平等程度（总体指标）	0.42	0.73	0.44	0.73
就业率（女比男）	0.70	0.93	0.60	1.00
专业技术岗位就业率（女比男）	0.66	1.42	0.95	2.66
同一岗位工资差异（女比男）	0.61	0.78	0.56	0.86
管理层比例（女比男）	0.15	0.96	0.25	1.13
护理、育儿参与率（男比女）	0.21	0.58	0.25	0.85
社会性别不平等程度（总体指标）				
经济机会平等保护机制	0.87	0.96	0.85	0.97
家庭计划无法被满足（女比男）	20.00	4.00	10.00	4.00
孕产妇死亡率（10万名中出现的比例）	5.00	5.00	102.00	3.00
教育水平（女比男）	0.95	1.00	0.92	1.00
金融包容率（女比男）	0.80	1.00	0.76	1.00
数字包容率（女比男）	0.97	1.00	0.77	1.00
法律保护、政治权力	0.30	0.66	0.32	0.84
法律保护程度	0.51	1.00	0.47	1.00
参政率（女比男）	0.14	0.55	0.19	0.93
生命安全	0.91	0.96	0.82	0.97
新生儿性别（男比女）	1.06	1.03	1.11	1.02
童婚率（女孩占女性比例）	1.00	0	14.00	0
女性受到暴力（占女性比例）	15.00	14.00	28.00	6.00

图 6-13　衡量性别平等指标得分

注：亚洲平均水平根据 2016 年女性人口数加权平均得出。

策略 6 将提高多样化作为管理重点

让我们试想一下当日本所有的性别平等指标都提升到亚洲最高水平时，GDP 的增长情况。假设日本各指标在亚洲均达到了最高水平，那么女性在管理层中的比例将增加，在整个劳动力中的比例也将增加（从目前的 49% 增加到 54%），作为正式员工的比例将增加（从目前的 76% 增加到 81%），业绩效率的评估将被矫正（从目前的人均每年 77 000 美元改为 90 000 美元）。

麦肯锡认为，在这种情况下，女性劳动人口的增加将对 GDP 产生 1 170 亿美元的提振作用，正规就业带来的工作时间的增加将产生 1 250 亿美元的提振作用，工作效率的增加将产生 830 亿美元的提振作用，最终结果是，GDP 将增长 6%（见图 6-14）。

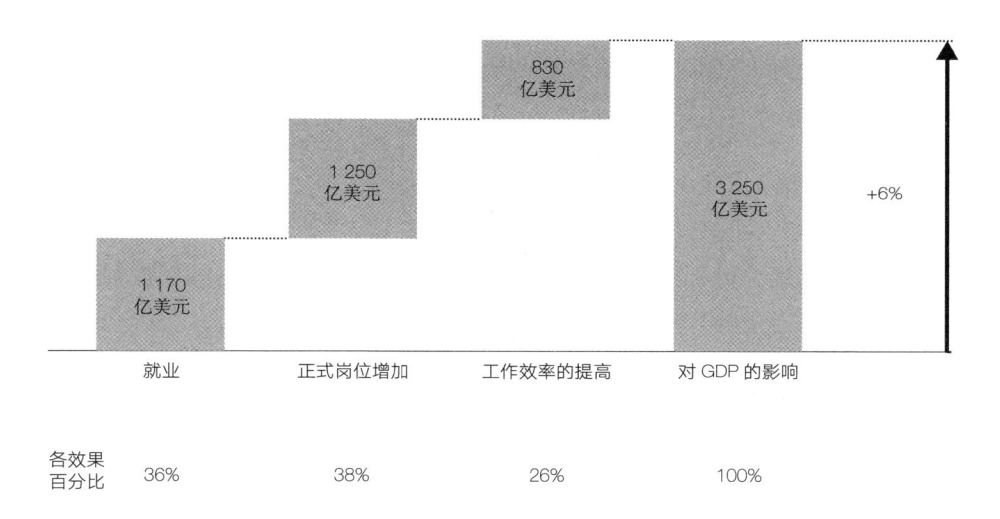

图 6-14 假设日本性别平等达到亚洲最高水平时对 2025 年 GDP 的影响

注：增加值基于模型预测。在正常 GDP 增长率基础上的增加值以 2014 年基础值进行计算。

在劳动人口减少、外来人才流入受限的日本，女性不仅可以参与到劳动力市场中，还可以从非正规就业转向正规就业，缩小工资差距。公司对多样化与包容性的提升可以促进日本 GDP 的增长，最终提升日本的国力。

疫情影响下多样化的倒退

许多国家都开始重视多样化和包容性并为此制定了相关措施。随着疫情的出现，远程办公一下子变得普遍，在增加了生活自由度的同时，使得工作和家庭之间的界限逐渐消失，导致女性的负担变得更重。过去十几年间，全球范围内原本有所改善的多样化可能因此发生倒退。

2020年9月，麦肯锡调查了疫情期间女性工作环境的变化情况，发布了题为《2020年职场女性》的报告。虽然这项调查主要针对美国，但对于思考疫情期间女性工作环境所受到的影响极具参考价值。从调查结果来看，由于原本在公司进行的工作都转为居家完成，使女性处于一边工作，一边负担家务、育儿的境地。特别是随着很多国家的学校和托儿所暂时关闭，女性工作量的增加也变得越来越明显。

调查结果表明了男性和女性对于家务、育儿的认知。报告称，女性会更明显地认为有必要承担家务。有趣的是，在双职工家庭中，超过70%的丈夫认为他和妻子平等地分担了家务与育儿工作，但只有44%的妻子这么认为。此外，有51%的妻子表示自己负担了大部分或全部的家务（见图6-15）。

当被问及在家实际做了多少家务时，许多受访者表示为平均每天3小时，这一数字是以前的1.5倍。报告还显示，虽然家务明显增多，但人们很难公开和同事对此进行谈论，因为很多女性觉得如果要获得一定的地位，就需要被人看成是"坚强""独立"的，所以对于公开谈论家庭问题持犹豫的态度。

图6-16显示了在疫情期间，丈夫和妻子各自可以公开讨论家庭问题的程度。可以看到，夫妻双方都有一定程度上的犹豫，但妻子的犹豫程度是丈夫的1.5倍以上，不愿讨论怕影响工作表现的比例是丈夫的2.1倍以上，不愿讨论怕被认为不是合格父母的比例是丈夫的2.6倍以上。

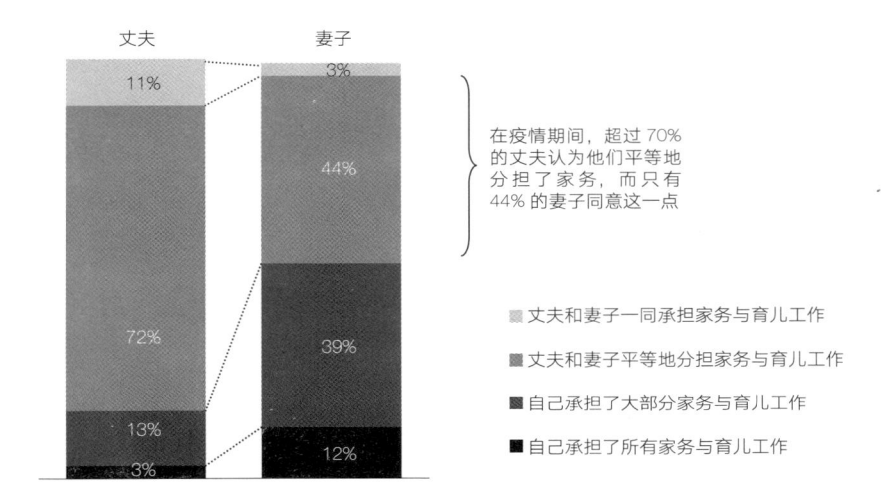

策略 6　将提高多样化作为管理重点

图 6-15　双职工家庭夫妻承担家务情况调查结果

在疫情期间，超过 70% 的丈夫认为他们平等地分担了家务，而只有 44% 的妻子同意这一点

- 丈夫和妻子一同承担家务与育儿工作
- 丈夫和妻子平等地分担家务与育儿工作
- 自己承担了大部分家务与育儿工作
- 自己承担了所有家务与育儿工作

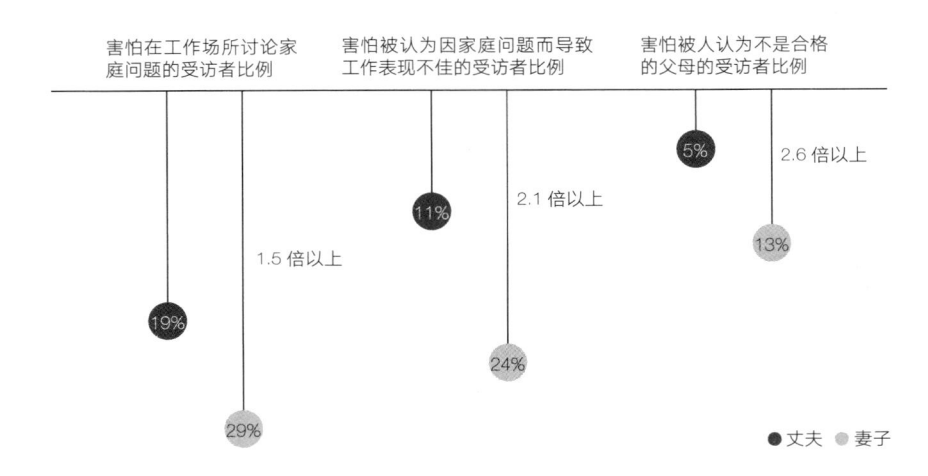

丈夫：11%、72%、13%、3%
妻子：3%、44%、39%、12%

图 6-16　疫情期间夫妻可以公开讨论家庭问题的程度

- 害怕在工作场所讨论家庭问题的受访者比例：丈夫 19%，妻子 29%，1.5 倍以上
- 害怕被认为因家庭问题而导致工作表现不佳的受访者比例：丈夫 11%，妻子 24%，2.1 倍以上
- 害怕被人认为不是合格的父母的受访者比例：丈夫 5%，妻子 13%，2.6 倍以上

● 丈夫　　● 妻子

在这种情况下，许多职场妈妈表示自己正在考虑辞职，或者减少工作时间，或者转岗。如图 6-17 所示，妻子比丈夫更有可能考虑在疫情期间辞职或减少工作时间。

175

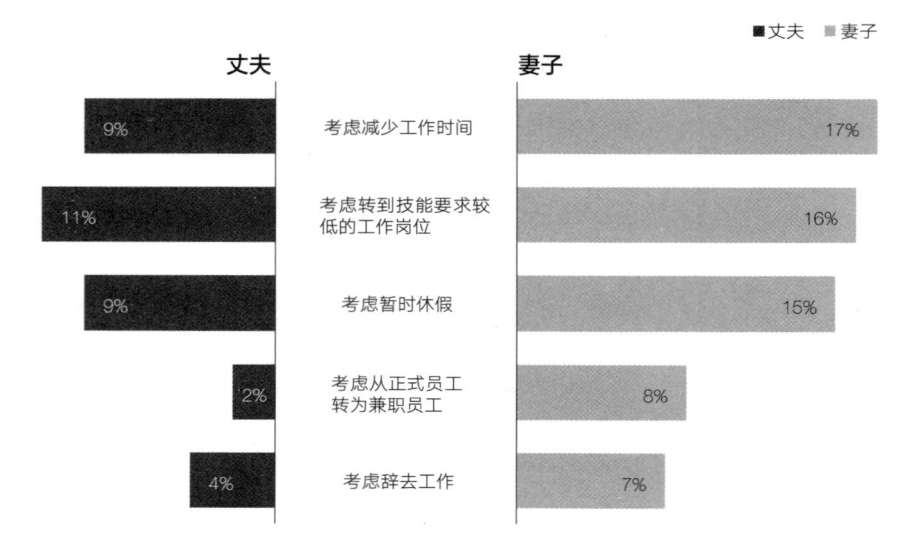

	丈夫	妻子
考虑减少工作时间	9%	17%
考虑转到技能要求较低的工作岗位	11%	16%
考虑暂时休假	9%	15%
考虑从正式员工转为兼职员工	2%	8%
考虑辞去工作	4%	7%

图 6-17　夫妻双方在疫情期对工作的考虑

在日本，疫情给女性带来了极为沉重的负担，拥有大量女性员工的服务业也受到了严重打击。2020 年 4 月，以女性为主的非正规就业人数比 3 月减少了约 70 万（其中女性人数约为男性的 2 倍）。日本内阁府在 2020 年 10 月发表的报告显示，由于长时间居家，人们在生活中获得的不安全感和压力导致家庭暴力的案例不断增长，情况变得越来越严峻。2020 年 7 月和 8 月，在家庭暴力方面所接收到的咨询数量与去年同月相比增加了 1.4 倍，达到约 16 000 例，且几乎都来自女性。

此外，还有一个更敏感的问题摆在我们面前。日本厚生劳动省在 2021 年 1 月 22 日公布的数据显示，警察厅于 2020 年统计出的自杀人数比 2019 年相比多出 750 人，达到 20 919 人。男性自杀人数连续 11 年下降，同比减少 135 人，为 13 943 人；而女性自杀人数在时隔 2 年后再次增长，增加了 885 人，为 6 976 人。

在疫情影响下，即便女性社会参与程度已经取得了一定的成绩，在此后产生倒退的可能性也非常高。在这种情况下，各公司迅速推出了相关措施，其中包括对员工育儿提供更加有力的支持、积极开展对话向员工提供保护、在精神层面为员工提供支持、改进工作评价机制等（见图6-18）。

虽然这些举措都很有力度，各公司也在积极推行，但它们的重点并非在改善公司男女比例上，而只是单纯为了防止员工流失。这些举措有一定的价值，但更有必要在执行和改进这些举措时，努力消除专门针对女性的障碍。

在疫情带来的女性社会参与进程受阻的大背景下，有必要再次反思消除什么障碍，以及可以采取哪些措施来加快女性社会参与的进程。

实现多样化管理的具体措施

支持就业方式的制度不断完善

通过提高公司多样化程度，可以取得较高业绩，从而为GDP增长做出贡献，但如今存在着一种潜在的风险，即疫情将使迄今为止一直在进行的性别多样化进程产生倒退。因此，讨论日本加速性别多样化的必要条件尤为重要，下面我们以前文提到的日本管理层中女性的低比例为重点展开讨论。

2020年7月14日至19日，麦肯锡对2 000名22～59岁的男性员工和女性员工进行了就业者在线调查以分析日本女性在担任管理职位上的阻碍因素。根据调查结果，2020年11月底，麦肯锡与活跃在日本的约30名女性管理者进行了讨论，主题是为进一步推进女性在职场上的活跃度，如何改善公司对员工在福利待遇等硬件方面的支持，以及如何在人才培养、与员工沟通和意识进步等软件方面提供支持，从而促进女性员工发展。

麦肯锡未来经营策略

■ 已实施　■ 还在考虑中

进行沟通（%）		实施措施（%）	
育儿和孩子居家学习			
重新说明公司工资发放计划	88	对于育儿和孩子居家学习问题给予帮助	18　46
职业倦怠			
在疫情期间对工作和业绩的期待	51	考虑到疫情的影响改进工作评价机制	37
考虑到疫情的影响改进业绩目标	51		
对心理、身体健康的焦虑			
改进员工的心理、身体健康护理方案	90	心理疏导方案	56　44
重新说明目前公司的精神、身体健康护理方案	97	健康关怀、体检	51　41
		个性化的心理、身体护理	28　63
		丧事关怀（对员工亲属、朋友的丧葬慰问）	82　8
对财务、工作的焦虑			
审查公司的财务状况并向员工传达	86	贷款等财务援助方案	21　28
疫情期间提高工资水平	69	承担远程办公支出	11　33
声明员工的岗位受到保护	37	提供就业、技能培训	58　21

图 6-18　公司考虑到疫情影响所采取的措施

注：统计数据截至 2020 年 10 月。

在日本管理层中之所以女性比例低，育儿假和远程办公等制度的不完善是主要原因，而从政府的统计数据来看，制度层面上的扶持大多由公司负责。根据日本厚生劳动省的调查，500 人以上事业单位的育儿假制度实施率在 2019 年达到 99%，处于较高水平。根据 2019 年日本总务省的调查，远程办公的实施率也在逐年增加，500 人以上的公司达到 23%，1 000 人以上的公司达到 47%。

另外，这次面向就业者的在线调查问卷结果显示，育儿假、远程办公等福利制度以及就业扶持制度的活用率达到了 70%，员工对于这些制度的满意度为"基本满意""满意""非常满意"的人数占比约为 90%。当被问及在职业生涯中是否有人提供过帮助与机遇时，约 60% 的受访者表示"有"，且男性和女性在比例上没有明显的差异。

从图 6-19 的结果可以看出，男性和女性在对就业扶持制度的看法上几乎没有差别，因此缺乏公司的制度扶持这一点不太可能是管理层中女性比例过低的一个原因。

你是否接受过公司扶持制度的帮助？

■一次以上　■无
n=2 000

男性	65%	35%	1 112
女性	68%	32%	888

你对公司现行的工作制度是否满意？

■非常满意　■满意　■基本满意　■不太满意　■不满意　□非常不满意
n=1 470

男性	14%	37%	38%	7%	3% 1%	1 670
女性	21%	35%	35%	8%	1%	800

图 6-19　女性和男性工作方式对比问卷调查（1）

资料来源：对 2020 年 7 月 14 日至 19 日就业者的在线问卷调查：1. "你现在的工作单位提供的措施或已实施的措施或制度中，选择自己已使用过的内容"（多选）；2. "你的满意度"（单选）。

打破以男性为中心的工作环境

那么，导致女性管理者比例低的原因是什么呢？此次在线调查的结果显示，原因在于男女的晋升意向存在差异。当被问及今后是否希望晋升时，有晋升意向的女性比男性低12个百分点。另外，在认为性别是否会影响晋升、加薪、获得新机会时，认同的女性比例比男性高13个百分点（见图6-20）。

此外，在普通员工和主任等低职位上，男女之间的晋升意向差距更大（见图6-21）。造成男女之间晋升意向差距的原因之一是自我评价（即自信）上的差异，例如，美国国家经济研究所2019年的一项研究显示，女性对自己工作表现的评价比男性平均低15%，而这种自我评价的差异也带来了晋升和薪酬上的差异。

你是否有晋升意向？

■有　■没有

n = 2 000

男性	55%	45%	1 112
女性	43%	57%	888

−12%

你是否认为性别影响在工作单位获得晋升、加薪？

■很难　■未感到差异　■很容易

n = 2 000

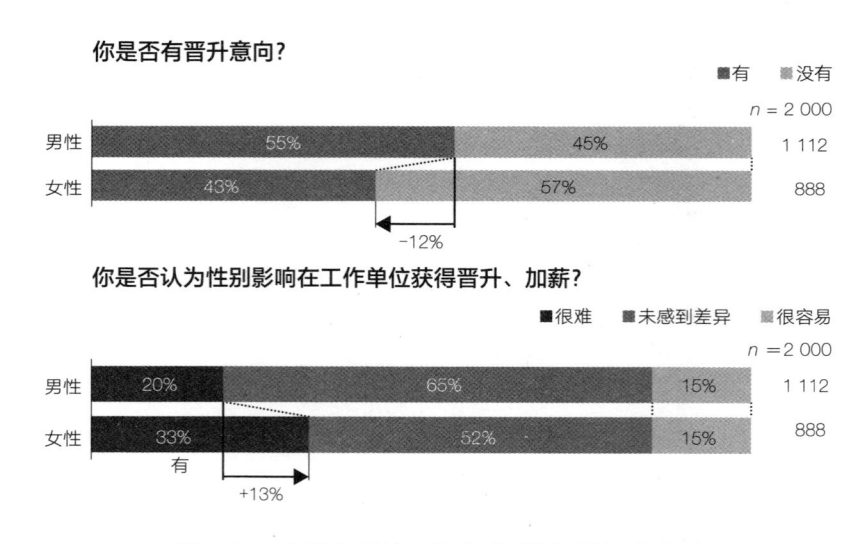

男性	20%	65%	15%	1 112
女性	33%	52%	15%	888

有　+13%

图6-20　女性和男性工作方式对比问卷调查（2）

资料来源：2020年7月14日至19日就业者的在线问卷调查：1."你希望今后在现在的工作单位晋升吗？即便正在考虑跳槽也假设会留在现在的工作单位并进行回答"（单选）；2."今后，根据你的性别，在现在的工作单位获得晋升和加薪等会很难还是会很容易？不清楚也请选择现在最能预想到的选项"（单选）。

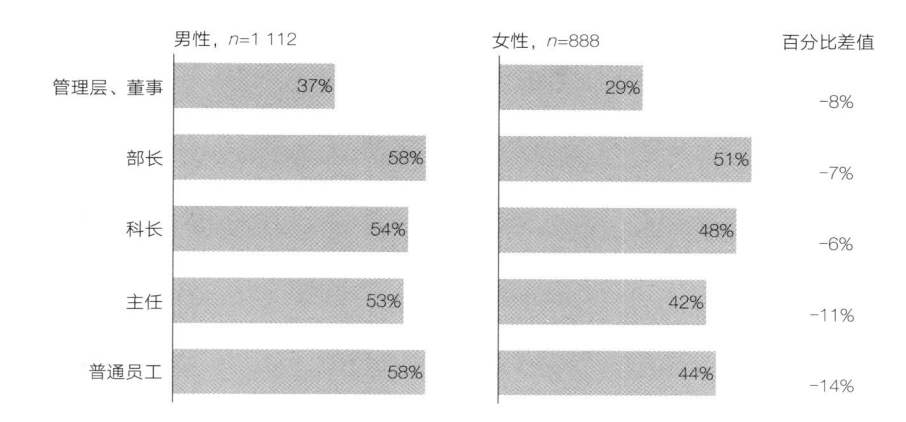

策略 6　将提高多样化作为管理重点

	男性，n=1 112	女性，n=888	百分比差值
管理层、董事	37%	29%	-8%
部长	58%	51%	-7%
科长	54%	48%	-6%
主任	53%	42%	-11%
普通员工	58%	44%	-14%

图 6-21　女性和男性工作方式对比问卷调查（3）

注：有晋升意向的受访者占比，n=2 000。

资料来源：2020 年 7 月 14 日至 19 日就业者的在线问卷调查：1."你希望今后在现在的工作单位晋升吗？即便正在考虑跳槽也请假设会留在现在的工作单位并进行回答"（单选）。

不过，从此次问卷调查的结果分析来看，很难得出男女晋升意向上的差距仅仅是因为自我评价上有差异这一结论。当我们询问那些回答"不想升职"的受访者具体理由时，排名前五的原因不论男性和女性都是"不想承担与职位相应的职责""无法平衡工作和生活""对管理岗的工作不感兴趣""即便升职了，薪水也没有太大变化""对能否胜任下一个职位没有信心"，由此可以看到很多共同点（见图 6-22）。

当向受访者询问管理者性别比例方面的问题时，男性最常见的回答是"女性人才太少"，其次是"想进入管理层的女性太少"。而从女性的回答来看，排在首位的是"想进入管理层的女性太少"，第二位是"女性人才太少"，其他的回答比例与这两项相比有较大的差距（见图 6-23）。

产生这个结果的原因在于塑造女性管理者榜样形象很难在日本实现。在以男性为中心的公司中，得到好评的都是男性，作为榜样的也都是男性管理者，所以塑造女性管理者的形象十分困难。

麦肯锡未来经营策略

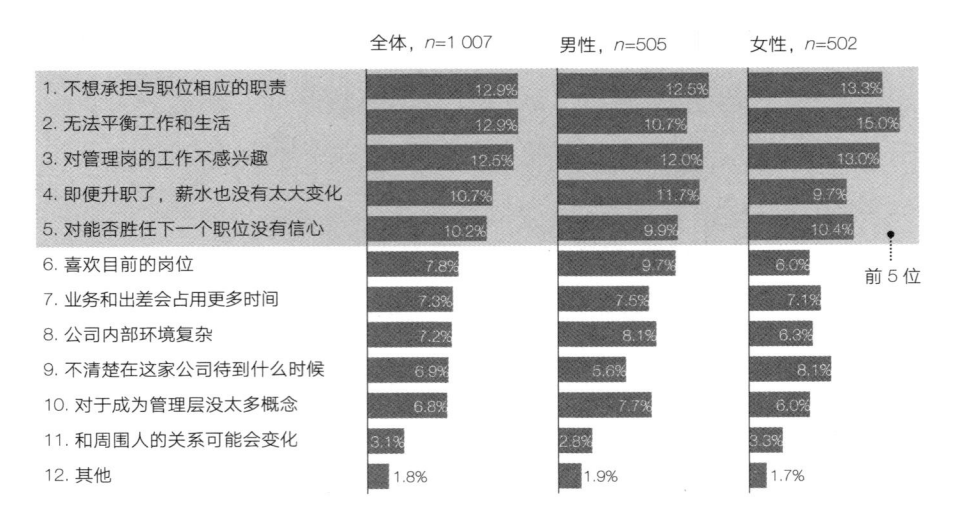

	全体，n=1 007	男性，n=505	女性，n=502
1. 不想承担与职位相应的职责	12.9%	12.5%	13.3%
2. 无法平衡工作和生活	12.9%	10.7%	15.0%
3. 对管理岗的工作不感兴趣	12.5%	12.0%	13.0%
4. 即便升职了，薪水也没有太大变化	10.7%	11.7%	9.7%
5. 对能否胜任下一个职位没有信心	10.2%	9.9%	10.4%
6. 喜欢目前的岗位	7.8%	9.7%	6.0%
7. 业务和出差会占用更多时间	7.3%	7.5%	7.1%
8. 公司内部环境复杂	7.2%	8.1%	6.3%
9. 不清楚在这家公司待到什么时候	6.9%	5.6%	8.1%
10. 对于成为管理层没太多概念	6.8%	7.7%	6.0%
11. 和周围人的关系可能会变化	3.1%	2.8%	3.3%
12. 其他	1.8%	1.9%	1.7%

（前 5 位）

图 6-22　女性和男性工作方式对比问卷调查（4）

注：对"不愿晋升的 3 个最重要的原因"的回答占比。

资料来源：2020 年 7 月 14 日至 19 日针对就业者的在线问卷调查。

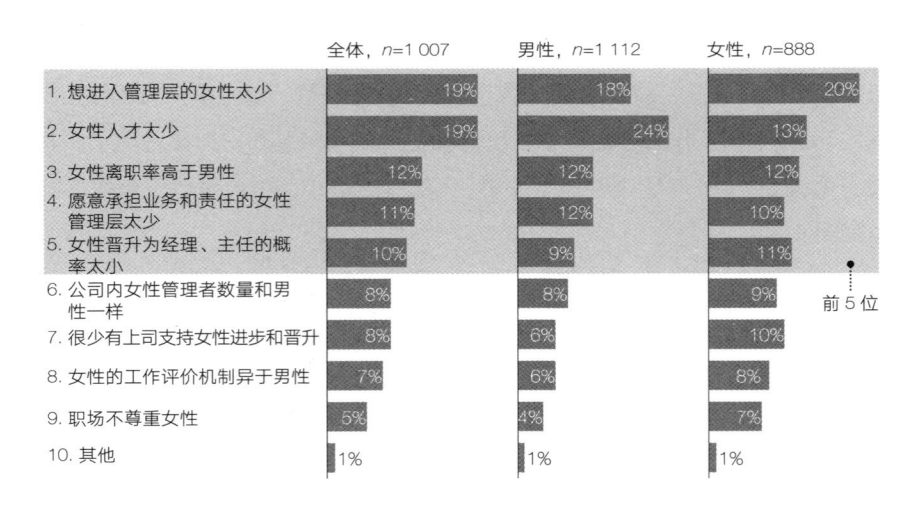

	全体，n=1 007	男性，n=1 112	女性，n=888
1. 想进入管理层的女性太少	19%	18%	20%
2. 女性人才太少	19%	24%	13%
3. 女性离职率高于男性	12%	12%	12%
4. 愿意承担业务和责任的女性管理层太少	11%	12%	10%
5. 女性晋升为经理、主任的概率太小	10%	9%	11%
6. 公司内女性管理者数量和男性一样	8%	8%	9%
7. 很少有上司支持女性进步和晋升	8%	6%	10%
8. 女性的工作评价机制异于男性	7%	6%	8%
9. 职场不尊重女性	5%	4%	7%
10. 其他	1%	1%	1%

（前 5 位）

图 6-23　女性和男性工作方式对比问卷调查（5）

注：对"公司在管理层男女比例均等方面存在的 3 个最重要的问题"的回答占比。

资料来源：2020 年 7 月 14 日至 19 日针对就业者的在线问卷调查。

如图 6-22 所示，本次问卷调查还显示，在导致员工不愿升职的前 5 位原因中，仅可以从"无法平衡工作和生活"这一项看出明显的男女差异，女性比男性高出 4.3 个百分点。因此，在回答公司如何推进女性职场活跃度的问题之外，还有必要继续减轻女性的家庭负担。事实上，在与多位女性管理者讨论此次调查结果时发现，她们所在单位的女性员工因为要独自承担家务、育儿和工作，且得不到丈夫的支持，所以晋升意向不明显。

虽然男性和女性在不想升职的原因上没有太大差异，但在晋升意向上却表现出明显的差异。为了更深入地了解背后的原因，我们询问 470 名已经升为科长、部门主任等管理岗位的男性和女性是在什么契机下产生了升职的兴趣（追加 2020 年 9 月 4 日至 7 日的在线调查内容），结果发现男性和女性在晋升意向的契机上存在差异。

了解女性的晋升意向

在选择晋升意向上，有很多女性回答"想要挑战新工作""上司、人事和同事劝说自己晋升""公司内部遇到了学习的榜样"。而许多男性受访者表示将晋升视为获得经济利益、提高社会地位的途径，以及对于自己过去努力的回报（见图 6-24）。

从具体的理由上看，女性的回答是"想得到优秀前辈和老板的认可，回馈他们的期望""想测试自己的潜力""找到了自己的目标"等，在许多情况下，她们希望被某句话或某个行为点拨，从而清楚地认识到自己具备优势和自我成长的机会。在与该调查同时举行的座谈会中，我们印象最为深刻的一个女性的独白是："我在年轻的时候没有想过升职，只想做一名普通员工。然而，在老板的推荐下，我成为管理层的候补。虽然我一直在营销部门工作，但要想在销售上做出一番成绩，就必须向上走。"

而男性关心的则是"与自己成果相匹配的地位和报酬""因为不想落后于同事"等与经济地位、社会地位和公司内部地位相关的话题。

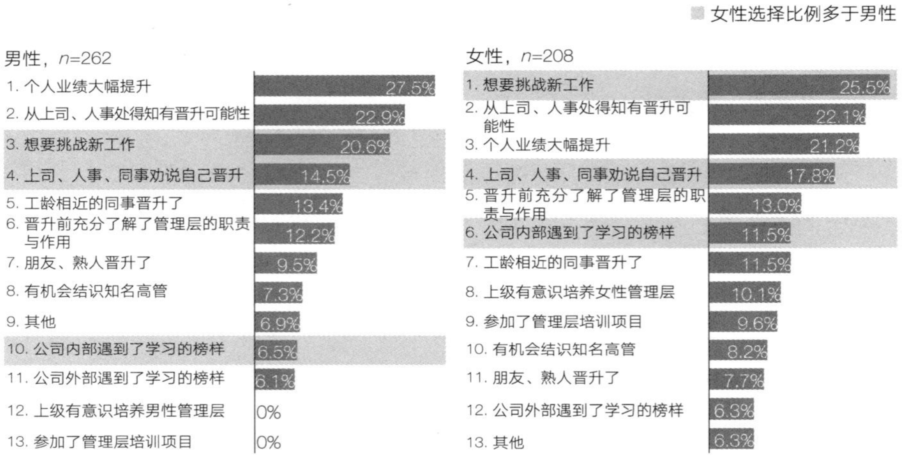

■ 女性选择比例多于男性

男性，n=262
1. 个人业绩大幅提升　27.5%
2. 从上司、人事处得知有晋升可能性　22.9%
3. 想要挑战新工作　20.6%
4. 上司、人事、同事劝说自己晋升　14.5%
5. 工龄相近的同事晋升了　13.4%
6. 晋升前充分了解了管理层的职责与作用　12.2%
7. 朋友、熟人晋升了　9.5%
8. 有机会结识知名高管　7.3%
9. 其他　6.9%
10. 公司内部遇到了学习的榜样　6.5%
11. 公司外部遇到了学习的榜样　6.1%
12. 上级有意识培养男性管理层　0%
13. 参加了管理层培训项目　0%

女性，n=208
1. 想要挑战新工作　25.5%
2. 从上司、人事处得知有晋升可能性　22.1%
3. 个人业绩大幅提升　21.2%
4. 上司、人事、同事劝说自己晋升　17.8%
5. 晋升前充分了解了管理层的职责与作用　13.0%
6. 公司内部遇到了学习的榜样　11.5%
7. 工龄相近的同事晋升了　11.5%
8. 上级有意识培养女性管理层　10.1%
9. 参加了管理层培训项目　9.6%
10. 有机会结识知名高管　8.2%
11. 朋友、熟人晋升了　7.7%
12. 公司外部遇到了学习的榜样　6.3%
13. 其他　6.3%

图 6-24　女性和男性工作方式对比问卷调查（6）

注：对"想要晋升为管理层的契机是什么？"的回答比例（多选）。

资料来源：2020 年 9 月 4 日至 7 日就业者的在线问卷调查：1."在现在或者过去的公司里，以下哪种情况会让你对晋升感兴趣或希望自己晋升"（多选）。

在了解了男性和女性在晋升意向上的差异之后，很多公司开始采取行动提高管理层中女性的占比。对手下有女性员工的管理者进行指导和沟通技巧方面的培训，并对女性员工进行追求目标和职业生涯规划方面的培训，改善女性的自我评价并促成其自我成长，让女性认识到自身的重要性。

《日经女性》杂志在 2020 年 6 月实施了名为"公司女性活跃度调查"的项目，并在调查完成后汇总了"女性发挥积极作用的前 100 家公司"，其中排名第一位的是日本 IBM，其管理层中女性占比也居首位，该公司专注于培训能帮助下属发挥个人优势的管理人员。

根据调查结果，麦肯锡也采访了几家日本公司的人事负责人，他们表示：

"在公司内部进行调查时，我们发现女性员工并非真的不愿意升职，而是需要一个小的推动。对女性员工口头鼓励会比薪水上的鼓励更有效果，但在许多情况下，男性上级并没有意识到这一点。因此，我们试图通过让这些上级了解女性不想升职的原因，以及男女之间有效沟通方式的不同，促使上级意识到一些差异并做出适当的反馈。

"例如，对于认为'我这样的人无法胜任'的下属，表面上的夸赞会适得其反，上级应该准确地说出这位下属优秀的理由，以及为什么选择她，对于女性来说，发现并认可她的能力很重要。我们还制作了常见面谈'QA 合集或 NG 合集'，且正在对团队中有女性员工的管理者进行培训。"

我们还采访了一家长期致力于女性提升的人才公司的人事负责人，当谈到上级与女性管理者候选人的沟通技巧时，他说出了如下心得：

"在晋升方面，相比愿意升职的男性员工，愿意升职的女性员工往往需要更多的互动。上级了解到这些差异，认识到增加女性管理者会提高公司的业绩，从而产生认同是很重要的。"

日本经济产业省曾评选出女性活跃度较高的 10 家上市公司，将其命名为"抚子品牌和准抚子品牌 10"。这些公司注重提供员工自我成长的机会，帮助女性实现自身目标，获取职业规划，同时也为管理者提供培训。

日本协和 EXEO 公司则会给希望晋升到管理层的女性及其上级进行联合培训，设定女性管理者的职业课程，帮助她们形成要成为管理者的认识，并掌握有关技能。

类似的例子还有日本积水化学工业公司，该公司为女性员工及其直接主管制订了"女性职业发展计划"。

增加无意识偏见培训

除了要了解女性员工的晋升意向并进行相应的沟通外，管理者还有必要消除心中"因为她是女人"的想法，从能力出发评估员工，并努力了解每位员工的个性。

20 世纪 70 年代之前，在美国 5 个规模最大的管弦乐队中，女性演奏者的比例不到 5%。然而，到了七八十年代，因为使用在筛选过程中以幕布遮挡演奏家的方法，女性通过的比例增加到了 50% 之多，从而使更多的女性演奏家入选。

管弦乐队本就希望能够不分性别地雇用优秀的音乐家，但遗憾的是，人们总会产生一种先入为主的观念，即"男性表现得更好"。这种观念也被称为"无意识偏见"，在日常生活和公司管理中也会经常发生。

如今，日本三菱化学公司已不再要求前来应聘的毕业生填报性别或提交免冠照片；本田技研工业也表示应聘人员不用注明性别；味之素公司部门主管以上级别岗位的女性比例为 9%，已高于行业平均水平，社长手下的所有员工都接受了无意识偏见培训。

这个培训首先从"了解无意识偏见的存在"这一层面开始，让人们认识到偏见会对周围产生怎样的影响，并在此基础上从自身出发进行控制和改变。通过学习排除无意识的主观偏见，来确立将一个人作为个体进行评价的机制。

目前，大多数公司都以男性为主导，因此，男性价值观、以男性为中心的评价制度和交流方式在公司内部会被不自觉地建立起来，从而很难使女性找到自己的榜样，同时，人们也会普遍忽视女性特有的晋升意向。为了增加管理层中的女性人数，公司自身有必要率先主动建立制度，而不是期待女性单方面做出改变。

策略 6　将提高多样化作为管理重点

**对新常态的
深度思考**

マッキンゼー ネクスト・ノーマル
アフターコロナの勝者の条件

在疫情的影响下，各公司更应促进多样化和包容性的发展。不仅要改善如育儿假和远程办公等基础制度，还要创造条件提高员工的晋升意向，并构建能持续运转的改革机制。特别是在管理层上实现多样化，是公司需要进行的重大变革之一。以下是我们通过研究总结出的 4 个关键举措。

- 第一，对性别多样化的重要性有充分认识。最高管理层应该向所有员工明确并反复传递一个信息，即多样化会促进公司的发展和业绩的提高。

- 第二，加强经营管理。管理团队将公司在未来 2～3 年内要实现的性别多样化程度和管理层性别比例的数字目标，落实到各部门并进行监督管理。如果某一部门没有达到目标，将会被问责。

- 第三，加强模范带头作用。将现有的女性管理者树立成模范，给年轻女性员工提供榜样人物。

- 第四，引入激发员工晋升意向的方案，并对现任管理人员进行培训。加强支持女性为未来升职道路做规划的制度，如支持（给予普通员工机会，设立支持晋升的机制）和心理指导（与员工建立密切关系，给予有关建议）。具体而言，应提供培训，使员工认识到晋升是个人成长的机会，并确立起自我肯定意识；或者为担任导师角色的现任管理人员提供培训，使其了解女性员工的特点，并学习如何促进激励她们进步。

尤其是最后一项举措，也正如文中问卷调查所阐明的那样，管理层

187

如果把女性管理者候选人特有的优势和个人职业发展作为重点说明，便能对女性提高晋升意向产生很大的影响。"组织中的女性管理者太少了"，"也该是时候让她们担任管理者了"，诸如此类的消极理由不再适用，清楚地展现出女性拥有能胜任管理职位的实力和成绩，让她们将升职作为自我成长和自身成就的手段才是重点。

通过清楚地传达出管理者能发挥积极作用的事实，候选人也会因此意识到自己可以应对新的挑战并做出贡献。在与未来的女性领导者进行对话时，不要只在升职期进行交流，而应与之建立中长期的指导关系，持续提供支持。

参与了调查讨论的约 30 名女性高管表示，自己在首次晋升时，"推荐人愿意提供持续的帮助，且愿意一同承担责任，所以自己才能下定决心"。此外，也有不少意见认为，面对有能力的女性，应该不断积极地向她表达"你能行"。

我们希望对员工的提拔不仅限于领导的个人判断和感觉，而应通过整个公司的组织机制来推动。具体而言，在进行管理培训时，有效的措施之一是在有女性下属的情况下，将面试和角色模拟等培训作为未来性别多样化的框架之一。

除上述模式外，利用强制措施提高管理层中的女性比例也很有效。当然，这样做有利有弊，与轻视女性的能力一样，有时也会导致对男性的反向歧视。但是，现代社会男性管理者占大多数的情况下，不可能自然而然地增加女性的比例，强制提高管理层中的女性比例十分必要。

放眼全球，很多国家都建立了有义务将女性晋升至公司管理层的制度。2020 年，德国政府曾要求上市公司必须任命女性高管，且上市公司由 3 名以上成员组成的执行官董事会至少要有一名女性执行官。比利时、法国、意大利、奥地利和葡萄牙 5 个欧盟成员国要求上市公司必须对管理职位按一定性别比例进行分配。2020 年 12 月，美国证券交易所纳斯达克宣布了一项政策，要求所有上市公司必须任命女性担任董事，大约 3 000 家上市公司如果不能说明未选择女性的理由，将被责令退市。另外，作为一项独立举措，高盛集团于 2020 年 1 月在新闻广播公司 CNBC 表示，该集团提供上市支持的对象公司，必须要有至少 1 名体现多样化的董事，首席执行官并没有明说多样化的定义，但实际上就是针对女性而言的。高盛表示，如果没有女性董事，将无法进行 IPO。同样，英国法通投资管理公司向该国的 100 家主要公司发出通知，表示如果没有女性董事，将反对任命该公司的总裁。金融巨头道富环球投资管理公司也在 2021 年表示，将反对所有无法解释为何女性董事数为零的公司的董事任命。

各国应该积极推行提高多样化的制度。尽管已经证明多样化的程度与经营绩效紧密相关，但在这次前所未有的因疫情引发的经济危机中，首先需要短期内恢复业绩，人们才会考虑多样化的问题。但是，创造一种环境让公司内的女性能够发挥出她们的优势和能力，将大大有助于公司的进一步飞跃。

策略 7

通过健康管理
实现经济增长

マッキンゼー ネクスト・ノーマル
アフターコロナの勝者の条件

策略 7　通过健康管理实现经济增长

此次疫情再次凸显了健康的身体对开展经济活动的重要影响。大规模的出行限制导致经济下滑、失业率上升、劳动人口减少，产生了严重的负面影响。而对于老年人和患有基础疾病（指慢性肾脏病、慢性阻塞性肺病、糖尿病、高血压、心血管疾病和 BMI ≥ 30 的肥胖症等）的患者来说，由疫情导致的重症化风险也变得极高。

在日本东京政府公布的 2020 年 11 月至 12 月 7 日的 62 名因疫情而死亡的人员中，有近 90% 的人（54 人）同时患有基础疾病。疫情再次使得公司和个人就保护个人健康对发展经济有多么重要进行反思。

然而，对经济的冲击并不仅限于疫情，健康问题导致每年 GDP 比预计水平下降约 15%。每年，全球有 1 700 万人因健康问题未能活到平均死亡年龄，有 800 万人死于本可避免或可以治疗的传染病，另有 10 亿人患有不同程度的精神疾病。这些健康问题削减了未来劳动人口数量，也降低了工作效率。

反过来说，通过改善健康状况可以保障劳动力、提高工作效率、刺激经济增长。许多促进健康的计划成本低且效果好，如麦肯锡就与正在建立全球疾病数据库的美国华盛顿大学卫生计量与评估研究所（Institute for Health Metrics and Evaluation，IHME）合作，分析哪些疾病将在未来20年内威胁到人类健康，并提出可以采取的策略。

根据分析结果，我们认为在健康政策上每投资1美元，将产生2～4美元的回报，到2040年，全球GDP由此获得的回报将达到12万亿美元，每年能够促成0.4%的增长。

接下来，我们首先讨论个人健康对经济活动的影响；其次，以定量数据为基础，提出全球疾病概况、应对疾病所需的措施及其效果和成本；再次，介绍采取这些措施对世界经济的影响；最后，也会为公司和个人建言献策。

健康是经济增长的催化剂

当国家和公司未能有效解决大众的健康问题时，经济增长就会放缓。IHME的数据显示，平均每人每年会因健康问题损失相当于43天的生产力。此外，每年有1 700万人死亡的主要原因是心血管疾病和癌症，这些人的死亡意味着未来劳动力的丧失。

据调查，美国有6%的劳动者每周有4个小时因抑郁症而无法提供实际生产力；在非洲，很大一部分劳动者感染了艾滋病，这不仅导致每年有很多人死亡，而且对采矿等地区基础行业产生了负面影响。对健康问题有所重视、加以改善，可以大大刺激经济增长。

虽然许多国家和组织都强调了健康作为人权的重要性，但直到最近才产生了很多健康对经济影响的讨论。当经济学家分析经济增长因素时，通常会讨论作为劳动力质量的教育影响或投资影响。可事实上，健康对劳动力的绝对数量和生产力也有重大影响，且对经济的影响也不容忽视。

在过去的50多年时间里，卫生条件的改善、抗生素的发现和广泛的疫苗接种都极大地改善了人们的健康状况。近年来的医学创新使患有癌症、心脏病等疾病的患者存活率显著提升，使人类的平均寿命大幅增加，劳动生产力大幅提升。

20世纪以来，全球健康事业取得了长足的进步，人们的平均寿命大幅提升，与1800年相比增加了2.5倍（见图7-1）。而平均寿命与人均GDP的高低密切相关（见图7-2）。

随着平均寿命的延长，人均GDP往往会增加，反之亦然。而人均GDP高的国家会更积极地投资以改善食品质量、卫生环境，由此创造了良性循环。

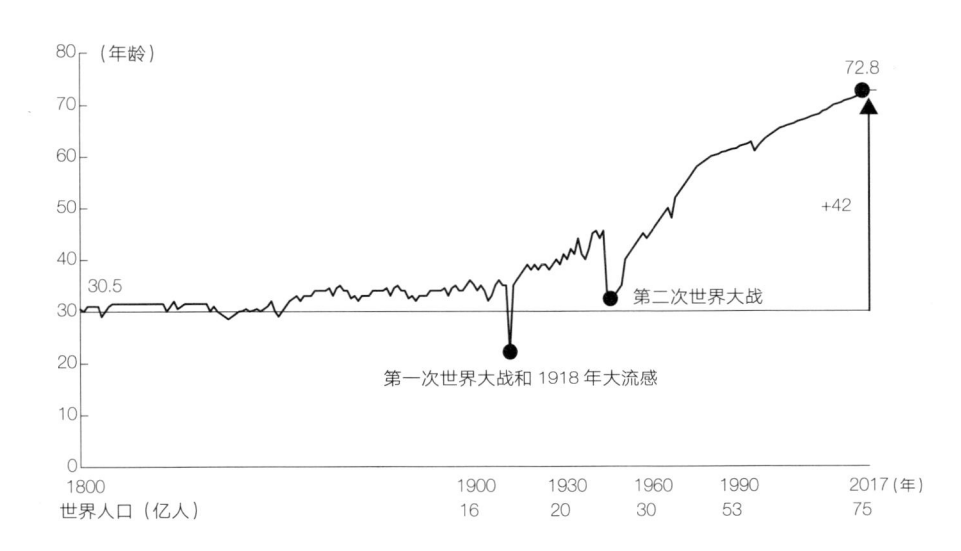

图7-1　全球人类平均寿命

资料来源：Gapminder.org；麦肯锡全球研究所分析。

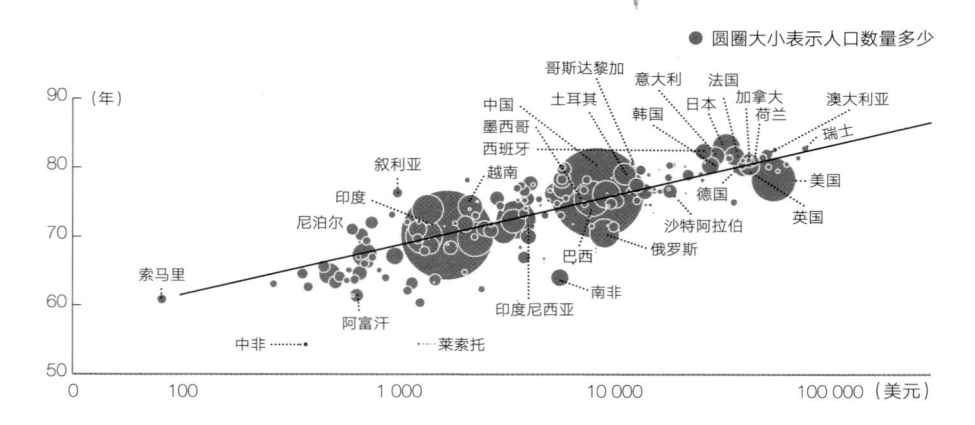

图 7-2　2017 年平均寿命与人均 GDP 的关系

资料来源：经健康指标与评估研究所许可使用，保留所有权利；牛津经济学院。

健康不仅仅在于平均寿命

除延长寿命外，如何保持健康也是一个重要课题。肺结核、天花和脊髓灰质炎等疾病是 100 年前人们的主要致死疾病，而现在它们已几近消失。

今天人们的主要致死疾病是癌症、心血管疾病以及肌肉与骨骼疾病，这些疾病通常与生活方式有关，且多由肥胖和压力引起。从结果上看，虽然平均寿命有所增加，但健康寿命（指人一生中身体健康的年数）却并没有显著增加。

图 7-3 将 2007—2017 年人们延长后的平均寿命中的健康寿命和不健康寿命的年数（如接受护理的时期）进行区分发现，除了积极开展健康运动并促进人们锻炼和改善饮食的新加坡和法国外，其他大多数国家都面临着健康寿命增幅低于平均寿命增幅的情况。这意味着我们不仅要提高平均寿命，还要提高健康寿命以确保劳动力和工作效率。

策略 7　通过健康管理实现经济增长

■ 健康寿命的增量
■ 非健康寿命的增量
■ 比平均寿命提前死亡的减量

2017 年平均寿命（年数）

国家	健康寿命的增量	非健康寿命的增量	比平均寿命提前死亡的减量	2017年平均寿命
日本	0.9	0.7	1.6	83.0
新加坡	2.3	0.2	2.5	82.9
瑞士	1.5	0.3	1.8	82.7
西班牙	1.5	0.9	2.4	82.3
澳大利亚	0.6	0.6	1.2	81.8
法国	1.4	0.1	1.5	81.7
意大利	1.4	0.4	1.8	81.6
加拿大	0.9	0.8	1.7	81.1
荷兰	1.0	0.5	1.5	81.0
韩国	2.4	1.2	3.6	80.3
英国	0.8	0.9	1.7	80.3
德国	0.3	1.1	1.4	80.3
土耳其	1.4	2.5	3.9	79.1
美国	0.1	0.5	0.6	78.2
沙特阿拉伯	1.4			76.6
墨西哥	-0.3			76.1
巴西	1.7	1.1	2.8	75.5
印度尼西亚	2.1	1.1	3.2	72.4
俄罗斯	3.7	0.8	4.5	70.5
印度	2.7	1.1	3.8	70.2

图 7-3　平均寿命和健康寿命变化

注：20 个被调查国家 2007—2017 年变化数据。

资料来源：经卫生计量与评估研究所许可使用，保留所有权利；世界银行与麦肯锡全球研究所分析。

2017 年，健康寿命增长的停滞带来了约 12 万亿美元的经济损失，有 5.8 亿人因停职或离职而产生了不少损失。在发达国家，有 1/5 的人患有慢性疾病，如背痛、头痛、压力、抑郁等，从而导致生产力明显不足。

疫情是审视健康的好时机

1918 年大流感暴发时，以公共卫生为改善重点的国家恢复得更快，这说明只有以促进健康为重要目标的国家才能迅速恢复，并具备进一步推动经济增长的潜力。

这对人口增长达到顶峰的发达国家来说尤为重要。过去 50 多年的时间里，发达国家的劳动力年均增长率为 1.8%，但预计在未来 50 年将降至 0.3%。在美国，大约有14%的员工因健康原因未到达退休年龄就退出了劳动力市场。预计到2040年，德国、日本和韩国的70岁以上老年人口将分别占总人口的22%、27%和25%。

老龄化社会不仅使老年人退出劳动力市场，也影响到了照顾老年人人群的劳动生产力。在经济与合作发展组织成员国中，55岁以上的人群中有7%表示每天都要花费时间照顾家人，促进健康可以帮助这些人重新进入劳动力市场，并提高他们的生产力。

此外，促进身体健康对于人们共同抵抗下一次全球危机事件也具有重要意义。1918年大流感以及此次的疫情等已经被证实传染病对患有其他疾病的患者来说影响巨大，那么，改善健康状况可能正是增强下一次意外危机事件的抵抗力，以及遏制经济增长放缓的主要方法之一。

未来健康问题的2个转变

麦肯锡与IHME合作，分析了未来20年可能危及人类健康的疾病，并提出了可以采取的应对措施。该分析使用IHME所定义的伤残调整生命年（Disability-Adjusted Life Year，DALY）[1]指标来预测各措施可以缓解疾病负担的程度。

到2040年，预计发生的第一个转变是传染病将减少，但由老龄化和生活方式引起的疾病仍将增加。

为进行估算，我们根据IHME的预测，总结了到2040年每种疾病对DALY的影响。如图7-4所示，预计全球死于传染病、新生儿疾病、腹泻及肠道疾病、艾滋病的人数将减少。这是因为发展中国家基础设施有所完备、生育环境有所改善，同时推进了疫苗接种，预计到2040年，这些疾病所造成的DALY将下降18%。

---

[1] 指从发病到死亡所损失的全部健康年。——编者注

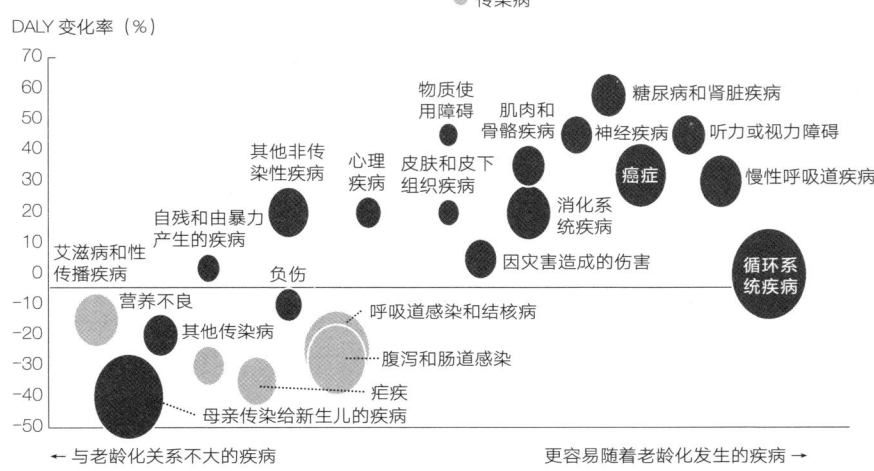

图 7-4 相对于 DALY 的疾病的变化趋势

注：调查取自 2020 年到 2040 年的预测数据。

资料来源：2016 年全球疾病负担数据库，经卫生计量与评估研究所许可使用，保留所有权利；麦肯锡全球研究所。

而由于收入提高带来了人们生活方式的改变，预计心血管疾病、肌肉和骨骼疾病的患病人数将增加 63%。在发达国家，慢性疾病数量也将增加，特别是阿尔茨海默病、癌症、肥胖引起的心血管疾病、糖尿病、肾脏疾病和神经疾病等。在此背景下，全球 DALY 将增加约 15%。

通过目前的治疗、预防方法以及人们生活方式、行为的改变，预计第二个转变是可以减少 40% 的疾病所带来的负面影响。上述这些疾病可分为 3 个主要类型：

第一类是通过目前的治疗和预防方法可以在未来 20 年内根除的疾病，包括新生儿疾病、腹泻、儿童营养不良和传染病（如艾滋病、疟疾和结核病）。许多国家已经对此采取了措施，对发展中国家来说，如果要根除这类疾病，就需要改善医疗保健系统，政府提供充足的财政支持，并且确保相关措施渗透到国家的每个角落。

第二类是可以通过改变生活方式和行为来预防或缓解的疾病，包括糖尿病、多种心血管疾病和慢性阻塞性肺病。在个人改变生活方式、个人行为之外，还需要政府大规模地推进相关事业，引入合理的生活习惯改善方案，利用数字工具实时采集健康数据，并使用高级分析方法（半自动化利用数据分析更加详细的信息）来引导人们健康地生活。

第三类是现有科学水平难以预防、解决或缓解的疾病。许多神经疾病都属于这一类，如阿尔茨海默病、抑郁症、精神分裂症和双相情感障碍等，运用目前的科学技术很难解决这些疾病，但随着进一步的科技创新，可能会有所改善。根据每类的估计结果，预计总体 DALY 将减少 63%（见图 7-5）。在未来 20 年内，还有可能继续减少。

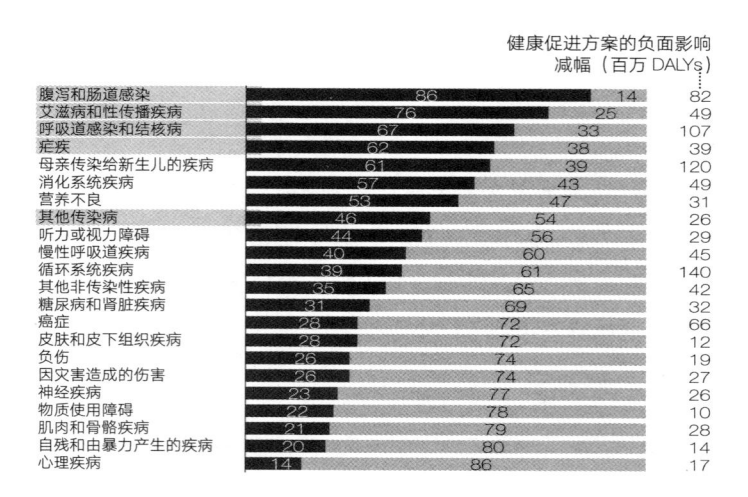

疾病	到2040年可遏制该疾病的可能性比例	剩余负面影响比例	健康促进方案的负面影响减幅（百万DALYs）
腹泻和肠道感染	86	14	82
艾滋病和性传播疾病	76	25	49
呼吸道感染和结核病	67	33	107
疟疾	62	38	39
母亲传染给新生儿的疾病	61	39	120
消化系统疾病	57	43	49
营养不良	53	47	31
其他传染病	46	54	26
听力或视力障碍	44	56	29
慢性呼吸道疾病	40	60	45
循环系统疾病	39	61	140
其他非传染性疾病	35	65	42
糖尿病和肾脏疾病	31	69	32
癌症	28	72	66
皮肤和皮下组织疾病	28	72	12
负伤	26	74	19
因灾害造成的伤害	26	74	27
神经疾病	23	77	26
物质使用障碍	22	78	10
肌肉和骨骼疾病	21	79	28
自残和由暴力产生的疾病	20	80	14
心理疾病	14	86	17

图 7-5 因健康促进方案减少的负面影响比例

资料来源：2017 年全球疾病负担数据库，经卫生计量与评估研究所许可使用，保留所有权利；麦肯锡全球研究所。

此外，DALY 的减少也可能意味着劳动者有了更多活力。大多数人将过上更健康的生活，未来 65 岁的人可能拥有与目前 55 岁的人相同的健康水平（见图 7-6）。虽然具体表现因国家和地区而异，但预估在所有地区，都将增加约 10 年的健康寿命，每人每年增加约 21 天的健康时间。

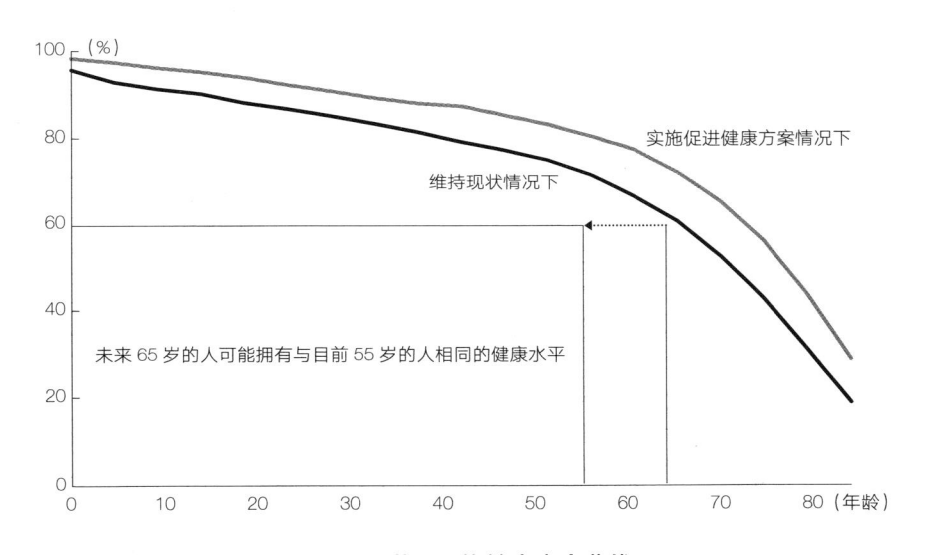

图 7-6　世界平均健康生命曲线

资料来源：经卫生计量与评估研究所许可使用，保留所有权利；世界卫生组织与麦肯锡全球研究所分析。

另外，我们的预测也有力地证实了许多卫生机构、组织和各国政府一直在强调的"预防对促进健康的重要性"。

大部分的健康收益可以通过环境改善、生活方式改变和政策干预实现，只有部分需要治疗干预，如手术，使用抗生素、服用呼吸道和神经活性药物，物理治疗，心理治疗和咨询等。预防医疗包括改变饮食习惯、全民健身、戒烟、接种疫苗和营造安全分娩环境等（见图 7-7）。随着预防医疗变得更加重要，个人需要提高健康意识，政府和社会需要推进大规模的促进健康计划。

麦肯锡未来经营策略

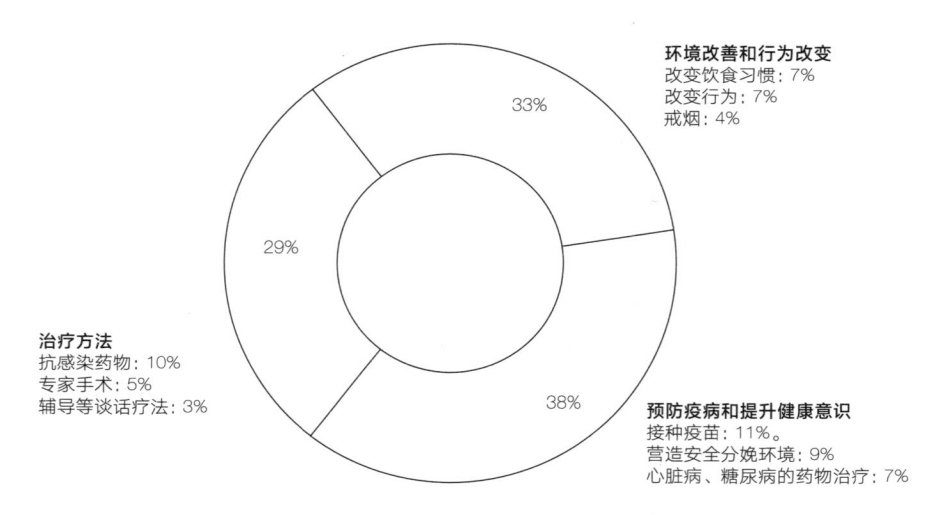

环境改善和行为改变
改变饮食习惯：7%
改变行为：7%
戒烟：4%

33%

29%

治疗方法
抗感染药物：10%
专家手术：5%
辅导等谈话疗法：3%

38%

预防疫病和提升健康意识
接种疫苗：11%
营造安全分娩环境：9%
心脏病、糖尿病的药物治疗：7%

图 7-7　由各干预手段减少的负面影响比例

注：通过这些手段，预计 2040 年将减少 41% 的负面影响。

资料来源：麦肯锡全球研究所分析。

麦肯锡的经营策略

未来健康问题的 2 个转变

- 转变 1：到 2040 年，传染病将减少，但由老龄化和生活方式引起的疾病仍将增加。
- 转变 2：通过目前的预防、治疗方法以及人们生活方式、行为的改变，可以减少 40% 的疾病所带来的负面影响。

案例：十大创新医学技术

到 2040 年，现存疾病中约 40% 将会被消除，而余下的 60% 在没有重大科学创新的情况下预计难以得到解决，这 60% 包括心血管疾病、癌症、神经疾病等（见图 7-8）。

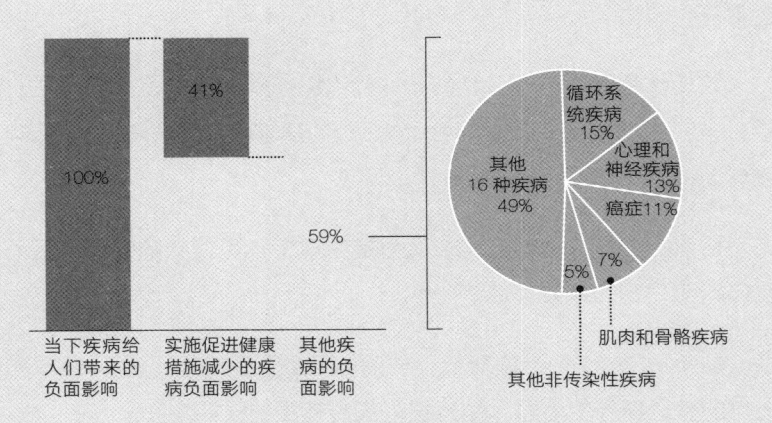

图 7-8　到 2040 年会存在的疾病类型

资料来源：经卫生计量与评估研究所许可使用，保留所有权利；麦肯锡全球研究所分析。

而目前一些正处在研究阶段的科技创新可行性很高，如果付诸实用，预计到 2040 年会令上述 60% 难以解决的疾病消除 6%～10%。麦肯锡罗列了具有创新潜力的十大医学技术，如下所示。

1. 组学和分子技术

利用细胞内各种分子（如 DNA、RNA、蛋白质）进行诊断或治疗，包括对细胞内物质的应用（如基因组编辑）和分析（如蛋白质组学、转录组学等）。例如：CRISPR 和疟疾防治。

目前的治疗：包括抗疟预防药物和非药物措施（如室内滞留喷雾、经杀虫剂处理的蚊帐等）。

创新：利用基因编辑技术（如 CRISPR）重新排列传播疟疾的蚊子的基因，或许能够使蚊子的基因重组，从而显著减少疟疾患病概率。

2. 下一代药物

常规化合物（小分子）的新迭代，以及同时具有多个目标结构的等级分子药物的使用。例如：Senolytics（某等级的小分子）和抑制细胞衰老。

目前的治疗：细胞老化被认为是生理上不可避免的过程，因而不被看作新药开发的有效领域。

创新：Senolytics 具有减少或消除导致细胞炎症、功能障碍和组织损伤的衰老细胞的潜力，能延缓与年龄有关的疾病发作。

3. 细胞疗法和再生医疗

细胞疗法：源自活细胞的生物制品，以替代或修复受损细胞或组织为治疗目的。再生医疗：一种能够修复患病或受损的组织或器官，从而减少对移植依赖的治疗方法。例如：CAR-T 细胞疗法和固体瘤治疗。

目前的治疗：未指定的放疗和化疗，外科手术是主流但通常没有效果。

创新：CAR-T 细胞疗法将患者的 T 细胞（免疫系统细胞）重新编程并靶向到癌细胞。在患者体内时，这样的 T 细胞会与癌细胞的抗原结合，进而攻击、破坏癌细胞。

4. 创新疫苗

一种刺激免疫系统产生反应并消灭细菌和病毒的疫苗。从历史上看，疫苗已经做到了根除传染病以及控制其传播。未来，疫苗可能用于传染病以外的疾病（如癌症等）。例如：降低胆固醇疫苗 AT04A。

目前的治疗：使用他汀类药物（脂质抑制剂）来控制或降低血液中的胆固醇水平。心血管疾病患者须每日服用，但往往不能做到。

创新：AT04A 是一种能降低血液胆固醇并使其老化的由分子组成的疫苗。每年只需要接种一次，就可以改善症状。

5. 先进的手术

最大限度地减少侵入性切口的出现，以及用手术机器人在内的小型设备来治疗外伤和疾病，同时包括手术室外与手术相关的所有技术的改进。例如：应对重伤患者的昏迷状态。

目前的方法：如果患者因事故等受到重伤，到达医院并接受手术需要很长的时间，存活率很低。

创新：首先将冷生理盐水注入患者体内，将体温降至 10～15℃，从而使人体正常机能停止运行。这样的话，外科医生就有更多的时间进行手术，使患者存活。

6. 连接性认知设备

便携式、可穿戴、可吸入、可植入设备可监控患者的健康和健身信息，并自动提供自主治疗。例如：用于心脏诊断的电子文身。

目前的方法：使用电池供电式的动态心电图监测仪对心脏进行持续监测。电池可持续使用时间长达 48 小时，但这种方法会让患者非常痛苦。

创新：超薄电子文身可长时间监测心脏，减轻患者痛苦，并提供广泛的数据以提升诊断决策的精确度。

7. 电子药学

针对器官神经回路的小型治疗药物，将具有神经冲动的神经回路（通过可植入装置）映射到特定目标。例如：可以缓解慢性疼痛的嵌入式微芯片。

目前的治疗：使用多种药物（包括阿片样物质）治疗慢性疼痛的非个性化治疗，以及效果差的晚期手术。

创新：脊髓刺激可提高运动表现和睡眠质量，减少对镇痛药的需求并提高患者的生活质量。

8. 机器人和智能假肢

各类由电子、电气、机械部件和人工替代物理部件组成的，可编程的自动调节装置。例如：新一代外骨骼和运动支持。

目前的方法：机械式的活动助行类辅具不能完全恢复老年人的行动，还会增加因妨碍自主行动而造成的受伤风险。

创新：如果由小型电机驱动的新一代外骨骼可以模仿人体运动形态，便可让老年人重新获得自主行动，同时减少事故和跌倒的可能性。

9. 数字化治疗

软件针对各种身体、心理和行为症状进行预防和治疗的循证干预。例如：支持行为改变的基于 AI 的应用程序。

目前的治疗：除了做出简单诊断以帮助慢性病患者采取健康的生活方式外，可供医生使用的工具很少。

创新：利用 AI、患者数据和行为科学进行数字化诊断，使患者能够通过游戏机制和其他参与交流的手段来保持健康。

10. 科技治疗

科技疗法以全新的大规模数据集合为基础，应用新的分析功能获得更多的见解，并提供给医疗人员和患者，以改善治疗体验和效率。例如：多通道的治疗。

目前的方法：低效的数据管理和患者、保险公司、医疗人员之间沟通的不畅，阻碍了后续护理进程，显著降低了治疗效率。

创新：使用在线平台的多渠道护理，可以促进数据共享并提高治疗效率。持续将患者的血糖水平和其他生命体征与医生共享，对治疗糖尿病等慢性疾病特别有效。

减少疾病负担产生的经济效益

40%的疾病可以通过已有的干预技术治愈,而通过从治疗转向预防医疗,可以产生70%的积极效果。但要实现这一目标并不容易,存在3个主要障碍。

第一是目前医疗系统的资助制度不完善。现有的医疗系统倾向于对那些能在短期内产生明显成效的治疗技术给予更多资助,许多医疗系统关注的是治疗案例的数量,而不是整个国家健康状况的改善。

第二是需要中长期的举措。预防医疗仅靠一时的举措不会产生什么效果,而只有通过长期的努力才能发挥成效。为了能持续实施,必须确保资金、疗效的跟踪,从而引进和实施具体的计划方案。我们有必要确定预防医疗的有效领域,并将效果可视化,但这方面的研究成果和运作机制还没有被引入日本,目前只能在可见的范围内进行投资,如增加医院数量等。

第三是所涉及部门、公司和组织的结构形成较为复杂。在预防医疗方面,为了改善行业环境,政府的所有部门都应参与其中,同时在教育和计划的实行方面也需要地方政府和公司的支持。为了促进全社会的健康,社会组织之间形成合作也是必不可少的。

接下来,我们将阐述若克服第一个障碍,即采取减少40%疾病的措施所能产生的经济效果。对医疗效果的可视化有助于将医疗资助重心从治疗转向预防医疗,并提高人们对中长期医疗举措的理解认识,引起整个社会对于改善健康的思考。

根据世界银行的标准,我们将各国按收入水平划分为高收入国家、中高收入国家、中低收入国家和低收入国家4类进行研究。通过计算出各类国家施策的成本及其效果,制作了成本曲线,以说明每年可以减少的DALY所需的必要成本,以及由此削减的总DALY。在高收入和中高收入国家中,不超过1 000美元的施策成本可以减少60%的健康负担(见图7-9和图7-10)。特别是在心血管疾病的预防医疗、糖尿病预防计划、积极的禁烟政策以及抑制药物滥用计划上可以产生显著影响。

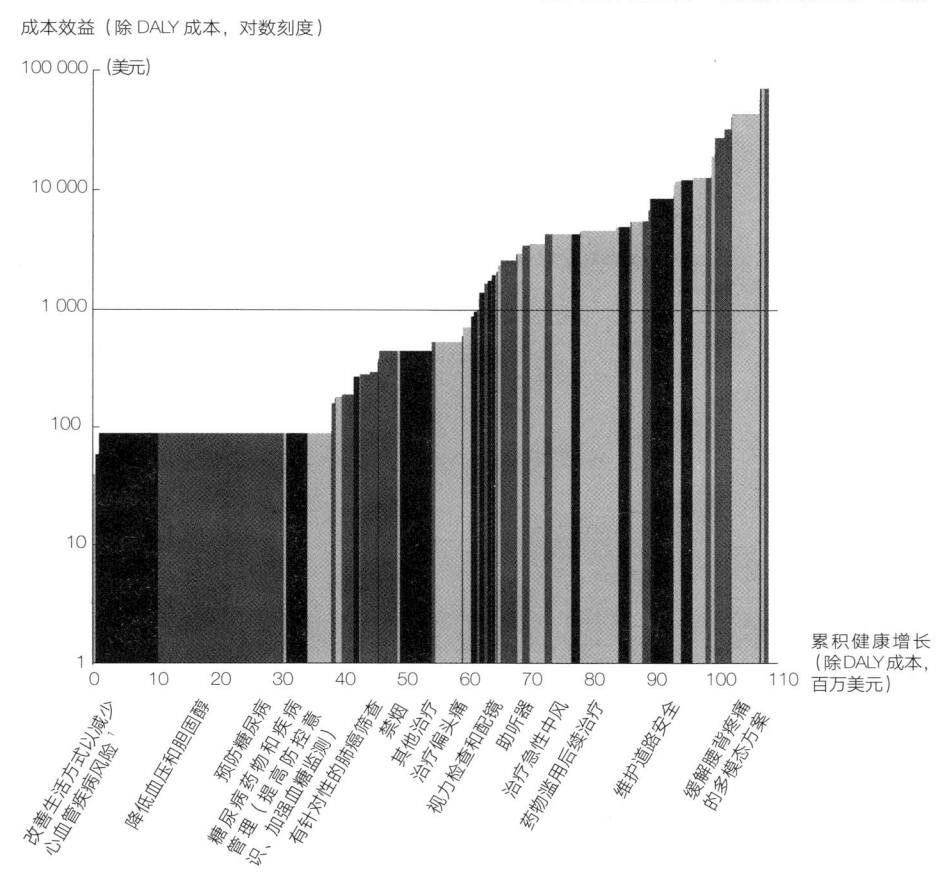

策略 7 通过健康管理实现经济增长

图 7-9 高收入国家施策成本及其效果[2]

注：
1. 心血管疾病的药理预防包括使用降压药物和他汀类药物（其他降胆固醇药物）。对心血管疾病生活方式的提议包括运动、注意饮食、戒烟和减少其他风险，且这些干预措施是结合进行的。
2. 提升健康生命年的干预措施是按照成本的升序进行的。减轻疾病负面影响的可能性越大，干预的幅度就越大。

资料来源：经卫生计量与评估研究所许可使用，保留所有权利；2013—2020 年、2017 年 4 月世界卫生组织、世界卫生组织全球数控行动计划；华盛顿大学全球健康学院 2018 年疾病控制优先事项 3（DCP-3）；健康经济评价；塔夫茨成本效益分析登记处。

麦肯锡未来经营策略

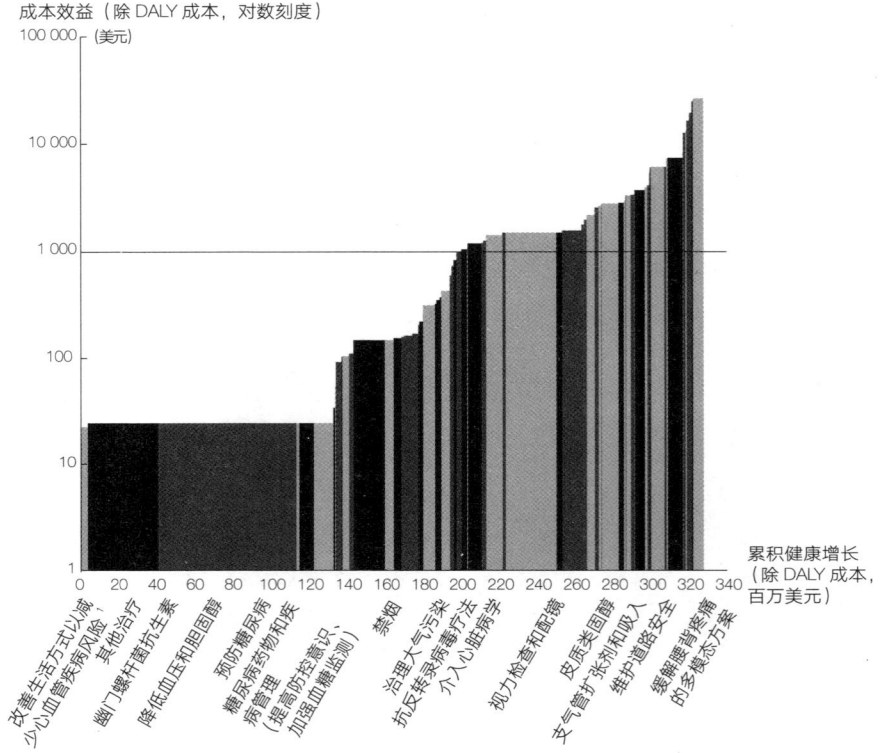

图 7-10 中高收入国家施策成本及其效果[2]

注：
1. 心血管疾病的药理预防包括使用降压药物和他汀类药物（其他降胆醇药物）。对心血管疾病生活方式的提议包括运动、注意饮食、戒烟和减少其他风险，且这些干预措施是结合进行的。
2. 提升健康生命年的干预措施是按照成本的升序进行的。减轻疾病负面影响的可能性越大，干预的幅度就越大。

资料来源：经卫生计量与评估研究所许可使用，保留所有权利；2013—2020 年、2017 年 4 月世界卫生组织、世界卫生组织全球数控行动计划；华盛顿大学全球健康学院 2018 年疾病控制优先事项 3（DCP-3）：健康经济评价；塔夫茨成本效益分析登记处。

在中低收入国家，不超过 100 美元的施策成本可以减少 50% 以上的健康负担。低收入国家的这一比例为 35%。其中特别有效的措施包括营造安全分娩环境、改善水质和卫生情况、结核病疫苗接种等（见图 7-11 和 7-12）。

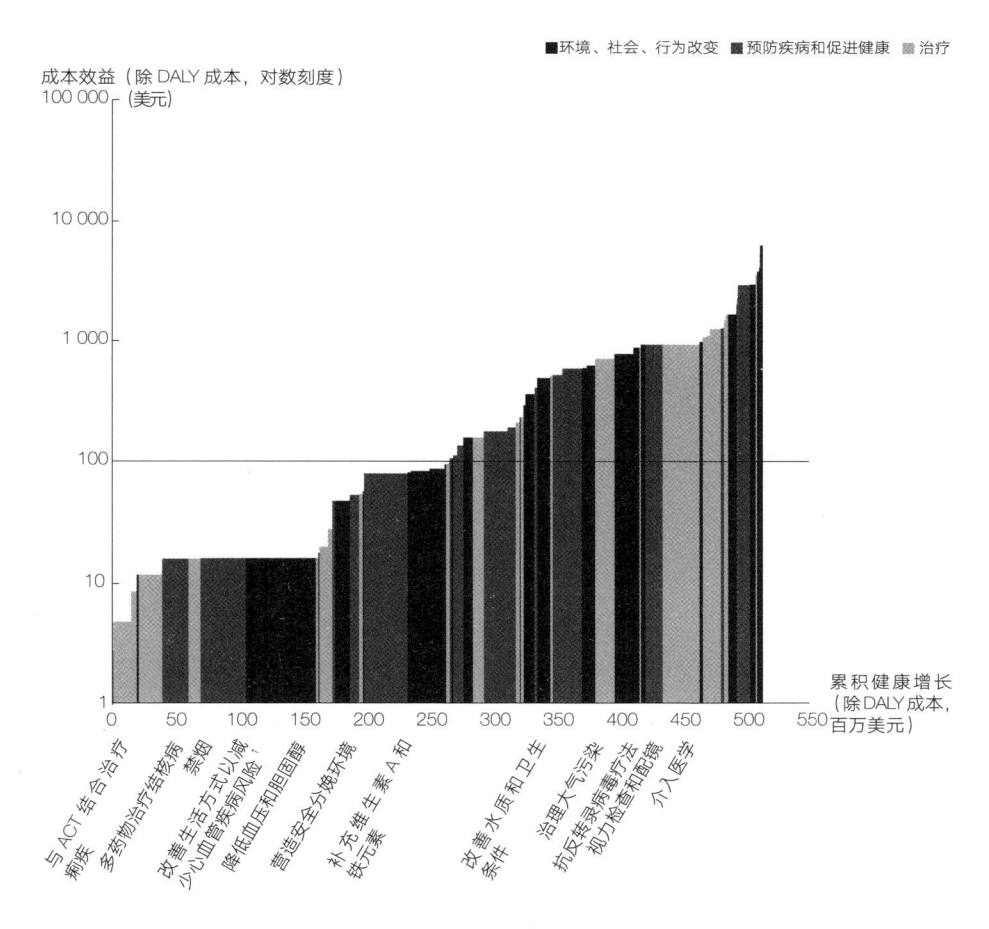

图 7-11　中低收入国家施策成本及其效果[2]

注：
1. 心血管疾病的药理预防包括使用降压药物和他汀类药物（其他降胆固醇药物）。对心血管疾病生活方式的提议包括运动、注意饮食、戒烟和减少其他风险，且这些干预措施是结合进行的。
2. 提升健康生命年的干预措施是按照成本的升序进行的。减轻疾病负面影响的可能性越大，干预的幅度就越大。

资料来源：经卫生计量与评估研究所许可使用，保留所有权利；2013—2020 年、2017 年 4 月世界卫生组织、世界卫生组织全球数控行动计划；华盛顿大学全球健康学院 2018 年疾病控制优先事项 3（DCP-3）；健康经济评价；塔夫茨成本效益分析登记处。

麦肯锡未来经营策略

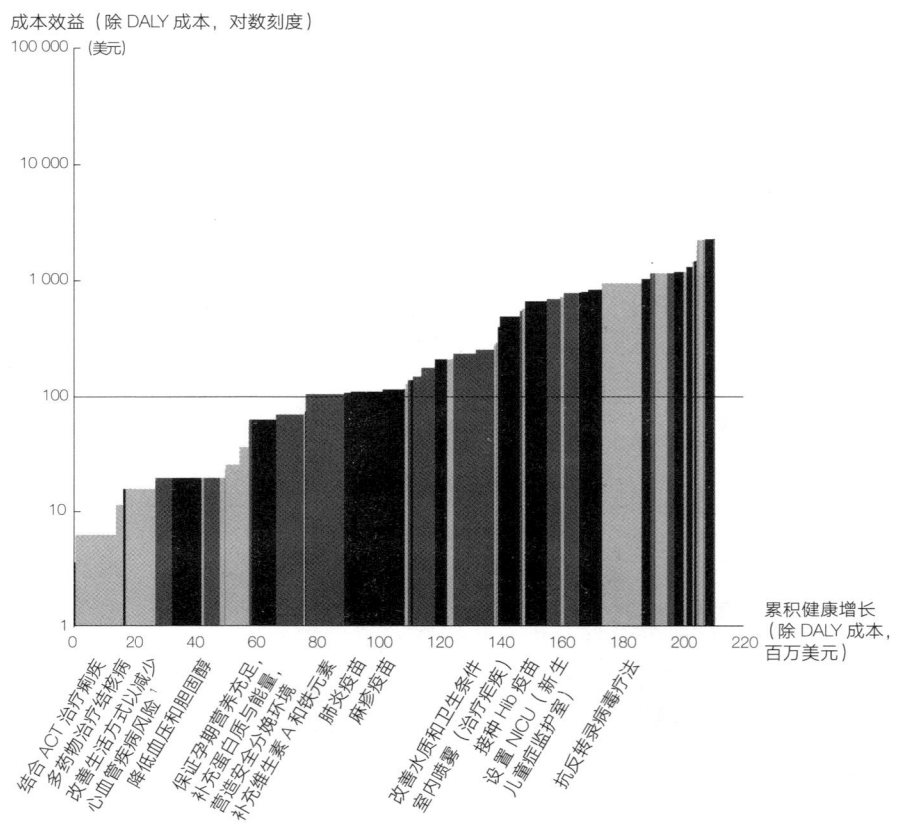

图 7-12　低收入国家施策成本及其效果 [2]

注：
1. 心血管疾病的药理预防包括使用降压药物和他汀类药物（其他降胆固醇药物）。对心血管疾病生活方式的提议包括运动、注意饮食、戒烟和减少其他风险，且这些干预措施是结合进行的。
2. 提升健康生命年的干预措施是按照成本的升序进行的。减轻疾病负面影响的可能性越大，干预的幅度就越大。

资料来源：经卫生计量与评估研究所许可使用，保留所有权利；2013—2020 年、2017 年 4 月世界卫生组织、世界卫生组织全球数控行动计划；华盛顿大学全球健康学院 2018 年疾病控制优先事项 3（DCP-3）：健康经济评价；塔夫茨成本效益分析登记处。

麦肯锡也将这些措施的经济影响估算成了 GDP。我们认为，国民健康情况在得到改善后，带来了促进 GDP 增长的 4 个条件。第一是由平均寿命的延长而带来的劳动力增加。第二是由于健康状况的改善而带来的工作时间增加（例如，与健康有关的停职或辞职情况减少）。第三是使未包括在劳动力中的人群参与到劳动力市场中（例如，因为看护老人而选择退休的人可以重新开始工作；未来 70 岁的人能够保持与目前 60 岁的人相同的健康水平，因此在 69 岁以前都可以参加工作）。第四是生产力提高（见图 7-13）。

更好的健康状况 → 高 GDP

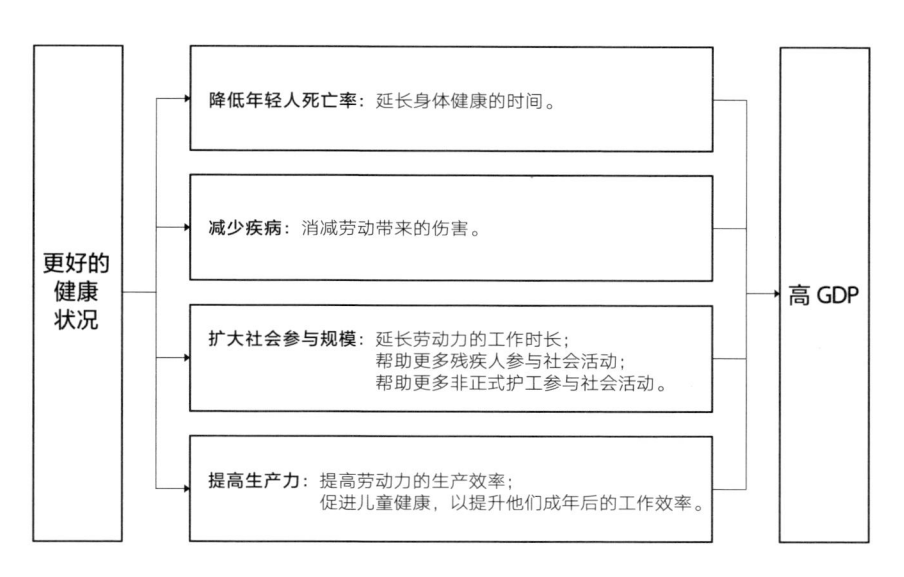

- **降低年轻人死亡率**：延长身体健康的时间。
- **减少疾病**：消减劳动带来的伤害。
- **扩大社会参与规模**：延长劳动力的工作时长；帮助更多残疾人参与社会活动；帮助更多非正式护工参与社会活动。
- **提高生产力**：提高劳动力的生产效率；促进儿童健康，以提升他们成年后的工作效率。

图 7-13　4 个条件量化健康对 GDP 的影响

如果全球经济以目前的速度增长，估计到 2040 年，GDP 将达到 142 万亿美元。如果 DALY 减少 40%，并实现了上述 4 个条件，那么 GDP 将增加约 12 万亿美元（增幅 8%），即 153.7 万亿美元（见图 7-14）。

从目前的情况来看，2020—2040 年的 GDP 年增长率将达到 2.6%，但如果健康状况得到改善，GDP 年增长率有望达到 3%。这说明健康改善所带来的经济增量为 0.4%。

单位：万亿美元

2040年GDP基本情况	降低年轻人死亡率	减少疾病	扩大社会参与规模	提高生产力	2040年潜在GDP
142.0	1.4	4.2	4.1	2.0	153.7

2020—2040年年增长率　2.6%　　　　　　　　　　　　　　　　　　3.0%

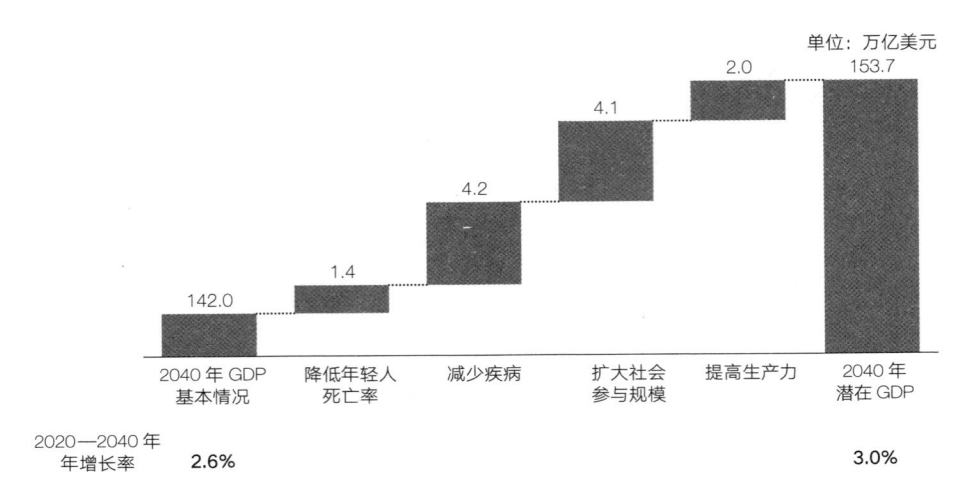

图 7-14　更好的健康状况对 2040 年全球 GDP 的有利影响

注：包括老年人（仅在高收入和中高收入国家）、非正式护工（经济与合作发展组织数据）、残疾人（全球）。

资料来源：经卫生计量与评估研究所许可使用，保留所有权利；牛津经济学院；国际劳工部；经济与合作发展组织；欧盟统计局；国家转移账户项目。

对这 12 万亿美元增长进行细分可以发现，首先，由于平均寿命延长带来的劳动力增加，将产生 1.4 万亿美元的效益。通过降低高收入国家的心肺疾病死亡率和低收入国家的疟疾、艾滋病死亡率，将增加约 6 000 万人的劳动力。此外，2/3 的增长来自低收入和中低收入国家。

其次，由于健康状况的改善带来的工作时间增加，影响效益约为 4.2 万亿美元。通过让健康状况不佳的停职人员重新工作，能增加约 1.2 亿人的劳动力。

再次，让以前未被纳入劳动力中的人群参与到劳动力市场中，将带来约 4.1 万亿美元的效益。其中，2.4 万亿美元是 65～69 岁人群的劳动参与效果，1.2 万亿美元是因看护老人等理由退出劳动力市场的人重新加入的效果。在经济与合作发展组织成员国中，约 7% 的 50 岁以上的劳动者因每天需要进行看护工作而不得不选择退休或是缩短工作时间。促进人类健康后，可以让这些人重新进入劳动力市场。

策略 7 通过健康管理实现经济增长

最后,生产力的提高将带来约 2 万亿美元的效益,这是由于员工"带病就业"状态的改善。带病就业是指员工在工作中,由于某种身体原因导致身心不能按预期状态进行工作,使得履行职责的能力有所降低。

提升健康状况是一个非常重要的主题,特别是对于劳动力增长已经达到峰值的高收入国家而言更是如此。2000—2020 年,劳动人口在全球实现了年均 1.3% 左右的增幅,在高收入国家为约 0.9%。而预计 2020—2040 年,全球年均增长为 0.9%,高收入国家则仅为 0.1%。如果全民健康状况有所好转,并且 DALY 得以改善 40%,那么全球劳动力年均增长将达到 1.2%,高收入国家将达到 0.6%(见图 7-15)。高收入和中高收入国家可以通过改善健康状况来应对预期的劳动力增长缓慢的问题。

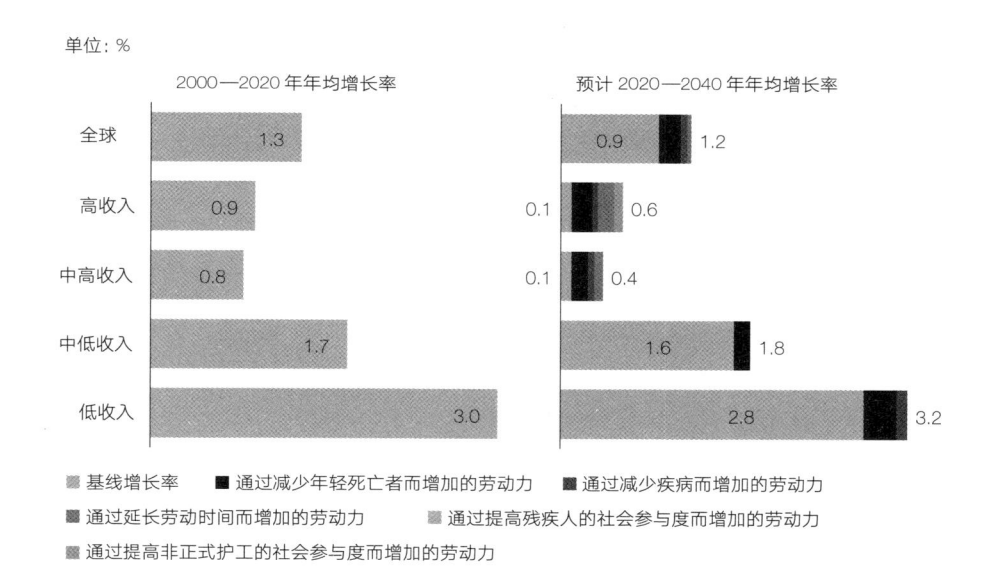

单位:%

	2000—2020 年年均增长率	预计 2020—2040 年年均增长率
全球	1.3	0.9 / 1.2
高收入	0.9	0.1 / 0.6
中高收入	0.8	0.1 / 0.4
中低收入	1.7	1.6 / 1.8
低收入	3.0	2.8 / 3.2

■ 基线增长率　■ 通过减少年轻死亡者而增加的劳动力　■ 通过减少疾病而增加的劳动力
■ 通过延长劳动时间而增加的劳动力　■ 通过提高残疾人的社会参与度而增加的劳动力
■ 通过提高非正式护工的社会参与度而增加的劳动力

图 7-15　年均增长率现状及预测

注:基于牛津经济学院的预测及麦肯锡全球研究所研究。

资料来源:经卫生计量与评估研究所许可使用,保留所有权利;牛津经济学院;国际劳工部;经济与合作发展组织;欧盟统计局;国家转移账户项目。

这些预估的趋势因地区而异。包括日本在内的东亚地区，因健康水平的提高而带来的工作时间的增加，以及曾经未包括在劳动力中的人群参与到劳动力市场，尤其会对 GDP 的增长做出重大贡献（见图 7-16）。

■ 降低年轻人死亡率　■ 减少疾病　■ 扩大社会参与规模　■ 提高生产力

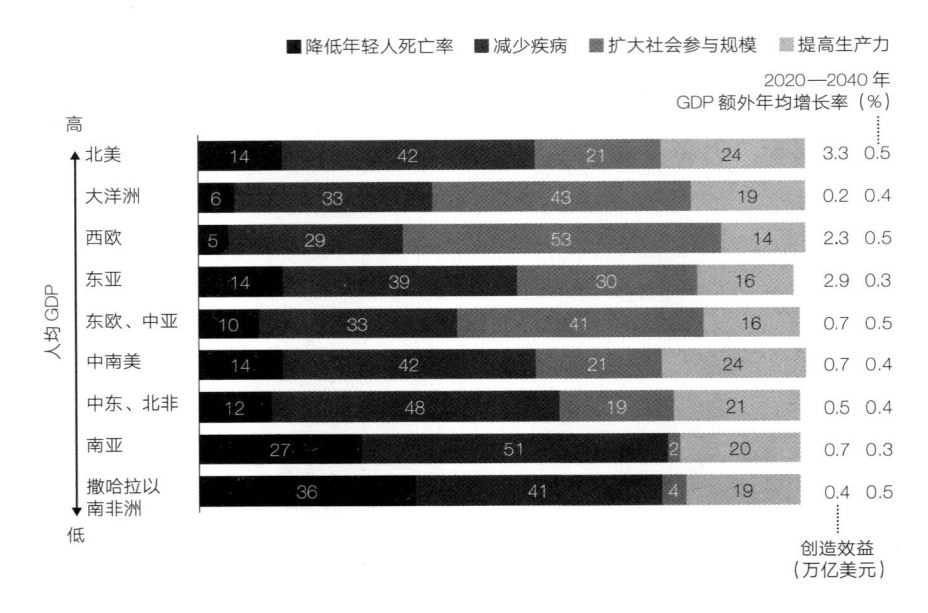

人均GDP	降低年轻人死亡率	减少疾病	扩大社会参与规模	提高生产力	2020—2040年GDP额外年均增长率（%）	创造效益（万亿美元）
北美（高）	14	42	21	24	3.3	0.5
大洋洲	6	33	43	19	0.2	0.4
西欧	5	29	53	14	2.3	0.5
东亚	14	39	30	16	2.9	0.3
东欧、中亚	10	33	41	16	0.7	0.5
中南美	14	42	21	24	0.7	0.4
中东、北非	12	48	19	21	0.5	0.4
南亚	27	51	2	20	0.7	0.3
撒哈拉以南非洲（低）	36	41	4	19	0.4	0.5

图 7-16　各地区因改善健康状况获得的经济效益

注：假设 2040 年经济健康增长的情况。因四舍五入，总和并非 100%。

资料来源：经卫生计量与评估研究所许可使用，保留所有权利；牛津经济学院；国际劳工部；经济与合作发展组织；欧盟统计局；国家转移账户项目。

将上述成本曲线和促进 GDP 的效果叠加，可以看出健康促进措施对投资额回报率的影响是极大的。

尽管有收入上的差异，但对健康促进措施的投资能在 GDP 上得到 2～4 倍的收益。这说明，在健康促进方面 1 美元的投资将产生大约 2～4 美元的回报（见图 7-17）。

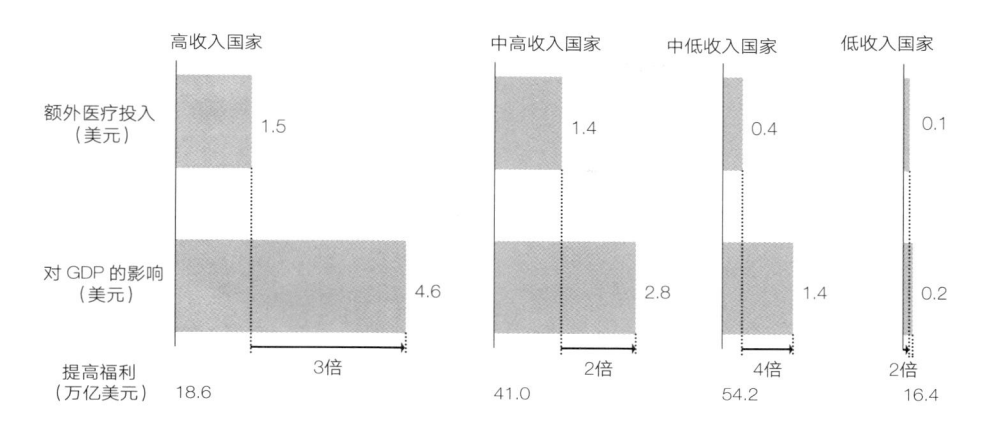

策略 7 通过健康管理实现经济增长

	高收入国家	中高收入国家	中低收入国家	低收入国家
额外医疗投入（美元）	1.5	1.4	0.4	0.1
对 GDP 的影响（美元）	4.6	2.8	1.4	0.2
	3倍	2倍	4倍	2倍
提高福利（万亿美元）	18.6	41.0	54.2	16.4

图 7-17　在改善健康方面每投入 1 美元产生的经济效益

注：假设 2040 年经济健康增长的情况。2040 年健康增长概述、额外医疗投入，对 GDP 的影响及提高健康直接相关的福利（不包括扩大社会参与计划）。

资料来源：健康指标和评估研究所版权所有，已获得授权；世界卫生组织 2017 年 4 月发布"2013—2020 年预防和控制非传染性疾病全球行动计划"的更新附件 3；华盛顿大学全球健康学院 2018 年发布"疾病控制优先 3（DCP-3）：卫生经济评价"；塔夫茨成本效益分析注册表。

1 美元健康投资可获得 2.5 美元回报

据 IHME 预测，到 2040 年，心血管疾病、肌肉和骨骼疾病、癌症等疾病数量将显著减少，而因流感、诺如病毒、RS 病毒等引起的呼吸道感染，因生活方式改变引起的糖尿病、肾脏疾病，因老龄化导致的视力和听力障碍，以及因压力增加导致的神经疾病等疾病数量预计会有所增加（见图 7-18）。

对于这些疾病，在上文中进行的分析同样也适用于日本，即确定针对每种疾病可以采取的措施，并试算施策成本及其效果。结果发现，到 2040 年，可避免的疾病所带来的负面影响比例为 31%。与其他国家一样，大部分积极效果来自预防医疗，比例为 64%（见图 7-19）。

麦肯锡未来经营策略

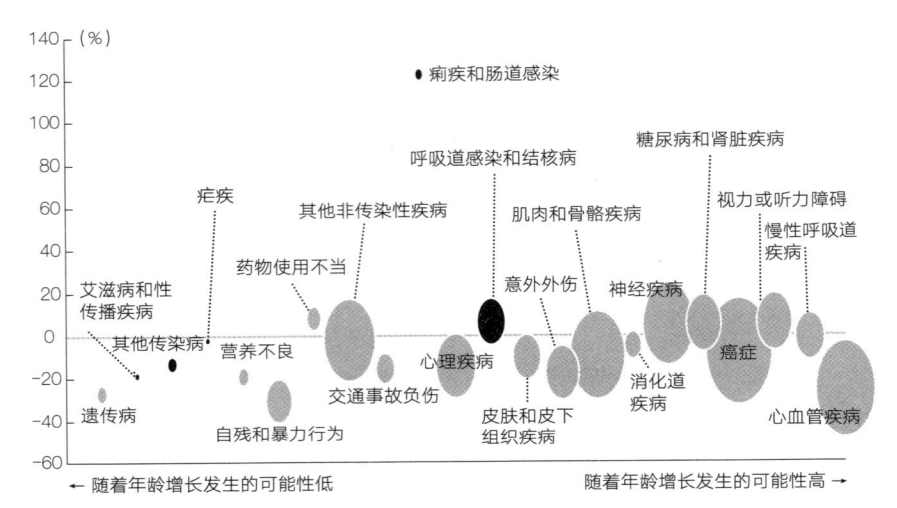

图 7-18　疾病带来的负面影响变化

注：为 2020—2040 年预测数据。圆圈面积表示疾病的严重程度。

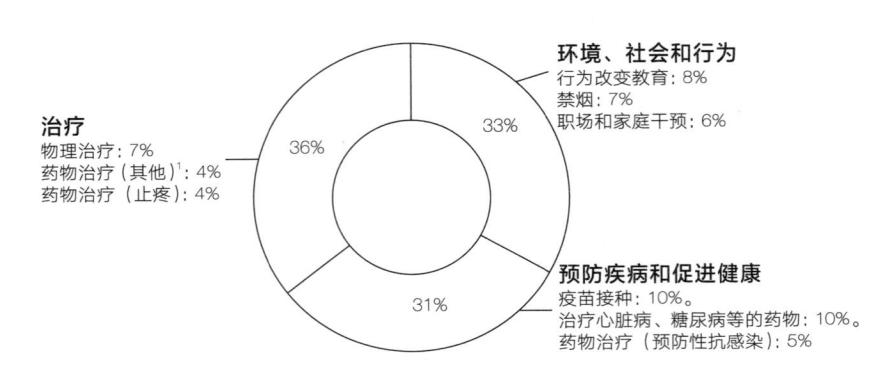

图 7-19　各类干预措施所占比例[2]

注：
1. 包括治疗骨质疏松症、肠胃病、黄斑变性、癌症等的药物。
2. 仅显示 2017 年前三位。由于四舍五入，总和并非 100%。

资料来源：健康指标和评估研究所版权所有，已获得授权。

预计到 2040 年，每投资 1 美元可得到 2.5 倍的收益，通过促进健康能使日本 GDP 增加约 5 380 亿美元（见图 7-20）。

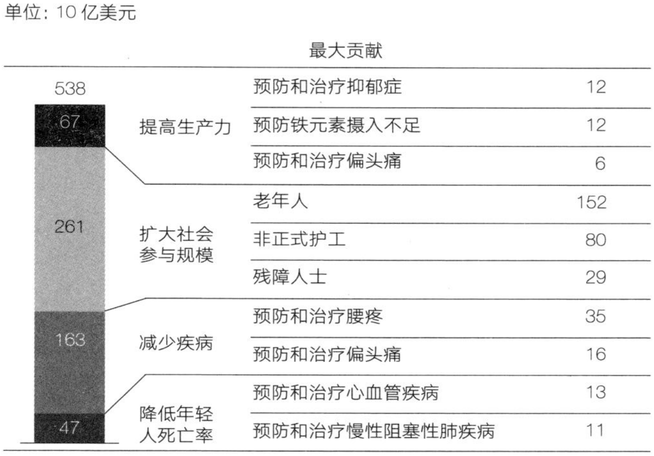

单位：10 亿美元

	最大贡献	
提高生产力 (67)	预防和治疗抑郁症	12
	预防铁元素摄入不足	12
	预防和治疗偏头痛	6
扩大社会参与规模 (261)	老年人	152
	非正式护工	80
	残障人士	29
减少疾病 (163)	预防和治疗腰疼	35
	预防和治疗偏头痛	16
降低年轻人死亡率 (47)	预防和治疗心血管疾病	13
	预防和治疗慢性阻塞性肺疾病	11

总计：538

图 7-20　2040 年对 GDP 的影响预测

注：影响包括减少死亡率、残障率来增加健康年数。

资料来源：健康指标和评估研究所版权所有，已获得授权。

其中，有 470 亿美元是由平均寿命延长而增加的劳动力产生的。此外，特别要归因于戒烟措施导致慢性阻塞性肺疾病死亡率降低，引入生活方式改善计划（减少盐分、限制糖分、转向低脂饮食等）导致心血管疾病死亡率降低。

预计由于健康状况提升导致的工作时间增加（例如，生病导致的休假和退休的减少），将产生 1 630 亿美元的效益。届时，头痛和腰痛不再是大问题。

影响最为显著的是让目前没有被纳入劳动力的人员参与到劳动力市场中，预计因此产生的经济效益将达到 2 610 亿美元。尤其是在人口老龄化程度严重的日本，如果届时 70 岁的老人达到现在 60 岁老人的健康水平，那么老人重新进入劳动力市场的效果就会非常好。

此外，因为要进行看护而选择退休的人员再次加入劳动力市场，也会产生很好的效果。

由于生产力的提高，预计将产生 670 亿美元的经济效益。实现这一目标需要通过治疗抑郁症、用饮食和补充剂避免缺铁（预防贫血）以及减轻头痛来减少"带病就业"。

综上所述，预计在日本每 1 美元的健康投资可以获得约 2.5 美元的回报。与其他高收入国家相比，日本的预防医疗已经开始在很多领域发挥作用，虽然投资效果相对较小，但回报仍然很可观。

促进健康和经济增长的 3 个建议

促进健康能获得显著的经济效益，但它需要政府、公司和个人的合作。特别是政府作为医疗保健系统的规制整顿机关以及资金提供方，具有总揽全局的重要作用。公司则能通过促进健康提高员工的生产率，降低离职率，开展有效的经济活动，成为最大的受益者。所以，公司是积极致力于促进健康的重要当事方。

为了上述促进健康措施的推进，我们就以下 3 个方面提出了建议：

- 促进经济增长的健康管理。
- 改革医疗保健系统。
- 创新投资。

我们还会将其他国家的先进案例穿插其中进行探讨，以提供各个领域更加具体、有价值的信息。

促进经济增长的健康管理

当健康问题被列入政府议程时,人们通常只会讨论实施成本和该议程作为医疗保健系统一环的意义,不会做出精确的投资。实事上,我们应将健康问题作为促进经济增长的主题来对待,除了日本厚生劳动省外,其他部门也需要将健康问题看作一个重点,并在就业、监管和基础设施等方面采取相应措施。

此外,若要享受促进健康带来的效益,制定有关就业的政策和规定也非常重要,其中特别应着眼于残疾人和老年人的就业问题。例如,马来西亚吉隆坡为残疾人提供职业康复服务,接受这种康复训练的人中有 60% 的人会被重新雇用为正式员工。芬兰也将积极雇用老年人定为国家战略,推出了再就业培训计划,同时对老年人的就业问题进行广泛的研究,并出台了一项法令,要求公司废除基于年龄的歧视和限制。这使得芬兰的实际退休年龄在过去 10 年中增加了 4 岁。

此外,在实施前文所提到的消除 40% 疾病危害的有关措施中,有 30% 以上涉及行为的改变,这也提醒我们需要建立每个人都能改善自身行为的机制。在应对如肥胖症等由不良生活方式所引发的疾病时,预防医疗十分有效,现阶段各国政府也在积极尝试各种政策与措施,以更好地引导人们养成健康生活方式。

在新加坡的国民性活动"全国步数挑战"中,所有参与者都会获得一件可穿戴设备,以测量步数,并根据步数赚取积分,换取商品。已有超过 100 万人参加了该活动,这使得新加坡每天运动或步行超过 25 分钟的人数自 2015 年起增加了 7%。突尼斯还在学校推出了一项饮食和运动计划,从学生中选出健康管理方面的佼佼者,用贴纸和商品等作为奖品,鼓励他们更加积极主动地进行合理饮食和适当运动。该计划促使学生摄入更多的水果和蔬菜,增加了日常活动量,从而降低了肥胖率。由此来看,以社区为基础,鼓励每个人参与健康管理的机制是非常有效的。

地方政府也在改善个人生活方式中发挥着重要作用,在日本平均寿命和健康寿命指标上都名列前茅的长野县就是一个极具特色的例子。长野县冬季多雪天,无法种植蔬菜,所以腌制品必不可少,当地人喜欢喝的味噌汤也是用盐分较高的信州味噌制作而成，但由于长野县人均摄入盐量严重超标，脑卒中死亡人数曾经在 1965 年达到了全日本第一。要改善这种情况，首先应努力减少盐摄入，医生与保健师向长野县县民提供了预防不良生活方式引发相关疾病的健康指导和课程，同时在全县范围进行了降低野泽菜和酱汤内含盐量摄入的倡议运动。这是一个由县政府主导，向全县人民推广预防医疗的典型案例。

目前，长野县在健康福利部设立了健康促进科，将健康问题作为全县的重点问题对待。名为"信州 ACE 项目"的县级活动也在如火如荼的举办中，该活动的目的是创造一个"幸福健康的县"。ACE 指体育锻炼（Action）、健康检查（Check）和健康饮食（Eat），三位一体能有效预防中风等因不良生活方式引发的疾病，而通过提高县民的健康意识并积极推广具体健康法规，也为预防医疗的发展做出了突出贡献。

各公司也可以通过执行方案来提高每个员工的健康意识。例如，花旗银行就在内部开展各种医疗保健计划，邀员工前来诊断当前的健康水平，并对这些员工给予奖励。同时，积极举办健身活动，通过专业健康管理教练进行指导，并利用智能手机 App 等数字工具进行健康监测和建议。

对于地方来说，低成本和形式简单的健康推广就能产生巨大的效果。例如，英国米德尔斯堡市会对员工进行体检调查，以了解健康需求。同时，该市配合推出"家庭日"以增加员工与家人相处的时间，以及"团队建设日"以加强团队成员间的联系，还推出了举行健康行走的活动并分发免费的水果。由此，员工因病或身体状况不佳而请假的天数从每年每人 4.3 天减少到了 2.4 天，降幅为 44%。

另外，改善工作环境在促进健康方面也发挥着重要作用。为推动多样化和包容性，创造一个所有人都能感到舒适的工作环境理所应当，但也必须记住，创造一个身体舒适的工作环境同样重要。例如，在德国丁戈尔芬的宝马汽车生产厂，生产线会根据人体工学进行重新设计，以减轻生产线工人的负担。这样不仅提高了工作效率，还将因健康原因请假的员工比例降低到所有工厂的平均水平以下。该方案目前已推广到德国、奥地利以及美国的其他宝马工厂中。

改革医疗保健系统

现有的医疗保健系统往往是针对已经患有疾病的患者进行治疗。此外，在支撑着医疗保健系统的诊疗报酬①制度中，治疗方面的数额非常高，而在预防医疗方面数额的设置却常常不受重视。如果分析经济与合作发展组织成员国的医疗保健预算，可以发现预防医疗的预算仅占总预算的2%～3%。所以，我们需要重新评估所提供的医疗保健服务，扩充重视自我治疗、心理健康的监测和护理、改善饮食生活和运动习惯、促进戒烟、疾病的早期发现等服务。

这种护理和治疗有望通过数字化工具来加速，这类工具在远程医疗对慢性疾病的监测和护理、可穿戴设备监测数据以发现超早期疾病等方面尤其有效。例如，中国平安旗下的平安好医生为3亿用户提供了一站式医疗保健平台，其中包括在8个地区设立1 000多个远程包厢，人们可以通过可视电话在包厢内向医疗团队进行在线问诊。医疗团队则可利用积累的数据和AI分析，对治疗和预防方法提出建议，并判断病人是否需要去医院进行现场就诊。中国平安作为一家保险公司，还负责支付适当的理赔保险费用，从而提供了一站式的诊断、建议和支付服务。

另外，瑞士诺华基金会还在加纳共和国与政府合作开发远程医疗系统，最开始时在30个地区开展，现在已经遍布全国。这是一个远程医疗电话会诊系统，提供电话咨询服务，可以让患者24小时联系到保健所、医生。在2018年，有600万患者使用了该系统，占加纳总人口的20%，数据显示，通过电话会诊后，有超过50%的患者康复或好转。利用这些数字技术来完善和支持医疗保健系统，也是实现医疗保健系统重大变革的一个解决方案。

---

① 诊疗报酬指保险医疗机构、药店就保险医疗服务向保险人收取报酬。——编者注

创新投资

加快对创新的投资势在必行，如今运用现有技术只能减少40%的疾病，而通过创新措施，有望使消除疾病的进程进一步加速。

首先，合理分配资金是加快创新投入的方式之一。就当前全球对于疾病的投资与各疾病对DALY影响的相关性而言，可以看到某些疾病对健康的影响效果与投资集中度之间存在不匹配的情况（见图7-21）。例如，虽然用于癌症研究的资金占总医疗投资的35%，但因癌症而减少的DALY仅占总疾病的12%。同时，虽然心理疾病、神经疾病和心血管疾病对DALY的影响很大，但医疗投资对这些领域的关注程度仍然较低。

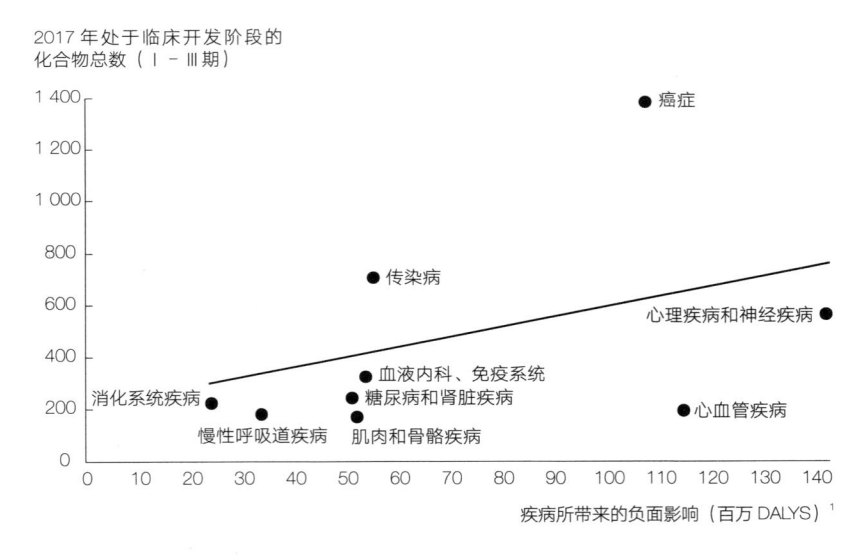

图 7-21　医疗投资集中度和健康影响效果的关系

注：1. 指理论上100%采用已知干预后剩余的疾病负面影响。

资料来源：Pharmaprojects 2019年数据；健康指标和评估研究所版权所有，已获得授权。

估算经济效益，并将资金重新分配到需求大的领域，集中力量促进研发，可以促进整个社会改善健康状况。

其次，要扩大与有关领域的投资者、研究人员和慈善机构的合作伙伴关系。由世界上规模最大的公私合作伙伴组织建立的"创新药物倡议"（Innovative Medicines Initiative）颇为著名，来自大学、制药公司、中小公司、患者团体和监管机构的约 7 000 名研究人员参与其中，旨在收集和调查未解决的医疗需求、公共卫生和医药研发领域的信息，至今已成立 60 多个项目。这些倡议项目通过创建灵活的知识产权保有系统，共享信息网，致力于信息的公开和研发的加速。除了从欧盟国家募集研究项目资金预算外，各加盟公司还通过实物捐助（为研究人员提供研究时间、设施或资源）和资金筹集，获得了 50 亿欧元的预算。这样的组织会积极分享理想组织的创建方法和伙伴关系的理想形式，在相互参照的同时建立一个以更加开放的合作体系为基础的网络。

最后，应充分利用 AI 等先进技术。例如，通过 AI 提升解析速度；以数据分析加快测试模拟速度；通过远程办公增加参与研究人员的数量以及生产力；积极引入新的工作方式以加速创新，等等。

对新常态的深度思考　　　　　　　　　　　マッキンゼー ネクスト・ノーマル
　　　　　　　　　　　　　　　　　　　　　アフターコロナの勝者の条件

疫情使得所有人提高了健康意识，人们开始更加注重健康，做出与以往有所不同的行为，其中包括彻底洗手、戴口罩、彻底用酒精消毒、加速远程办公进程等，这些都是重大的行为变革。国家和公司在实行疫情的恢复计划中也越发认识到财富和健康都很重要，希望疫情过后的复苏亦将成为进一步促进健康和经济增长的催化剂。

策略 8

重构工作内容和方式
确保灵活性

マッキンゼー ネクスト・ノーマル
アフターコロナの勝者の条件

策略 8　重构工作内容和方式确保灵活性

麦肯锡对疫情期间经济和劳动力市场情况不同的 8 个国家（中国、法国、德国、印度、日本、西班牙、英国和美国）所受到的影响及其在长时间内如何改变工作方式进行了调查。接下来，根据麦肯锡的分析，我们将讨论疫情对哪些业务产生了影响，以及工作方式上出现了哪些变化和趋势。然后解释就业和劳动力市场受到的长期影响及其意义，提出公司和政策制定者应该采取的措施和行动。

与工作接触面（身处工作场所或一线，直接面对面与人交流）相关的内容此前没有得到充分讨论，如今麦肯锡利用职业信息网的数据，对 800 多个职业进行了分析。

在此之前，需要定义 5 个属性：物理距离（与客户、同事的实际距离）、与人的交流频率（与客户、同事直接对话或互动的频率）、与陌生人的互动（说话对象相同还是在不断变化）、室内工作比例（工作是在办公室内还是在办公室外）、公司办公的必要性（是否需要前往工作场所或是一线）。

根据上述属性在各行业中的重要性，我们将其量化为"社交紧密性得分"。

根据 5 个属性的相似程度，我们将 800 个职业划分为 10 个业务领域（见图 8-1）。

业务领域	人际交流 物理距离	人际交流 与人的交流频率	人际交流 与陌生人的互动	工作环境 室内工作比例	工作环境 公司办公的必要性	社交紧密性评估得分
医疗保健 医院、诊所	86	94	78	91	87	87
个人护理 发廊、健身房	82	92	64	86	85	83
网上客户服务 零售业、银行	69	91	80	80	63	76
休闲旅行 餐馆、酒店	77	86	61	73	63	75
家庭相关 住房	66	82	44	65	87	70
室内生产活动 工厂、厨房、仓库	57	87	48	70	79	70
电脑办公 公司、办公室	59	89	67	86	42	68
教室和培训 学校、会议中心	57	91	60	88	45	68
物流 卡车和铁路设施	48	78	64	40	65	78
户外生产活动和装修维护 建筑工地、农场	44	79	50	39	63	54

图 8-1　按业务领域划分的社交紧密性得分

注：满分为 100 分，基于人际交流和工作环境分类。人际交流得分基于物理距离、与人交流的频率、与陌生人的互动等；工作环境得分基于室外、室内工作场所的 O*NET 得分平均值。

资料来源：美国劳工部就业和培训管理局、O*NET 在线、麦肯锡全球研究所分析。

从分析中可以看出，由于工作的社交紧密性不同，因疫情受到的影响也不同。从疫情带来的短期影响来看，不同工作领域的影响程度各不相同，其中造成混乱最严重的包括医疗保健、个人护理、网上客户服务和休闲旅行等社交紧密性特别强的业务领域。

与此同时，大部分在办公室使用电脑的工作已经转变为远程进行。而从长期来看，社交紧密性较高的工作领域仍有可能产生混乱。

业务形态的3个变化

疫情加速了消费者和公司业务方面的3大改变，它们分别是建立远程办公和虚拟交流、电商和电子交易的扩展、引入自动化和AI。虽然这些变化在疫情前就已经出现，但因疫情有了大幅加速，甚至会在疫情结束后保持在几乎相同或略低的水平（见图8-2）。

建立远程办公和虚拟交流

疫情对劳动力市场的最大影响是强制性地增加了许多远程办公的情况。视频会议、文档共享工具、云计算等全新数字化解决方案的快速部署，促成了疫情扩散时期远程办公技术的迅速推广。

同时，我们也看到了远程办公的优点，如允许员工更灵活地工作、提高业务效率等。其中虽然也有像学校教育这样在技术上可以远程实施，但面对面需求依旧很高的情况，但很多经营者和员工都希望在疫情结束后继续采取远程办公的形式。

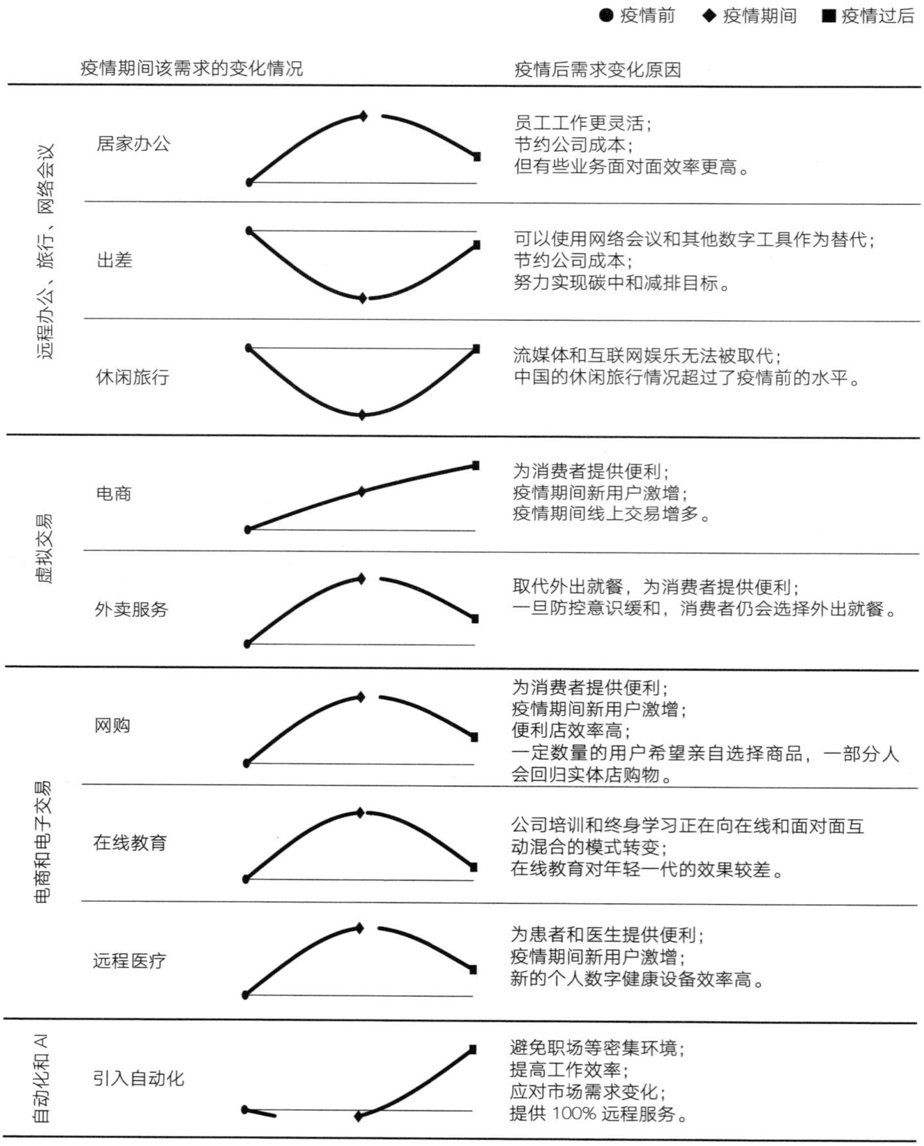

麦肯锡未来经营策略

● 疫情前　◆ 疫情期间　■ 疫情过后

类别	项目	疫情期间该需求的变化情况	疫情后需求变化原因
远程办公、旅行、网络会议	居家办公		员工工作更灵活； 节约公司成本； 但有些业务面对面效率更高。
	出差		可以使用网络会议和其他数字工具作为替代； 节约公司成本； 努力实现碳中和减排目标。
	休闲旅行		流媒体和互联网娱乐无法被取代； 中国的休闲旅行情况超过了疫情前的水平。
虚拟交易	电商		为消费者提供便利； 疫情期间新用户激增； 疫情期间线上交易增多。
	外卖服务		取代外出就餐，为消费者提供便利； 一旦防控意识缓和，消费者仍会选择外出就餐。
电商和电子交易	网购		为消费者提供便利； 疫情期间新用户激增； 便利店效率高； 一定数量的用户希望亲自选择商品，一部分人会回归实体店购物。
	在线教育		公司培训和终身学习正在向在线和面对面互动混合的模式转变； 在线教育对年轻一代的效果较差。
	远程医疗		为患者和医生提供便利； 疫情期间新用户激增； 新的个人数字健康设备效率高。
自动化和AI	引入自动化		避免职场等密集环境； 提高工作效率； 应对市场需求变化； 提供100%远程服务。

图 8-2　疫情在不同方面产生的影响

在不影响生产力的情况下,发达国家有20%～25%的劳动者(日本为22%)能够将远程办公时间延长到每周3～5天。与疫情前相比,选择远程办公的人数增加了4～5倍(见图8-3)。

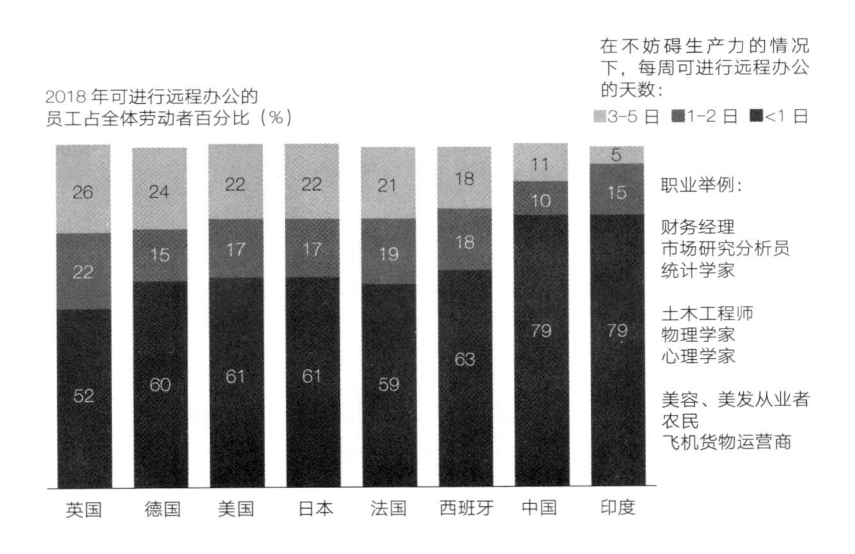

国家	<1日	1-2日	3-5日
英国	52	22	26
德国	60	15	24
美国	61	17	22
日本	61	17	22
法国	59	19	21
西班牙	63	18	18
中国	79	10	11
印度	79	15	5

在不妨碍生产力的情况下,每周可进行远程办公的天数:■3-5日 ■1-2日 ■<1日

2018年可进行远程办公的员工占全体劳动者百分比(%)

职业举例:
财务经理
市场研究分析员
统计学家

土木工程师
物理学家
心理学家

美容、美发从业者
农民
飞机货物运营商

图8-3 发达国家的远程办公情况

注:理论上的最大值包括所有不需要在办公现场进行的活动。有效潜能只包括可以远程执行而不损失工作效果的活动。基于800多个职业2 000多个活动的模型。由于四舍五入,总和并非100%。

资料来源:麦肯锡全球研究所。

这一变化将对城市办公楼和住宅的供需产生重大影响。一些公司已经在计划减少办公空间,以适应越来越多的远程办公。

在2020年8月麦肯锡对278名公司高管的调查中发现,他们计划将办公空间减少30%。远程办公的增加可能会带来与以往城市化发展相反的巨大变化,如个人和公司从大城市向郊区或小城市转移。

另外，很多公司寄希望于用网络会议代替出差。

疫情后，各国对休闲产业和旅游业的需求很有可能像我们已经在中国看到的那样出现复苏的情况，而对差旅的需求却很难呈现同样的复苏。大约有 20% 的出差安排已成为过去式，而这将严重打击航空、酒店和餐饮服务业的发展。

电商和电子交易的扩展

疫情期间，不少消费者体验到了电商、App 订餐等线上服务的便利性。2020 年，电商占零售店销售的份额是疫情前的 2～5 倍，在总体销售中的份额也增加了数倍。

这一向数字交易的转型在推动配送、运输和仓储工作岗位增长的同时，也导致传统零售业的销售额下降。传统零售商正在关闭实体店，如梅西百货和盖普公司就宣布将关闭全美数百家商店。而与此同时，亚马逊已经在全球范围内新雇用了超过 40 万名员工。

配送和快递业新增的主要是临时工与自由职业者的工作岗位，他们可通过互联网承接一次性的工作，因此，这种电商和电子交易的继续扩张可能导致现代经济模式向零工经济（Gig Economy）转变。

这种类型的工作为有照顾亲属等需要的员工提供了灵活的工作选择，同时也成为那些因疫情而失业人群的保障。然而，这些职业不太可能提供因技能提高而增加收入的机会。

此外，在一些国家，从事这类工作的员工无法享受带薪休假和多重福利。

引入自动化和 AI

疫情期间，许多公司控制了总体支出，同时增加了对自动化的投资。在麦肯锡 2020 年 7 月对 800 名公司高管进行的调查中发现，有 2/3 的人表示他们正在大幅增加对自动化和 AI 的投资。

自动化、AI 和数字技术的快速引入集中作用在以下两个方面：

首先是应对需求的激增，其中包括：仓库和物流操作的自动化，以支撑大批量的电商交易；工厂操作的自动化，以满足饮食、电器等商品需求的快速变化。

其次是避免在工作场所出现密集环境。例如，肉类加工和家禽养殖场等室内生产和仓储的行业已经加快了对机器人技术的引入；服务机器人也被引入医院和酒店，以处理咨询服务；食品零售店和药店也增加了自助收银台的数量，以满足客户对非接触式服务的需求；餐馆和酒店对订餐 App 的需求也有所增加。

此外，许多公司对避免在工作场所出现密集情况的举措表现出浓厚的兴趣，如使用机器人技术自动处理文件等。

如上所述，自动化和 AI 在社交紧密性得分较高的业务领域广泛存在，悄然改变着工作场所的形式。

未来劳动力市场的 3 个变化

前面介绍的 3 个变化尽管在不同业务领域的影响程度不同，但都有可能在长时间内显著改变劳动者的业务形态（见图 8-4）。特别是社交紧密性得分较高的 4 个业务领域，很有可能在 2030 年之前发生 3 个剧变。

单位：%

本次预测与疫情前的预测对比
激变程度低 ■■■■ 激变程度高

类别	2018年占全行业比例	远程办公可能性 远程办公所需时间比例	数字技术引入[1] 采用数字技术后的主要变化	自动化技术引入 到2030年失业者比例变化	劳动力需求增长 到2030年劳动力净需求增长率变化	转业 到2030年转业者比例变化	综合得分[2]
网上客户服务	12	12	18	8	-14	8	高
休闲旅行	7	5	11	8	-10	4	
电脑办公	31	70	17	7	0	3	
室内生产活动	21	6	11	4	2	3	
教室和培训	7	31	15	2	2	0	
医疗保健	7	6	15	5	6	0	标准
家庭相关	3	13	10	0	16	0	
个人护理	2	11	10	3	8	-2	
物流	3	10	13	4	14	-3	低
户外生产活动和装修维护	8	3	7	3	6	-3	

图 8-4 疫情对就业带来的潜在变化[3]

注：
1. 根据麦肯锡全球研究院的数字化指数中各业务领域的数字化水平计算，包括数字资产、数字技术应用和数字相关从业人员。基于麦肯锡消费者业务部对各行业数字渠道和平台的采用程度的调查结论，加上疫情产生的变化而制定。
2. 根据行业变化情况排名。
3. 采用数字技术后的主要变化基于社交紧密性得分的10个业务领域。

资料来源：美国劳工部就业和培训管理局、O*NET在线、美国劳工统计局。

中低薪工作的岗位可能大幅减少

在疫情之后，或将出现以前完全没有预料到的不同领域的融合。

图 8-5 显示了 2018—2030 年不同职业的就业比例变化，可以看到医疗、STEM（指科学、技术、工程、数学）以及交通方面的岗位数量会大幅增加，而客户服务与销售、粮食服务、生产和仓储、办公支持等方面的岗位数量会有所下降。

单位：%	法国	德国	日本	西班牙	英国	美国	中国	印度
就业分类								
医疗助理、技术人员和护理人员	1.6	1.9	1.4	3.5	1.4	2.2	2.7	3.0
医疗专业人员	0.8	0.7	0.9	3.0	0.7	1.2	3.3	0.5
创业者和艺术管理者	0.5	0.4	0.4	0.5	0.4	0.2	0.4	0.5
STEM	3.0	1.2	3.0	0.9	3.0	3.0	1.2	0.6
管理者	0.7	0.6	0.4	0.7	0.9	0.5	0.5	0.6
运输业务	0.3	0.6	0.3	0.3	0.3	0.3	0.9	0.4
商务、法务负责人	0.3	0.3	1.1	0.5	0.3	0.3	1.1	0.3
社区服务	-0.3	0.1	0.1	-0.1	-0.3	-0.2	0.8	0.2
建筑从业者	-0.3	0	-0.2	-0.3	-0.3	-0.1	0.1	3.0
教育工作者和职员培训	0.4	0	-0.1	0	0.2	0.1	0.4	0.7
财产保护	0.4	-0.2	-0.2	0	-2.0	0.1	0.5	-0.4
粮食服务	-0.6	-0.3	-1.1	-1.6	-0.7	-0.7	0.5	0.7
客户服务与销售	-0.9	-1.9	0.2	-0.5	-0.3	-1.1	3.3	0.3
机械设备维修	-0.2	-0.2	0	0	-0.1	-0.1	-0.1	0.5
办公支持	-2.1	-2.3	-2.2	-1.4	-2.2	-2.6	0.3	0.3
生产和仓储	-1.0	-1.0	-1.7	-0.9	-0.3	-0.7	-3.8	3.0
农业	-0.2	-0.3	-0.3	-0.4	0	-0.1	-8.0	-8.9

图 8-5　就业份额变化预测

注：疫情前的研究内容包括 8 个方面：自动化、收入增长、人口老龄化、数字技术的应用、气候变化、基础设施投资、教育水平的提高和无偿劳动的有偿化。疫情后的研究内容在先前基础上增加了自动化的加速发展、电商交易的加速、远程办公的增加和出差的减少。

将每个国家的就业岗位按工资数额分为 3 个层次后发现，各职业劳动力需求增长的变化有一个共通的倾向（见图 8-6）。就业岗位的减少主要集中在中低薪的职业，如粮食服务等；而就业岗位的增长主要集中在高薪的职业，如医疗和 STEM。未来为了保持就业水平，一半以上的低薪劳动力需要转入有技能需求的高薪工作。

重塑技能问题更加严峻

随着高薪职业需求的快速增长和低薪职业需求的减少，未来几年劳动力大规模转移和所需劳动技能的重大变化均势在必行。预计 8 个国家中总计有 1.07 亿的劳动者，即每 16 个人中就有一个人需要在 2030 年前转至其他职业，这个数字与疫情之前的预测相比，全球范围内高出 12%，在发达国家范围内高出 25%（见图 8-7）。

单位：%　　　　　　　　　　　　　　　　　　　　　　■增　■减

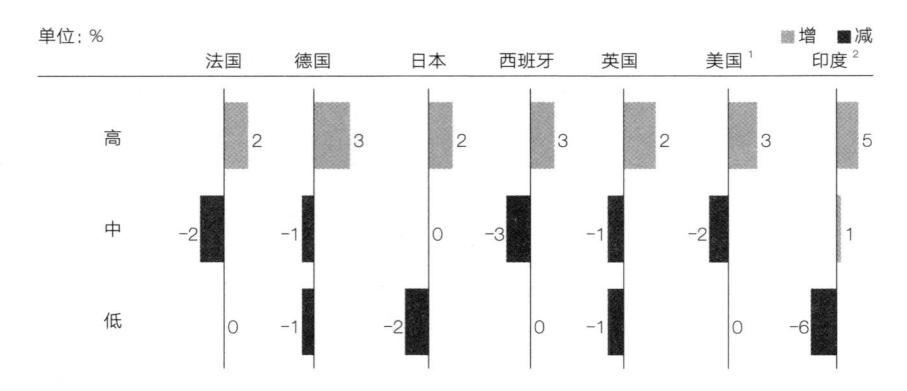

	法国	德国	日本	西班牙	英国	美国[1]	印度[2]
高	2	3	2	3	2	3	5
中	-2	-1	0	-3	-1	-2	1
低	0	-1	-2	0	-1	0	-6

图 8-6　疫情后各国工资变化预测[3]

注：
1. 美国使用了 6 位数的标准职业分类代码数据，可能与使用 2 位数的 SOC 代码分析结果不同（每种基于工资的职业类型统计方式有所不同）。
2. 印度的低薪职业群体低于平均年收入 40%；中薪职业群体为 40%～80%；高薪职业群体为 80% 以上。
3. 以 2018—2030 年为时间段，可获得的职业收入数据有限。平均年薪的计算方法是将时薪的中位数乘以每年的平均工作时间。对于没有公布时薪的职业，使用相应的统计数据计算。

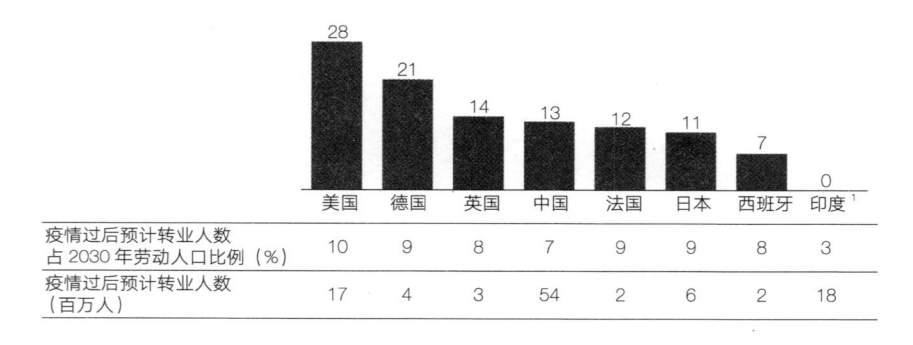

	美国	德国	英国	中国	法国	日本	西班牙	印度[1]
	28	21	14	13	12	11	7	0
疫情过后预计转业人数占 2030 年劳动人口比例（%）	10	9	8	7	9	9	8	3
疫情过后预计转业人数（百万人）	17	4	3	54	2	6	2	18

图 8-7　疫情后转业者变化预测[2]

注：
1. 印度转业趋势趋于平缓的原因是低薪职业群体中的建筑工人等可以转向其他职业的机会很少。农业从业人员向第二、第三产业转业的人数较少。因此与疫情前相比，转业者少。
2. 疫情前的研究内容包括 8 个方面：自动化、收入增长、人口老龄化、数字技术的应用、气候变化、基础设施投资、教育水平的提高和无偿劳动的有偿化。疫情后的研究内容在先前基础上增加了自动化的加速发展、电商交易的加速、远程办公的增加和出差的减少。

有转业需求的劳动者需接受进一步的培训以获得新的技能。如图 8-8 所示，将发达国家的职业群体按工资分为 5 个层次后，我们发现 60%～75% 有转业需求的劳动者都集中在工资最低两个层次中。在疫情之前，低薪职业群体的劳动者如果面临失业，只要转入到同一工资层次的另一个行业就可以了。此外，中薪职业群体的劳动者只需在能力上提升一个层次就可以得到一份新的工作。然而，在疫情后，许多劳动者不得不从工资最低的两个层次脱离，如果他们要进入高薪职业群体，需要掌握更新、更先进的技能。

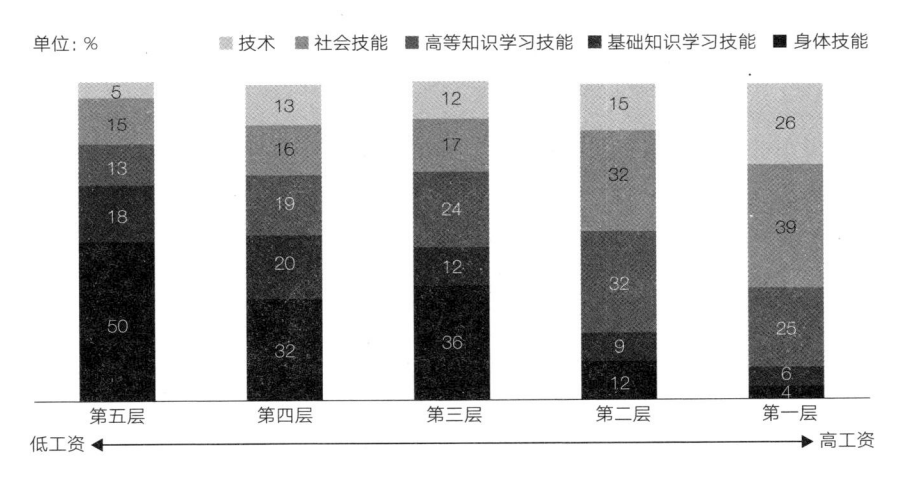

单位：%　　技术　社会技能　高等知识学习技能　基础知识学习技能　身体技能

技能类别	第五层	第四层	第三层	第二层	第一层
技术	5	13	12	15	26
社会技能	15	16	17	32	39
高等知识学习技能	13	19	24	32	25
基础知识学习技能	18	20	12	9	6
身体技能	50	32	36	12	4

低工资 ←――――――――――――――――――→ 高工资

图 8-8　5 类工资层次及各层次掌握技能所需时间百分比

注：对 800 多个职业 2 000 项业务按技能进行分类，源于 O*NET 数据。

资料来源：美国劳工部就业和培训管理局、O*NET 在线、美国劳工统计局。

劳动力供应下降

自日本在 2020 年 3 月宣布紧急事态以来，因倡导远程办公，许多公司迅速进行了新技术和工作方式的引入。在出行受限的情况下，客户正在远离实体店，乐天和亚马逊等电商的使用率开始稳步增加。自 2019 年下半年以来，电子支付

麦肯锡未来经营策略

不断普及,推动了交易从实体店转向电商。此外,AI和自动化技术不仅应用于制造业,现在还积极应用于以避免"三密"为目的的饮食业和服务业等领域。

这些变化对日本社会的劳动者、就业及就业市场产生了巨大影响。根据预测,疫情将进一步加速自动化的发展,到2030年,自动化设备可能会取代日本原有的320万个工作岗位,迫使60万人转业。

此外,在疫情带来的转业中,不可忽视的是劳动力需求的显著变化。因为出生率下降和人口老龄化,劳动力市场的需求超过了供应,预计到2030年,劳动供应将下降约5%。而为了满足日本的劳动力需求,只能不断加速发展自动化。

从需求的本质来看,未来日本对低薪职业的就业需求有所下降,而对高薪职业的就业需求有所上升(见图8-9)。正如前文所讨论的,劳动者需要接受进一步的培训以获得新的技能。

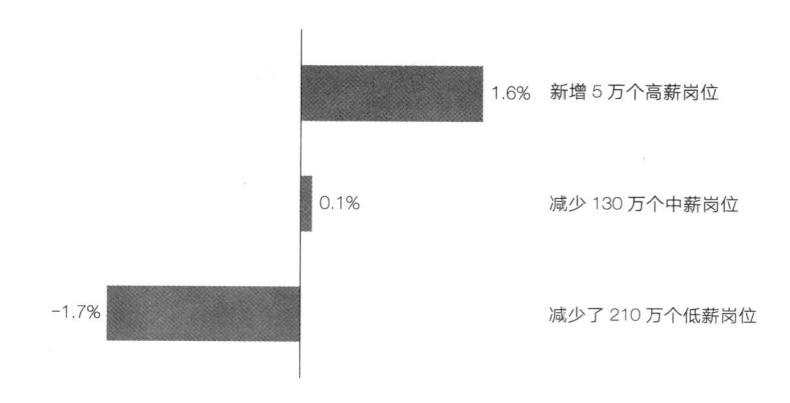

占比	说明
1.6%	新增5万个高薪岗位
0.1%	减少130万个中薪岗位
-1.7%	减少了210万个低薪岗位

图8-9 疫情后日本不同工资层次在整个雇用市场占比

注:疫情前的研究内容包括8个方面:自动化、收入增长、人口老龄化、数字技术的应用、气候变化、基础设施投资、教育水平的提高和无偿劳动的有偿化。疫情后的研究内容在先前基础上增加了自动化的加速发展、电商交易的加速、远程办公的增加和出差的减少。

然而，在日本，这种先进的职业技能培训工作还没有落实到位。20 世纪 90 年代前半段，日本的人才培养投资约为 2.5 万亿日元，往后逐年下降，到 2010 年仅约 0.5 万亿日元，相当于巅峰期的 20%。

此外，人才培养投资占日本 GDP 的比例仅为 0.1%，大大低于欧美等国家和地区。日本公司往往会在工作现场进行在职人才的培训，部分原因是受到了日本终身雇佣制和年功序列制度等就业制度的影响。

此外，很少有公司能根据自己的战略明确界定员工未来所需的技能，因此，也很少有公司会在培训和重塑技能上大量投资，以帮助员工获得当前工作之外所需要的职业技能。

在考虑日本未来的工作方式时，关键在于认清必要的技能是什么、如何促进劳动者的技能培养，以及如何进行投资。

重新定义工作的公司机遇更大

疫情带来的业务形态与劳动市场的转变是必然的，但要想成功应对，管理者和决策者必须拿出推动创新、维持公平的举措。事实上，已经有一些公司和政府正在着手改革，以推动未来发展。

公司必须重新考虑自身业务的形式和内容，以应对疫情结束后的经济和社会形势。近年来，我们发现工作形式和业务内容都是可以改变的，现在通过重新设计业务本身，可以合理化流程、提高效率并提升应用的灵活性和敏捷性。

许多管理者开始提出"混合型工作方法"战略，将远程办公和公司办公相结合，以吸引人才、提高员工满意度并降低物业成本。这要求公司在不影响生产力的情况下慎重地选择远程业务，同时有战略性地区分使用远程办公内容和公司办公内容。

在疫情之前，就有许多公司为员工提供了获得未来工作所需技能、开创职业道路的机会。例如，沃尔玛为了将店员培养成为擅长与客户接触的商店管理者、供应链专家或技术专家，在进行内部研究并宣布了投资计划。

此外，IBM、博世和巴克莱银行于 2020 年开始培训技术专业人员。研究表明，留住内部员工并进行培养，比从外部招聘新员工更加有效。而且在外部人才流动性低的日本，如何构建公司内部人才和组织能力也变得更加重要。

着重于学历以外的技能，从而改变雇用形式将推动公司的多样化发展，同时更容易确保全球范围内员工的流动性。谷歌、希尔顿、安永和 IBM 就已经取消了学位要求并改变了招聘标准，将重点关注于技能。

对于政策制定者来说，提出保障和改善劳动力市场流动性的措施可以降低失业率，并保证工作效率。为此，重要的是进一步激发疫情带来的在线经济的活力，并扩大数字基础设施。

即使是在发达国家，现在也仍有 19% 的非城市家庭和 13% 的所有类型家庭无法使用互联网服务，导致教育和就业机会被剥夺。

政策制定者在面对劳动者转业时应提供多种方案予以支持。在疫情初期，许多国家通过为失业者提供一个月的财政支持来保障基本消费，从而避免了严重的经济损失。收入支持对于劳动力的平稳过渡是很有效的。

许多岗位需要重新定义所需技能、职业执照制度和认证模式。执照及其审查制度除了确保专业人员具备技能外，还应具有保护消费者的作用。

确保灵活的机制和运用担保也很重要，例如，在疫情期间，美国多个州和联邦政府放宽了对医生诊疗范围的限制，使新冠肺炎患者更加容易得到救治。此外，还允许护士通过医生的许可对患者进行远距离治疗，以及允许医生在未获得州许可的情况下跨州治疗。

策略 8　重构工作内容和方式确保灵活性

对新常态的深度思考

マッキンゼー ネクスト・ノーマル
アフターコロナの勝者の条件

　　疫情对需要进行线下接触的工作产生了很大的影响，并对劳动者造成了很大的冲击，工作方式的重大转变使人们始料不及。新常态下，劳动者必须获得新技能，并将他们的职业落点转移到更具附加值的工作上。公司管理者和政策制定者则必须重新考虑员工的技能重塑，找到他们应掌握的能力以及锻炼这些能力的方法。

　　但与此同时，这种远程办公和重塑技能的趋势也为各公司带来了新的商机。为了可持续地实现远程办公，有必要明确哪些员工当前正在为什么事情进行努力（预期结果），以及一个员工在履行哪个业务领域中的责任。由此，将加快业务规则的重修、职责分工的明确、可视化进程的发展以及各项业务效率的提高。此外，还需要制定相应的职责评价标准。通过创造这样的环境，将有可能留住距离较远或身体有困难的优秀人才；通过重塑技能，则可以确保组织的灵活性，以便应对未来岗位职责和执行方式的变化。

　　在考虑"新常态下的工作方法"基础上，公司将如今的趋势视为机遇来重构工作内容和方法，进一步完善业务内容、公司内部制度和重塑技能方法，建立起更加灵活和抗变的公司结构，是非常重要的。

第四部分

应对企业与社会关系变化的经营策略

マッキンゼー・ネクスト・ノーマル
アフターコロナの勝者の条件

策略 9

采取积极的行动以应对气候变化

マッキンゼー ネクスト・ノーマル
アフターコロナの勝者の条件

策略 9　采取积极的行动以应对气候变化

疫情与气候变化或许并没有直接的关系，但以疫情为契机，人们开始对环境问题愈加重视。调查显示，由于出行限制和经济活动的停滞，2020 年的温室气体排放量减少了 7%～8%，而这些变化也成为我们认识到经济活动是如何与温室气体排放产生关联的一个契机。此外，由于生活方式的改变，我们重新审视那些在以前觉得理所当然的行动自由和行动机制，从而扩大了针对气候变化的对策适用的范围。

以全球视野来看，一些国家把气候变化作为经济复苏的一个立足点，这是因为气候变化本身就是政策上的一个重点问题，加以应对后可以带来高就业等经济上的积极影响。与此同时，政府会针对公司实施气候变化相关的规制改革采取财政刺激措施，这导致制定气候变化对策成为公司发展业务的必要条件。

遏制气候变化迫在眉睫。与工业革命前相比，我们的目标是将温度上升控制在 1.5℃以内，而现在为减少温室气体排放而做出的措施仍不够充分。如果气候变化的影响愈加明显，预计未来将在全球范围内引发巨大的破坏性事件。为了避免洪水和台风等天灾造成损失，我们必须提前且迅速地实行温室气体减排工作。

那么，具体可以采取哪些措施呢？

接下来，我们将讨论疫情与可持续发展，特别是与气候变化的关系。首先介绍公司对投资机会进行评估的思考方法，然后在此基础上引用案例阐释气候变化对商业发展的具体影响，最后提出公司应对气候变化应采取的措施。

制定可持续发展政策

人们普遍认为，疫情对气候变化产生了积极影响。国家科学合作组织"全球碳计划"发布的报告显示，2020年全球温室气体排放量减少的主要原因在于出行限制导致的经济活动的停滞不前，这一事实明确了我们的生活是如何与气候变化联系在一起的。

但是，通过出行限制这种强制且不可持续发展的手段来减少活动，却仅导致温室气体排放量减少了7%～8%，这在另一种意义上是个警示：如果不彻底审视社会和经济现状，不尽早转向对环境负荷更少的经济活动，那么抑制气候变化将越来越困难。

为了能从疫情造成的经济活动停滞中复苏，世界各国正在积极规划和实施经济刺激措施。但同时，我们不能仅考虑刺激经济活动本身，而应利用疫情带来的典范转移，从恢复到更好的状态出发重新进行设计，制定并实行更有利于可持续发展的政策，事实上，世界各国也确实都在致力于此。而与化石燃料等传统能源相比，制定可再生能源和智能电网等可持续发展的绿色经济刺激政策，创造就业机会的效果更显著（见图9-1）。

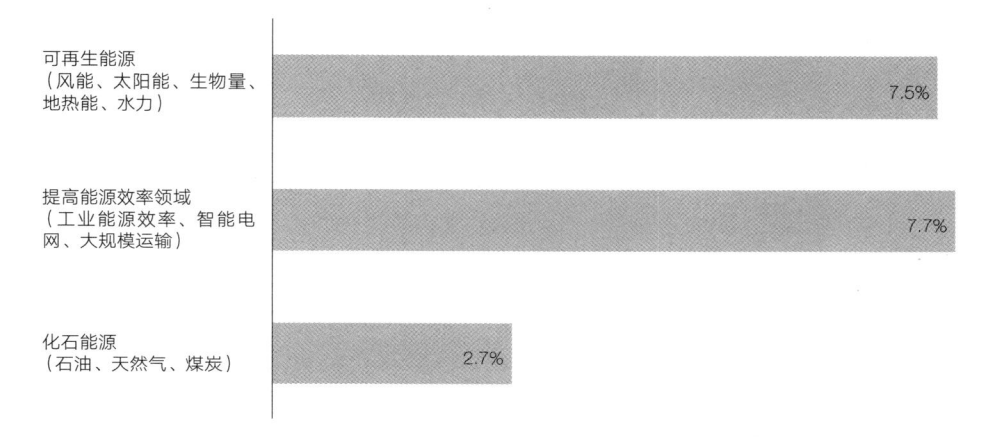

可再生能源
（风能、太阳能、生物量、地热能、水力） 7.5%

提高能源效率领域
（工业能源效率、智能电网、大规模运输） 7.7%

化石能源
（石油、天然气、煤炭） 2.7%

图 9-1　绿色经济刺激政策与传统经济刺激政策创造就业机会对比

注：包括直接雇用或间接雇用，每 100 万美元支出获得的效果。

各国家或地区正在考虑实施以下政策：

- 法国：未来 3 年投资 15 亿欧元用于研发无污染飞机（指电气化、向碳中和燃料过渡的对环境影响较小的飞机）。
- 巴黎、米兰：在出行限制期间，为了鼓励人们使用自行车，扩充了自行车道，并将继续扩充以减少私家车的使用。
- 德国：投资 70 亿欧元，预计到 2030 年建立一个输出功率为 5GW 的工业电解设备，以推广绿色氢技术。
- 英国：在实现住房和公共设施的零排放方面分配 30 亿英镑的预算。

在日本，抑制气候变化的措施也在积极推进之中，尤其是在政府菅义伟内阁过渡时期更是如此。即便情况每天都在发生变化，但截至 2021 年 3 月，日本已经考虑实施以下两方面的举措。

一方面，日本政府制定了到 2030 年将温室气体排放量减少 46%（与 2013 年相比）和到 2050 年实现碳中和（温室气体排放量为零）的目标。此外，要努力在2050年之前开发出革新性的技术，以吸收过去排放出的二氧化碳（超越零排放）。

另一方面，作为实现碳中和的具体举措，日本经济产业省牵头制定了绿色增长战略，并细致规划了预算、税收制度和规制改革等政策。以下为实例：

- 设立2万亿日元的基金以支持公司的脱碳研究和开发，并推进对公司的筹款和委托工作。基金对项目的采纳要求为，选定公司的管理层要制定并提交绿色创新领域的长期经营战略规划。
- 将引进能同时实现脱碳和提高附加值的设备（具有脱碳效果的燃料电池、海上风力发电设备等）的公司作为投资促进税制的对象，允许最高减税10%。
- 在日本资源能源厅的主导下，推进氢能、海上风能等可再生能源方面的立法，做到在2030年可再生能源在能源结构（电源构成）中的比例达到22%～24%（2016年为15%）。

到目前为止，我们关注的是气候变化，但联合国宣布的可持续发展目标（SDGs）并不仅限于气候变化，还包括贫困、教育、陆地和水下生物生态系统等所谓的环境、社会、公司治理（ESG），同时列出了向高度可持续发展社会过渡的目标（见图9-2）。

联合国于2015年通过了该目标，并要求到2030年在193个联合国成员国实现可持续发展。该目标具体共分为17个目标，并通过进一步的细化确定了169个小目标和244个指标以检验实现情况。每年，各成员国都会监测这一发展目标的实现情况并向联合国报告。

对SDGs领域此后的风险分析表明，包括银行、消费品、汽车和制药业在内的所有行业20%～60%的利润都含有潜在风险，由此预计全球每年的利润风险高达4万亿美元（见图9-3）。

策略 9　采取积极的行动以应对气候变化

1　无贫困	10　减少不平等
2　零饥饿	11　可持续城市和社区
3　良好健康与福祉	12　负责任消费和生产
4　优质教育	13　气候行动
5　性别平等	14　水下生物
6　清洁饮水与卫生设施	15　陆地生物
7　经济适用的清洁能源	16　和平、正义与强大机构
8　体面工作和经济增长	17　促进目标实现的伙伴关系
9　产业、创新和基础设施	

图 9-2　联合国可持续发展目标

		预计损失的 EBITDA（%）
银行	资本化条件、大型机构的监管、消费者保护	50~60
消费品	肥胖症、可持续发展、食品安全、健康、品牌形象	25~30
汽车、航空、国防、技术	政府补贴、可再生能源法规、碳排放法规	50~60
制药、健康护理	市场准入、仿制药监管、定价、融资、临床试验	25~30
通信、媒体	费用监管、基础设施的使用、通信网络部署、许可证、频率	40~50
运输、物流、基础设施	价格监管、部门自由化	45~55
能源、原材料	费用监管、可再生能源补贴、系统合作、使用权	35~45
资源	土地使用权、地区贡献、声誉风险	30~40

图 9-3　未来公司可能损失的利润

253

如果从广义来审视可持续发展的话，可以毫不夸张地说，每个行业都与其相关。投资者在决定是否投资之前，也会调查和了解目标公司是否积极致力于可持续发展，作为世界上最大的机构投资者之一的日本政府养老投资基金（GPIF）就一直积极地通过参照ESG指数来探讨将哪些股票和债券纳入其投资组合中，并发布了ESG活动报告以衡量ESG推广活动的效果。

可以说，对于ESG投资和可持续发展等因素，并不是为了改善品牌形象才加以考虑，而应在融资和持续创造利润等公司运作的基础层面上加以发展。

建立气候变化危机意识

气候变化的风险就其性质而言，对人类的危机感和生存本能的直接作用程度有限。例如，疫情从产生到蔓延只花了几个月的时间，而气候变化则需要通过几十年温室气体的缓慢积累才能表现出来。

此外，我们仍不能确定未来可能会发生的气温上升、洪水和干旱，具体是由什么样的温室气体排放活动造成的。唯一科学的结论是"从总体上看，温室气体的积累导致了温度上升"。

那些可以在短期内解决的问题，以及明确了因果关系的问题，更容易让人们产生危机感和驱动力。疫情引发了人类的生存本能，使人们采取行动克服危机的动力变强。

相反，对于气候变化这样的时间跨度长、因果关系理解困难的问题，我们必须不断努力在人们心中建立起相关的意识。在社会机制上需要增加经济补偿方面的内容，政策制定者在制度设计和信息传递时也要考虑到这一点。

受气候变化影响较大的 5 个领域

气候变化一旦带来巨大的影响，应对的成本也非常大。根据麦肯锡的分析，在考虑到 RCP8.5[①] 的条件下，预计气候将在以下 5 个领域产生巨大影响（见图 9-4）：

- 生活和工作环境：预计印度将出现危及人类生命的高温天气。不同年份发生的概率预计将从 2021 年的 0 增加到 2030 年的 5% 和 2050 年的 14%。预计到 2050 年，受高温天气影响的人口最多将达到约 4.8 亿人。
- 粮食：预计世界谷物种植区面临的干旱风险将增加。这也导致在越来越多的年份中，粮食年收获量将低于平均水平的 15%。2021 年，10 年发生一次干旱的概率约为 10%，预计到 2050 年，这一概率将达到 35%。
- 有形资产：在美国佛罗里达州，预计 2050 年海平面将比 1992 年上升 50 厘米。估计到 2050 年，目前总价值为 2 000 亿美元的住宅在海水涨潮期将距离水面不到 1.8 米，这样的海平面上升再加上百年一遇的飓风，将造成高达 750 亿美元的损失。
- 基础设施服务：预计到 2050 年，百年一遇的洪水将淹没越南胡志明市 36% 的面积。2050 年该市的人口或将达到 1 300 万，预计损失为 15 亿～ 85 亿美元。
- 自然资源：预计到 2050 年，整体温度将比 19 世纪末高出约 2.3℃。因此，预计喜马拉雅山脉及周边地区最多有 40% 的面积将出现大规模冰川融化。假设全球出现类似的情况，那么依赖冰川水饮用与灌溉的人群中将有约 16% 受到严重影响。

[①] RCP8.5 是在无气候变化政策干预时的基线情景，特点是温室气体排放和浓度不断增加。在此情景下，随着全球人口大幅增长、收入缓慢增长以及技术变革和能源效率改变导致的化石燃料消耗变大，到 2100 年，大气中的 CO_2 将增加至 936ppm，CH_4 增加至 3751ppb，N_2O 增加至 435ppb。——编者注

受气候变化直接影响的 5 个领域

| 生活和工作环境 | 粮食 | 有形资产 | 基础设施服务 | 自然资源 |

2021 年、2030 年和 2050 年各地区气候变化风险的具体影响[1]

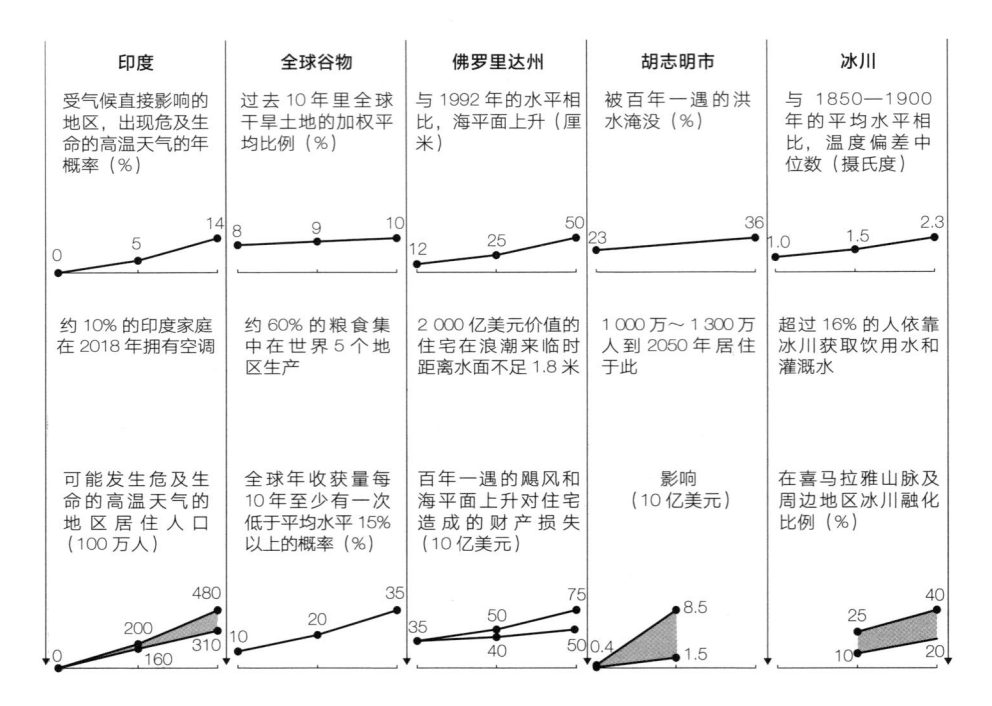

印度	全球谷物	佛罗里达州	胡志明市	冰川
受气候直接影响的地区，出现危及生命的高温天气的年概率（%）	过去 10 年里全球干旱土地的加权平均比例（%）	与 1992 年的水平相比，海平面上升（厘米）	被百年一遇的洪水淹没（%）	与 1850—1900 年的平均水平相比，温度偏差中位数（摄氏度）
0, 5, 14	8, 9, 10	12, 25, 50	23, 36	1.0, 1.5, 2.3
约 10% 的印度家庭在 2018 年拥有空调	约 60% 的粮食集中在世界 5 个地区生产	2 000 亿美元价值的住宅在浪潮来临时距离水面不足 1.8 米	1 000 万～1 300 万人到 2050 年居住于此	超过 16% 的人依靠冰川获取饮用水和灌溉水
可能发生危及生命的高温天气的地区居住人口（100 万人）	全球年收获量每 10 年至少有一次低于平均水平 15% 以上的概率（%）	百年一遇的飓风和海平面上升对住宅造成的财产损失（10 亿美元）	影响（10 亿美元）	在喜马拉雅山脉及周边地区冰川融化比例（%）
0, 160, 200, 310, 480	10, 20, 35	35, 40, 50, 50, 75	0.4, 1.5, 8.5	10, 20, 25, 40

到 2050 年全球气候变化风险的地理信息评估

7 亿～12 亿人	收获量的增加	2～4 倍	约 45%
所住地区有 14% 的概率发生危及生命的高温天气	一些国家的利润会增加，而另一些国家会出现更多风险	有形资产 2030—2050 年因河流洪水而受损	陆地生物群将受到影响，并对生态系统服务、当地生活方式和生态环境产生影响

图 9-4 气候变化对社会经济的影响

注：1. 这种对气候风险的危害和影响评估是基于"固有风险"的设想，即不考虑风险适应、缓解措施。这一分析基于室温气体浓度为 RCP8.5 的场景建模。

预计对亚洲气候的影响

麦肯锡的这一分析特别关注亚洲，如果年平均气温持续上升，更有可能产生危及生命的高温天气。预计到2050年，整个亚洲的温度将上升3～5℃，中国、印度北部发生危及生命的高温天气的概率也将提高。

此外，在东南亚和东亚，大规模台风的发生频率或许会持续提高。预计到2040年，在日本、韩国和中国等地发生大规模台风的概率将比1981—2000年的平均值高3倍以上。

预计在2050年，以中东等地为中心的地区发生干旱的概率会提高，而印度和中国等内陆地区发生干旱的概率会降低。此外，印度和中国北部的降水量会增加。

预计到2050年，东京将更为频繁地发生水位上升超过2米的洪水，由此产生的房地产和基础设施损失总额与现在相比将增加1倍以上。

气候变化对商业的影响

接下来，我们将通过案例研究来阐释气候变化对商业发展的具体影响，在此以半导体供应链为例。

通常情况下，供应链的设计初衷是提高效率，并没有考虑到抵御风险的韧性，因此更容易因极端天气等发生频率低、影响程度大的事件而产生漏洞。全球重要的半导体供应链集中的西太平洋地区，预计到2040年，百年不遇的飓风发生的概率到将达到现在的2～4倍。

飓风可能使受到影响的公司停产数月，在这种情况下，对于准备不足的下游公司来说，销售额最多会下滑35%，因为它们没有库存或保险，也没有可替代供应商。

那么，为了抑制气候变化带来的负面影响，需要减排多少温室气体呢？

根据联合国政府间气候变化专门委员会（IPCC）2018年发布的报告，全球温度上升范围必须保持在工业革命前温度数值之上的1.5℃以内（见图9-5）。然而，根据麦肯锡的分析，目前的温室气体减排效率过低。

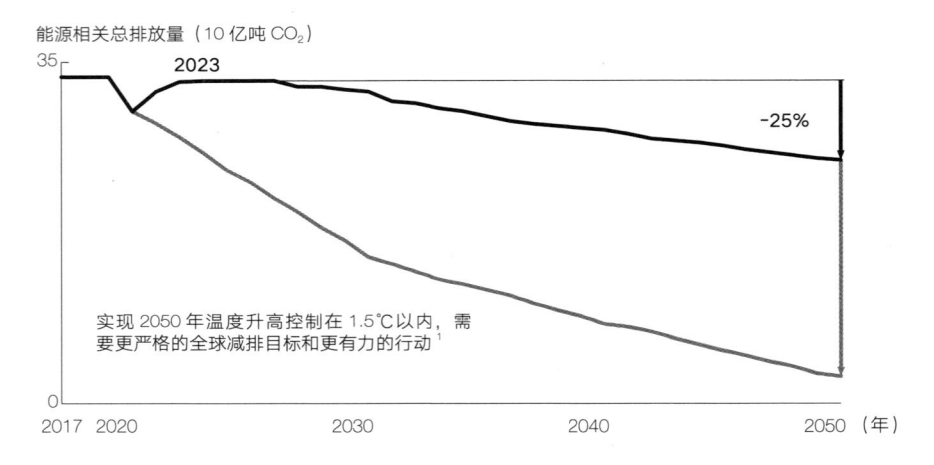

能源相关总排放量（10亿吨 CO_2）

实现2050年温度升高控制在1.5℃以内，需要更严格的全球减排目标和更有力的行动[1]

图 9-5　温室气体减排实际情况与计划的对比

注：1. 麦肯锡对将温度上升限制在1.5℃以内所提出的观点。

按照目前的减排效率，预计到2050年，只能在目前的水平上实现25%的减排目标，温度将上升3.5℃。为了在2050年之前将温度上升幅度限制在1.5℃以内，新增温室气体排放量必须在2050年之前接近为零，并且从2021年到2050年的累计排放量必须限制在600Gt以内。这要求全球在2030年前要加速抑制温室气体排放，从而减少50%以上的排放量。

尽管全球去碳化趋势已经在加速中，但各国政府仍需要持续将这一宏伟目标转化为具体的政策和行动。

总之，正如我们所看到的，如果我们对气候变化的不利影响视若无睹，未来必将付出巨大代价。最重要的是，在经济和社会等方面都需要采取事先防范的措施来避免伤害，世界各国也一直在积极制定应对气候变化的各项政策。日本公司也将深化研究，推出更有力的举措来应对气候变化。

公司应对气候变化的2个措施

日本公司对于气候变化问题并不陌生，而如今全球应对气候变化的潮流也带来了重要的商机，甚至可以说，能否应对气候变化是各公司能否站在新竞争起点的先决条件。那么，具体可以采取什么措施呢？

从投资者的角度出发制定战略

公司需要从一开始就站在投资者的角度，评估公司在应对气候变化上的投资潜力，并以此确定自身战略。这里，我们首先讨论包括应对气候变化在内的可持续发展的全局策略，然后围绕减排等内容介绍具体措施。

在可持续发展方面，如前所述，ESG的投资领域非常广泛，并能为投资人带来积极的投资回报。公司应先选择与自身相关性较高的问题，然后确定重要的大方向。如图9-6所示，以气候变化为例，可以用五步法制定目标清单，确定投资方向。首先，公司应找出"降低可再生能源的成本""对碳排放征税""对排放权进行可变定价""转移需求高峰"等大方向。其次，从中选择2~3个优先主题作为投资方向进行深入探讨，再从地理条件、在价值链中的定位、目标市场等方面的考虑进一步锁定具体的投资重点。在图中，"可再生能源发电"被选为值得深入探索的领域，公司从中将"美国家庭用太阳能发电"等选为投资重点。最后，公司需要思考如何进入该领域，在认识到自身实力和优势的基础上，考虑是与其他公司合作，还是收购其他公司。

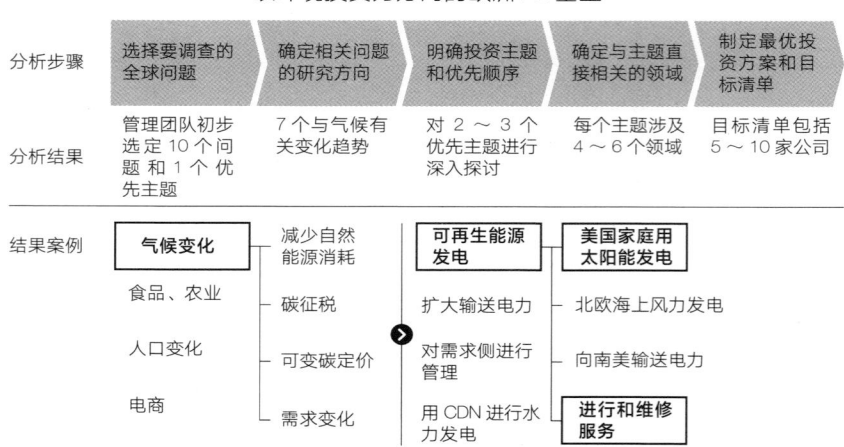

以环境投资为方向的欧洲 PE 基金

分析步骤	选择要调查的全球问题	确定相关问题的研究方向	明确投资主题和优先顺序	确定与主题直接相关的领域	制定最优投资方案和目标清单
分析结果	管理团队初步选定 10 个问题和 1 个优先主题	7 个与气候有关变化趋势	对 2～3 个优先主题进行深入探讨	每个主题涉及 4～6 个领域	目标清单包括 5～10 家公司
结果案例	**气候变化** 食品、农业 人口变化 电商	减少自然能源消耗 碳征税 可变碳定价 需求变化	**可再生能源发电** 扩大输送电力 对需求侧进行管理 用 CDN 进行水力发电	美国家庭用太阳能发电 北欧海上风力发电 向南美输送电力 **进行和维修服务**	

图 9-6　目标清单

温室气体的减排，不一定在所有措施上都以成本增加为前提，也存在节省成本和温室气体减排并存的情况。如图 9-7 所示的全球成本曲线中，纵轴是每单位减排效果的额外成本，横轴是减排量，从上到下是每单位额外成本递减的具体措施。

可以看出，推广混合动力汽车和以甘蔗作为生物燃料等措施，对整个社会来说既能节约成本，又能减少温室气体排放。这样的措施并不需要额外成本，应该大力推进。

各公司也应该创建这样的成本曲线，而将温室气体减排的机会可视化就是第一步。具体来说，可以按照以下所示的步骤 1 到步骤 3 来建立成本曲线并进行分析。

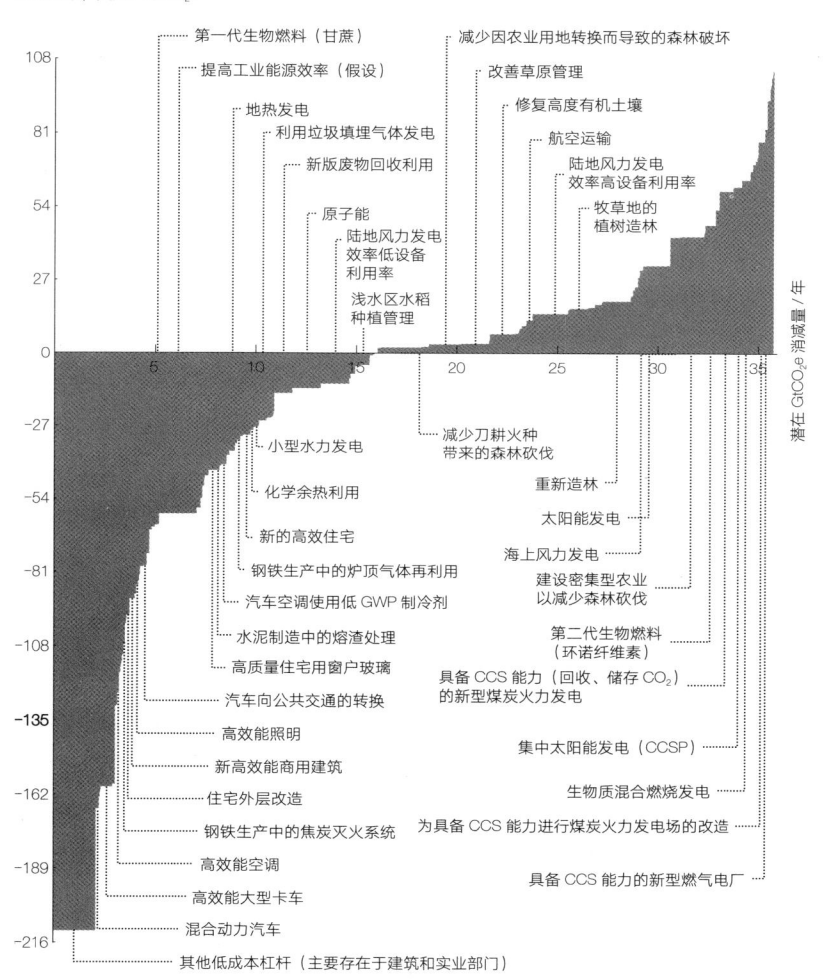

策略 9 采取积极的行动以应对气候变化

图 9-7　2030 年全球温室气体减排成本

注：本成本曲线假设温室气体减排措施的潜在效果最大的情况下，每吨 CO_2e 的减排成本将低于 108 美元。本分析不同于对各种温室气体减排措施和技术效果的预测（1 欧元换算为 1.35 美元）。

资料：基于麦肯锡全球温室气体减排成本曲线 v3.0、BAU（Business as Usual；测量传统经济活动时）、国际能源机构世界能源展望 2010 估算。

261

步骤1：将价值链整体上的碳足迹①可视化

以公司所持材料的 80%～90% 为对象，计算本公司产品组中所包含的原材料或购买物品的使用重量，然后将每种原材料或购买物品的单个重量乘以日本环境省公布的温室气体排放系数以及各地区的调整系数，就可得出本公司整体排放的温室气体总量。

步骤2：设计公司成本曲线

针对特定产品组和主要材料，确定可以采取哪些措施来减少温室气体排放。此时，估计在实施每项措施时可能增加（或减少）的成本，据此设计成本曲线。

在这条成本曲线中，要从最左边的成本节约多且效果明显的措施开始落实，至于落实到什么程度涉及战略性思维，大致来说有4种选择，从附加成本和温室气体减排效果最低的开始，依次为：追求成本效益、了解损益平衡点、容许可持续发展溢价（公司允许范围内在一定程度上增加成本）、实现零排放（见图9-8）。其中，关于公司战略的发展方向，要根据公司产品组合、公司成长战略、投资能力、行业限制的程度以及公司中长期目标等方面，在充分考虑到未来脱碳方案的基础上，进行综合考量和判断（见图9-9）。

步骤3：产品组合的重新审查

以上4种选择将决定公司能实现何种程度上的温室气体减排。基于此，将本公司的产品组绘制在以"减排成本"和"温室气体排放量"为纵轴和横轴的坐标轴上。再将竞争对手的产品以相同的方式绘制为另一个坐标轴，并进行定位比较，可以分析出本公司产品与其他公司的差异，以及本公司的竞争优势。

通过反复分析、设计公司的成本曲线，并探讨可持续发展战略，可以确认全公司战略与单个产品竞争优势的相关性，从而制定并执行更为一致的战略。

---

① 碳足迹指换算成二氧化碳的温室气体排放量。

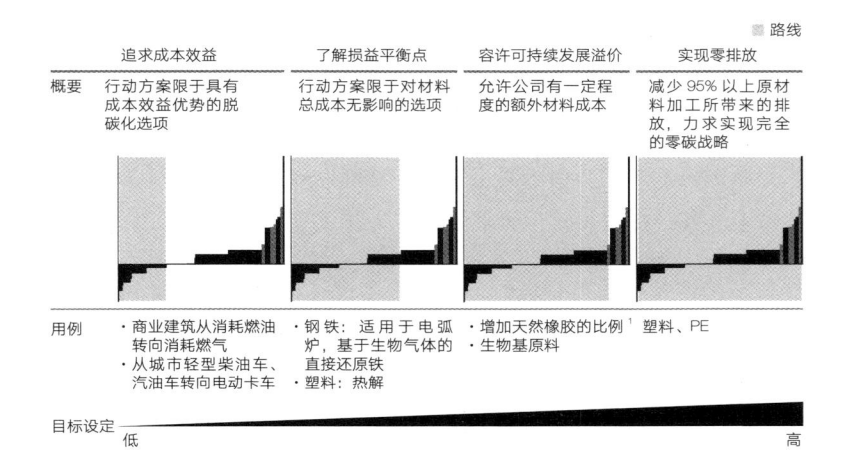

	追求成本效益	了解损益平衡点	容许可持续发展溢价	实现零排放
概要	行动方案限于具有成本效益优势的脱碳化选项	行动方案限于对材料总成本无影响的选项	允许公司有一定程度的额外材料成本	减少95%以上原材料加工所带来的排放,力求实现完全的零碳战略
用例	·商业建筑从消耗燃油转向消耗燃气 ·从城市轻型柴油车、汽油车转向电动卡车	·钢铁:适用于电弧炉,基于生物气体的直接还原铁 ·塑料:热解	·增加天然橡胶的比例[1] ·生物基原料	塑料、PE

目标设定：低 → 高

图 9-8　公司成本曲线设计依据

注：1. 附加材料成本示例,确定的合理范围。

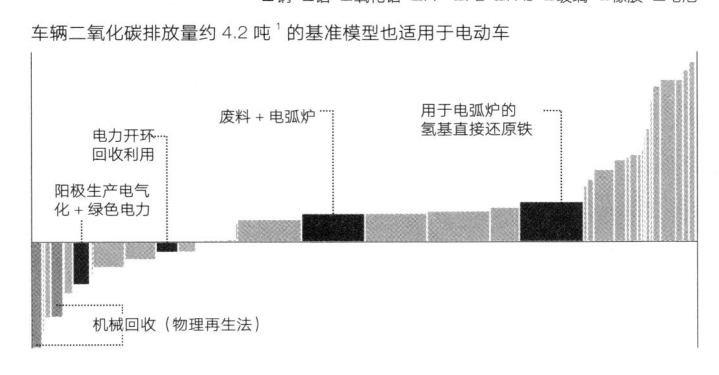

图 9-9　某公司 2030 年内燃机汽车成本曲线设计

注：1. 本分析以车重为 1.95 吨的高级 SUV 车型为对象,成分为：1.04 吨钢、0.29 吨铝、0.10 吨橡胶、0.07 吨 PP、0.03 吨 PE、0.05 吨玻璃。

资料来源：麦肯锡分析小组（麦肯锡脱碳路径优化程序）。

下面介绍一个为了减少温室气体而做出了重大管理决策的公司案例。Engie

263

公司总部位于法国，是世界领先的电力和天然气供应商。2020 年 5 月，该公司将目标定为"通过减少能源消耗和推广更加环保的解决方案加速向碳中和经济转型"。在此基础上，该公司确定了以下 4 个重点领域：提高综合建筑和住房的能源效率；更新医院、大学、市区等主要公共基础设施并推行无碳化；通过绿色化举措支持产业转移；加快可再生天然气和电力相关项目。

当然，在确定这些重点领域时，公司也考虑了现有业务所受到的负面影响。例如，对于在发电中使用煤炭的方式，虽然从成本优势等定量方面评估后发现它具有优势，但基于定性评估，这种做法与公司的理念不符，所以在政策上决定减少约 60% 的煤炭火力的装机容量。如今，我们越来越需要从定量和定性两方面去分析，根据公司的战略和更高层次的宗旨、使命和目标来考虑公司应该采取的行动并认真执行。

引入公司治理

在公司运行时引入有效的治理。具体来说，至少要在管理层中任命一名首席可持续发展官（Chief Sustainability Officer，CSO），以明确可持续发展是对内和对外最重要的经营主题，调整公司和外部利益相关者之间的利害关系，并将可持续发展列入公司业务中进行综合考量。在此基础之上，最佳的方式在于通过中央集权或移权的方式，实现公司治理以推动改革。

当需要全公司消息一致传递，进行中央集权式的、与各地区利益相关者相协调的沟通或行动时，就要利用权限转让。下面分别介绍几个具体案例。

案例 1：可口可乐

用中央集权的方式，确保品牌和客户价值与可持续发展保持一致。

可口可乐是全球规模最大的饮料制造商，在全球共有 900 家工厂，6 万名员

策略 9　采取积极的行动以应对气候变化

工，而客户和监管当局都曾要求公司解决可持续发展的问题。客户对含有大量糖分的碳酸饮料提出了健康上的担忧，同时，监管当局也提高了一次性塑料包装和用水的税收。

在应对外部要求可持续发展的压力之下，可口可乐提出了"增长固然很重要，但要以正确而不是简单的方式做生意"的核心理念，同时推进"创造所有人都对可口可乐的商业模式有所关联的价值"。

在此基础上，可口可乐公司由负责涉外和营销的高级副总裁兼任 CSO，设置了可持续发展小组（Center of Excellence，CoE）并亲自管理。所谓 CoE，是一个积累公司内外智慧，对公司各部门做出支持，提供最佳解决方法的团队。此外，公司还在各地区设立了地区可持续发展小组，它们从 CoE 那里得到解决问题的办法，建立符合各地区实际情况的应对体制。

其结果是，即使是面对风险管理上较强的应对可持续发展的工作，职权近似于首席执行官的高级副总裁也能够通过中央集权式的指挥，明确全公司的焦点问题并加以解决。此外，负责市场营销的高级副总裁对可持续发展也负有责任，这对于公司与客户的交流也大有助益。将可持续发展应对和客户的价值诉求融合起来，可以发送出强有力的一致性信息。

最终，公司从 2008 年开始连续十几年在道琼斯可持续发展指数上位居前列，该指数也是 ESG 的投资指标。另外，还有很多目标计划在 2025 年前实现，例如，在气候变化方面，碳足迹比 2010 年减少 25%，作为包装容器的瓶子和罐子的再利用率达到 75% 等，这些都在 2017 年实现了约 80%，努力的结果通过数值表现了出来。

案例2：巴斯夫（BASF）

用权限转让的方法，实现全公司横向组织自主支持各生产线和地区。

巴斯夫总部位于欧洲，是世界规模最大的化学公司之一，在产品的详细设计上占据优势，公司的特点在于重视基于数据的决策。公司在被欧洲当局要求制定可持续发展战略之前，便已将可持续发展的工作视为当务之急，开始培养强调可持续发展的新客户。

另外，公司还销售功能性高的特殊化学产品，由于产品的生产线散布在各个地区，使得每个地区需要应对的内容不同，这就需要公司各部门通力协作。因此，公司进行了全公司业务的重要度评价，最终选定了水利用、温室气体排放量削减、化学物质的综合安全管理等领域作为可持续发展的重点。

对这些领域，公司进行了如下治理：首先，在董事会成员中任命CSO，在其下设置CoE负责战略规划、目标设定和进展管理，使之具有全球合作的机能。其次，在各地区设置地区可持续发展办公室，使其在为各地区的生产线发挥咨询功能的同时还与CoE合作，为实现各地区的目标而进行总结和报告。

其结果是，正因为由董事会的最高负责人来负责可持续发展，所以让公司内横向发出信息成为可能。

此外，由于地区可持续发展办公室具有内部咨询的功能，除了提高各生产线和各业务单元的负责人的可持续意识之外，还获得了运营支持。从定量的结果来看，公司削减了630万吨的温室气体排放。

案例3：沃尔玛

用权限转让的方法，沃尔玛让总部、各地区业务单元分担问题的责任。

从21世纪初开始，沃尔玛就被要求进行与销售规模相符的回馈社会活动，从而一直经受着外界的压力。2005年，卡特里娜飓风对美国造成了严重破坏，公司通过积极参与飓风后的重建活动，品牌形象得到提升。在此基础之上，首席执行官向公司内外都传达了"可持续发展是公司最重要的主题"的看法。

从沃尔玛的案例来看，虽然起因来自公司外部的压力，但此后沃尔玛将可持续发展作为公司的核心目标。只是从动机来看，沃尔玛与前2家公司略有不同。

公司治理的具体方法是在负责涉外业务的副社长之下设置 CSO（最高战略负责人），并在 CSO 下设置 CoE，主要负责战略规划、目标设定、进展管理以及全球合作。此外，每个地区和业务单元（BU）领导下的管理者负责推动每个地区和 BU 的可持续发展，而其下属的团队是唯一一个负责实现可持续发展目标的部门（非 CoE）。

公司还制定了每月由 CSO 和各地区、BU 的管理者向首席执行官报告的体制。由此，虽然明确了可持续发展是首席执行官要负责的重要主题，但因为 CSO 被安排在负责涉外的副社长之下，也有公司外部人员批判道："难道只是把可持续发展作为评判公司和操控公司形象的工具吗？"

但该体制确保了具体问题由具体董事负责的平衡性，具体内容包括"森林保护是扎根于地区的活动，因此应在地区和 BU 的层面推进""劳动环境的改善等活动应在全球范围内推进，由 CSO 管辖"等。

结果是到 2018 年为止，公司将包括门店和全球运营管理在内的 28% 的能源消耗量转换成了可再生能源，其进一步的目标是到 2025 年实现 100% 的能源转换为可再生。

另外，对于将全球 78% 的废弃物从填埋物转换为回收再利用资源的目标，该公司计划到 2025 年在加拿大、日本、英国、美国 100% 达成。

如上所述，以什么样的方式推进可持续发展并非只有一个正解。重要的是在靠近首席执行官的位置上设立 CSO，明确高层参与的问题，然后对照公司的经营环境，在整个公司一致性和一线的主体性之间寻找最佳的平衡，由此进行组织设计。

对新常态的深度思考

マッキンゼー ネクスト・ノーマル
アフターコロナの勝者の条件

疫情从两个方面揭示了应对气候变化的必要性。其一，经济活动停滞对温室气体的削减作用远远不足，也缺乏可持续发展前景，公司仍需要彻底的典范转移。其二，要将从疫情中复苏定位为盘活经济并彻底进行典范转移的良机，将其看作机遇从而加快行动。

对于气候变化带来的不良影响，事后的应对措施所支付的成本非常巨大，超过了社会和经济可以承受的范围。在这种共识下，各国都在积极推进针对气候变化的对策，有时还伴有财政刺激措施。尽管如此，我们仍然看到对于控制不良影响，将温度上升控制在 1.5℃以内的目标来说，温室气体排放量的减少并没有满足相应的要求。各国政府和公司有必要主导更为彻底的典范转移。

公司为了履行社会责任，或者为了抓住基于宏观社会动向的商机，就必须掌握潮流，并落实到本公司的目标、战略和行动中去。如前所述，公司不应该只根据本公司的理论来决定在哪里采取行动，而应该退一步，以客观的立场评价，试着从投资者的角度来看一看有什么样的可持续发展投资机会。另外，重新设计本公司的成本曲线，在明确应如何兼顾温室气体的减排和成本的增加之后，根据公司的管理政策和战略来决定实施怎样的减排措施。此外，在落实这些措施时，为明确气候变化对策是高层应参与的重要主题，需要明确组织设计和公司治理，关键是要在首席执行官或 CSO 的领导之下建立一个可持续发展的公司，根据公司的经营环境确定是以中央集权还是移权的方法进行管理。

由此，我们已经明确了应对气候变化的必要性和需要采取的行动，国家和公司所采取的行动将左右公司、国家甚至于地球的未来。

策略 10

明确公司存在的目的是为社会创造价值

マッキンゼー ネクスト・ノーマル
アフターコロナの勝者の条件

策略 10　明确公司存在的目的是为社会创造价值

　　在 21 世纪的前 20 年里，人们经历了悄无声息但又影响重大的经济变化，这些变化是由技术创新、全球化、金融危机以及市场经济和政府的角色转变所推动的。疫情使这些年不断积累的社会问题暴露了出来，而随着疫情结束，我们将进入新常态，国家、公司和个人需要在各自的层面上解决那些暴露出来的问题，以创造一个健康的社会。

　　个人的经济活动包括三个方面：就业、消费和储蓄。

　　首先，将分析 21 世纪的经济变化如何改变劳动者、消费者和储蓄者，以及个人因疫情受到了怎样的影响。其次，讨论市场经济和政府在疫情影响下是如何变化的，并提出公司在新常态需要发挥的作用。最后，介绍几个当下正在努力感知和应对经济变化、不断加强自身竞争力的公司案例，为公司管理者和经营者提出相关建议。

劳动力市场的两极分化

非正式雇用劳动就业

21世纪经济背景下,就业率持续上升,失业率则处于最低水平。尽管金融危机曾导致就业率暂时的下滑,但在此次分析的22个发达国家中,2000—2018年的就业率从68%上升到71%,增加了4 500万人,说明许多国家迅速克服了金融危机的影响(见图10-1)。此外,有16个国家的就业率已达到历史最高水平。在这22个国家中,日本的就业增长率位居第二。

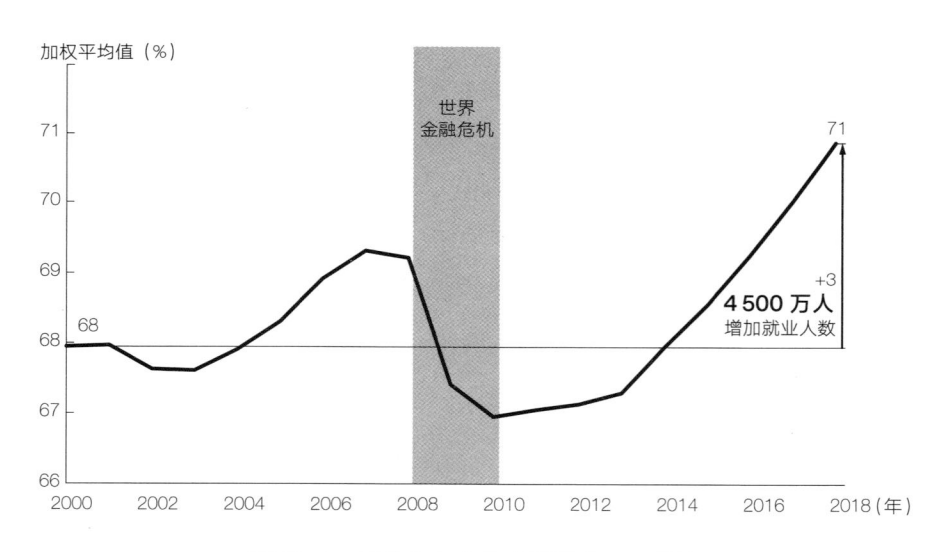

图10-1 就业人口占劳动适龄人口百分比

注:1. 劳动适龄人口的年龄为15～64岁;加权平均值按22个国家人口计算。

女性的就业情况尤其令人瞩目。在新增的4 500万人中,有3 100万是女性,在2018年,女性劳动者占总就业人数的46%。但与此同时,2000—2018年

15～24岁的年轻人就业率平均下降了4.1%，这一趋势在爱尔兰和南欧国家尤为明显。

就业率的增长主要由兼职人员和自由职业者等其他非正式雇用推动。2000—2018年，在21个调查对象国中，有10个国家的正式雇用数量出现下滑（平均减少1.4%），其中以美国最甚，减少了6.8%（见图10-2）。而且，临时工合同（不规定每周工作时间的劳动合同）和工作场所的裂化（指工作被精细外包）等雇用模式和商业趋势也助长了这一趋势。

收入和技能的两极分化和供需差距

劳动者技能水平的差距导致22个发达国家的就业情况进一步两极分化。换句话说，就是需要高水平技能和低水平技能的工作都有所增加，而需要中等水平技能的工作有所减少。其中部分是由于行业间的就业转移、自动化和全球化的发展，使得就业方向从高技能的制造业转移到低技能的服务业。不管怎样，技能水平的两极分化是在所有行业都可以观察到的现象（见图10-3）。

随着就业岗位在技能水平上的分化，收入的两极分化也在扩大。2000—2016年，收入水平排在前25%的劳动者收入占社会总收入的比例上升了1%，达到41%。从可以查到数据的17个欧盟国家和美国来看，有12个国家的收入越来越集中。与此同时，22个国家相对贫困率（收入明显低于平均水平的人口比例）从2000年的11%（6 200万人）增加到2016年的13%（7 600万人）。

图10-4显示了不同类型职业的工资增长率和就业增长率。在美国，后勤、建筑和教育等中等收入职业的工资水平不高，增幅相对不太明显；而4个出现了工资水平显著增长的职业中，有3个是高收入职业，即商业和金融运营、计算机和数据处理，以及医疗从业人员和技术人员。同样值得注意的特征是，虽然工作量没有增加，但管理者的工资增长却达到最高水平。这表明在过去20年时间里，

在数字化、全球化、自动化等不断发展的情况下,尽管每个行业的就业需求都发生了很大的变化,但供给侧却无法有效应对。

国家	全职	自发兼职	非自发兼职
新西兰	7.8	-0.8	0.1
瑞典	3.7	0.6	-1.0
法国	3.2	-0.4	1.9
德国	2.5	7.3	0.5
加拿大	2.5	0.6	-0.2
日本	2.3	6.1	-0.4
芬兰	1.8	2.1	0.7
英国	1.8	0.2	0.7
葡萄牙	1.4	-1.2	1.2
西班牙	1.3	0.4	4.3
比利时	0.7	5.0	-1.7
澳大利亚	-0.1	2.4	2.4
爱尔兰	-0.6	-0.4	1.6
挪威	-1.4	-1.3	-0.3
意大利	-1.6	0.9	5.3
丹麦	-2.2	1.2	0.1
荷兰	-3.7	7.4	1.4
希腊	-4.1	0.2	2.3
奥地利	-4.2	8.1	0.9
瑞士	-4.2	5.3	0.7
美国	-6.8	3.2	0.2
加权平均数	-1.4	3.2	0.9

单位:(%) ■增加 ■减少

1 200万人 新增就业人数[2] 但在总数所占比例下降

2 300万人 新增就业人数

600万人 新增就业人数

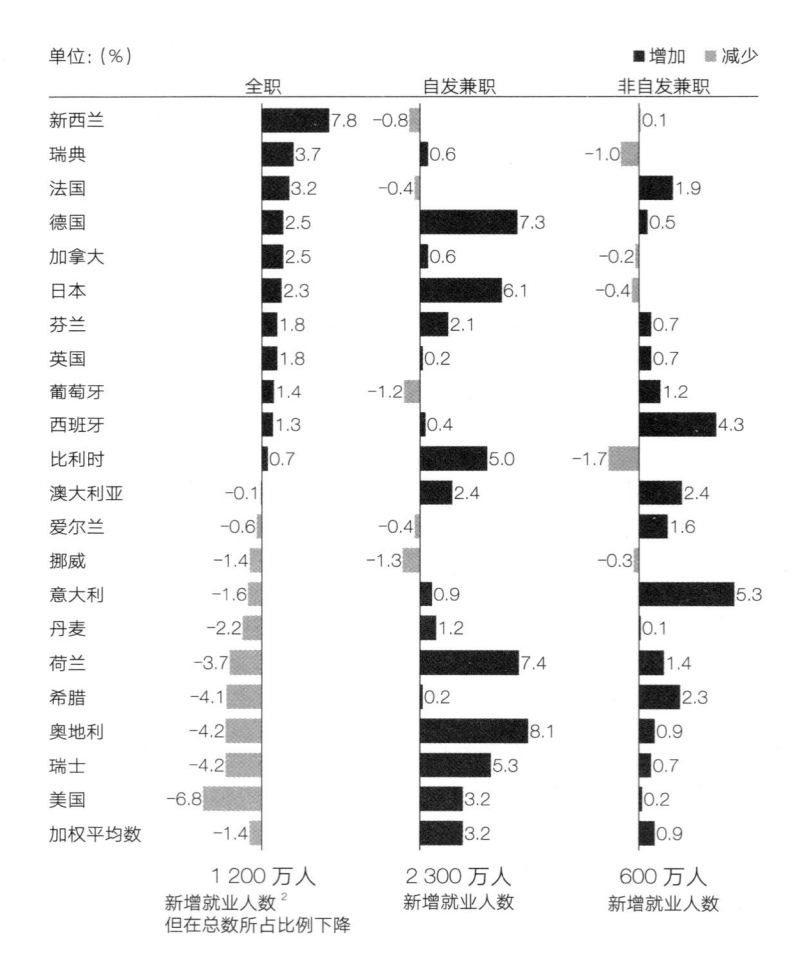

图 10-2 就业率变化[1]

注:
1. 2000—2018年数据。$n=21$,不包括韩国出现的400万个额外就业机会。
2. 在全职方面用就业人口总数除以劳动适龄人口总数得出加权平均数。

资料来源:经济与合作发展组织;世界银行。

策略 10　明确公司存在的目的是为社会创造价值

■高水平技能　■中等水平技能　■低水平技能

16 个欧洲国家按技能划分的就业人数（百万人）[1]

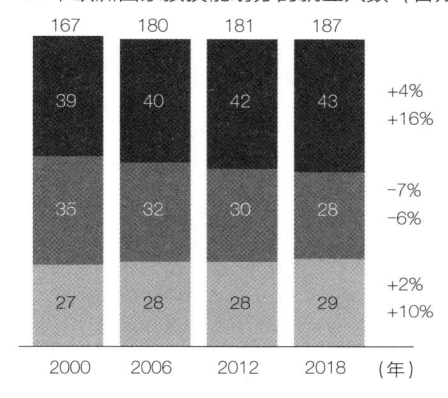

年份	2000	2006	2012	2018	变化
总计	167	180	181	187	
高水平	39	40	42	43	+4% / +16%
中等水平	35	32	30	28	−7% / −6%
低水平	27	28	28	29	+2% / +10%

美国按收入水平划分的就业人数（百万人）[2]

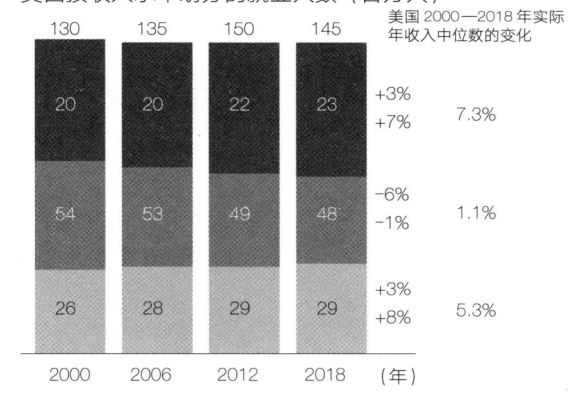

美国 2000—2018 年实际年收入中位数的变化

年份	2000	2006	2012	2018	变化	年收入中位数变化
总计	130	135	150	145		
高收入	20	20	22	23	+3% / +7%	7.3%
中等收入	54	53	49	48	−6% / −1%	1.1%
低收入	26	28	29	29	+3% / +8%	5.3%

图 10-3　各水平技能劳动者占总劳动力比例 [3]

注：
1. n=16，涵盖的国家包括：奥地利、比利时、丹麦、芬兰、法国、德国、希腊、爱尔兰、意大利、荷兰、挪威、葡萄牙、西班牙、瑞典、瑞士、英国。
2. 年收入中位数。划分标准为：低收入为小于 30 000 美元；中等收入为 30 000～60 000 美元；高收入为大于 60 000 美元；小时工资假设每周工作 40 小时（农民和个体户不在统计范围内）。
3. 我们认识到，虽然技能不一定与收入水平相关，但由于现有数据的限制，将欧洲的中等技能与美国的中等技能人群收入进行了比较。由于四舍五入，总和并非都是 100%。

资料来源：欧洲职业培训发展中心；劳工统计局；职业就业统计局。

麦肯锡未来经营策略

2000—2018年就业变化（%）

椭圆面积表示2018年的就业比例
- 高收入：> 60 000美元
- 中等收入：30 000～60 000美元
- 低收入：< 30 000美元

就业和工资适度增长

就业和工资快速增长

就业和工资增长停滞

2000—2018年实际工资中位数变化（%）

职业类型按2018年工资高低排序

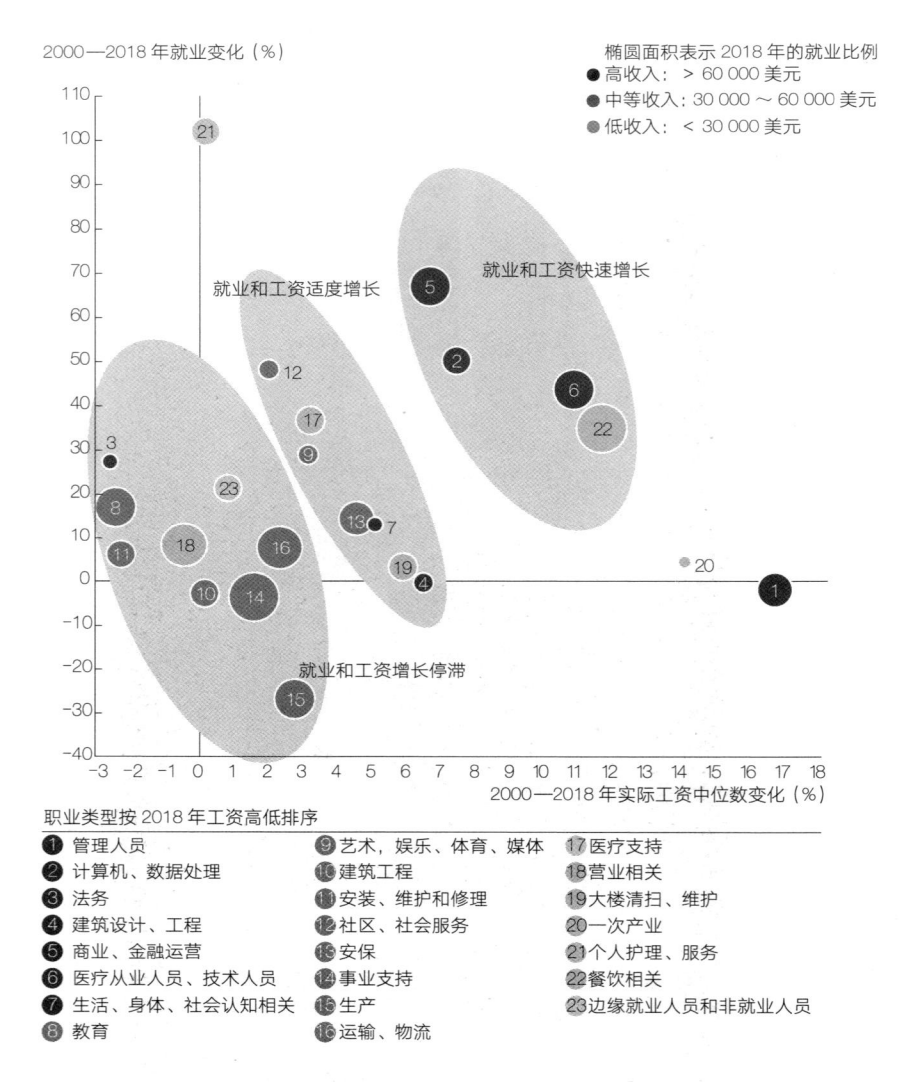

① 管理人员　　　　　　　　⑨ 艺术、娱乐、体育、媒体　　⑰ 医疗支持
② 计算机、数据处理　　　　　⑩ 建筑工程　　　　　　　　　⑱ 营业相关
③ 法务　　　　　　　　　　　⑪ 安装、维护和修理　　　　　⑲ 大楼清扫、维护
④ 建筑设计、工程　　　　　　⑫ 社区、社会服务　　　　　　⑳ 一次产业
⑤ 商业、金融运营　　　　　　⑬ 安保　　　　　　　　　　　㉑ 个人护理、服务
⑥ 医疗从业人员、技术人员　　⑭ 事业支持　　　　　　　　　㉒ 餐饮相关
⑦ 生活、身体、社会认知相关　⑮ 生产　　　　　　　　　　　㉓ 边缘就业人员和非就业人员
⑧ 教育　　　　　　　　　　　⑯ 运输、物流

图10-4　美国就业岗位和实际工资中位数变化

注：共22个工种，其中6个低收入工种（占总就业的29%）、9个中等收入工种（占总就业的48%）、7个高收入工种（占总就业的23%）。

资料来源：劳工统计局，职业就业统计局，经济与合作发展组织。

276

疫情导致社会弱势群体就业情况恶化

疫情对就业产生了广泛的影响，2020年11月统计的数据显示，日本劳动者的固定工资虽然没有大幅下降（与2017年1月相比仅减少0.1%），但由于加班时间的减少，固定工资之外的收入大幅减少了10.3%。疫情期间的工资减少情况在非正式雇用中尤为突出，兼职人员每月的固定工资比2017年1月减少0.9%，加班费和奖金等则减少了16.2%。同时，失业率也有所上升，日本的失业率在2019年11月为2.2%，到2020年10月则超过了3%。值得注意的是，信息通信产业和医疗福利岗位有所增加，而住宿和餐饮服务岗位却在大幅减少。

另外，2020年11月进行的调查显示，回答由于疫情受到了失业、离职、停工、劳动时间急剧减少等影响的男性占总男性就业者的18.7%，女性就业者的这一比例为26.3%，女性非正式雇用的情况尤为严重，这一比例为33.1%。从这些数据也可以看出，疫情对非正式雇用的影响更大，甚至有可能导致女性参与就业的进程产生倒退。麦肯锡进行的一项调查也显示，在疫情期间，女性就业面临的风险是男性的1.8倍。

消费市场可支配收入降低

选购品价格降低

欧洲中央银行的消费者物价指数显示，在20个调查对象国中，2002—2018年消费者物价平均上升了33%。然而，占消费总量22%的选购品（非生活必需品的商品和服务，如通信、服装、娱乐、家具等）价格平均下降了3%。相对于整体价格水平的变化，通信价格下降了43%，家具下降了33%，服装下降了31%，娱乐下降了30%。由于价格的下降，这类商品和服务的购买和使用量大幅增加。

选购品价格下降的第一个原因是由技术创新带动的。互联网接入价格下降，SNS、新信息服务、电商等普及使得这类商品或服务的使用变得更加容易，同时供给和库存等成本也在降低。因为价格下跌和商品易用程度、品质的提升，消费者剩余（消费者得到的利益）也得以提高。例如，在2005—2013年，通过互联网交流工具Skype，全球节约了1 500亿美元的国际电话费。也有调查显示，用户若放弃使用Skype，就需要平均每年自己支付1 7530美元电话费，但如果不放弃使用，就能享受到免费的服务。

选购品价格下降的第二个原因是放宽管制。根据经济与合作发展组织的数据，在2000—2013年的通信、运输（道路、铁路）、公用事业领域，产品、市场管制指标在22个国家平均下降了33%，零售价格控制指标也下降了26%。这样的管制放宽政策虽然有各种形式，但产生影响最大的还是在国有公司的垄断体制中导入竞争原则。1980—2013年，22个国家共进行了290次国营事业的改革，仅德国一个国家就以2年1次的速度实施了大规模的市场准入改革和私有化（如1998年国营航空公司汉莎的私有化、2001年德国邮政的私有化等）。

选购品价格下跌的第三个原因是生产率的提高和创新。例如，2000—2010年，丰田凯美瑞在美国不仅价格每年下降1%，还增加了总计1 400美元的新功能，并提升了燃油的经济性。

非选择性消费上涨

在22个发达国家，消费物价在2002—2018年上升了33%，其中有37%是因为住宅费用的上涨。

由于政府对住宅用地、建筑覆盖范围的限制以及邻近住宅业主的反对等因素，住房供应往往停滞不前。此外，国家政策也未能遏制住因金融投机而带来的租金和房价的上涨。对主要城市，特别是"超级明星城市"（引领世界经济的50个城市）的住宅需求持续增加，而低收入人群和年轻人受到这一住宅费用上涨的影响很大。例如，为了购入满足最低限度的住宅所需要的花费，相当于收入排名后20%的人可支配收入的43%，而对于收入排名前20%的人来说，只占可支配收入的7%。同时，对于15～30岁的年轻人来说，购入满足最低限度的住宅所需的费用是可支配收入的23%。在这种情况下，年轻人与父母同住的比例不断增加，在英国1986—1990年出生的人群中，有46%的年轻人在25岁时仍与父母同住，而1946—1950年出生的人群在25岁时与父母同住的比例仅为27%。

在医疗领域，公共系统空间的严重不足导致了人们对私人系统的依赖。随着老龄化的加剧和新兴的（价格更高的）治疗方法的开发，在医疗支出方面，22个国家中有19个国家都有所增加，医疗在GDP中的占比由2000年的5.3%提高到2016年的6.4%。在澳大利亚和美国，医疗费用的上升尤为显著，2002—2018年，消费者物价指数分别上升为63%和35%。高效但昂贵的新医疗技术的出现，制药、医疗器械行业的整合以及寡头垄断的发展，也是成本提高的原因。在美国，腹腔镜下阑尾切除术所需的费用从2003年的平均8 570美元上升到2016年的20 192美元，上涨至2倍多。而随着医疗技术的高度发展，发达国家的平均寿命都在延长。65岁开始算起的平均余生寿命在过去20年里由18年增长为20年；癌症死亡率在2000—2016年也下降了15%。

除日本以外，教育支出在所有国家都有所上涨。在英国，受2010年以后大学学费上涨的影响，教育支出上升到了物价标准的2倍。同时，在教育领域，民间的作用也变得越来越重要。2000—2015年，在22个调查对象国中，政府的教育支出在GDP中的平均占比始终保持在4.5%左右，但私营的教育支出却有所增加。日本的总教育支出没有增加，一方面，公共部门的教育支出占比本就较低（占公共总支出的7.8%，经济与合作发展组织平均比例为10.8%），另一方面，学前教育和高等教育等方面的国家负担率很高（高等教育的国家负担率为67.8%，经济与合作发展组织平均比例为27.4%），这些因素很容易带来教育不平等的现象（见图10-5）。

麦肯锡未来经营策略

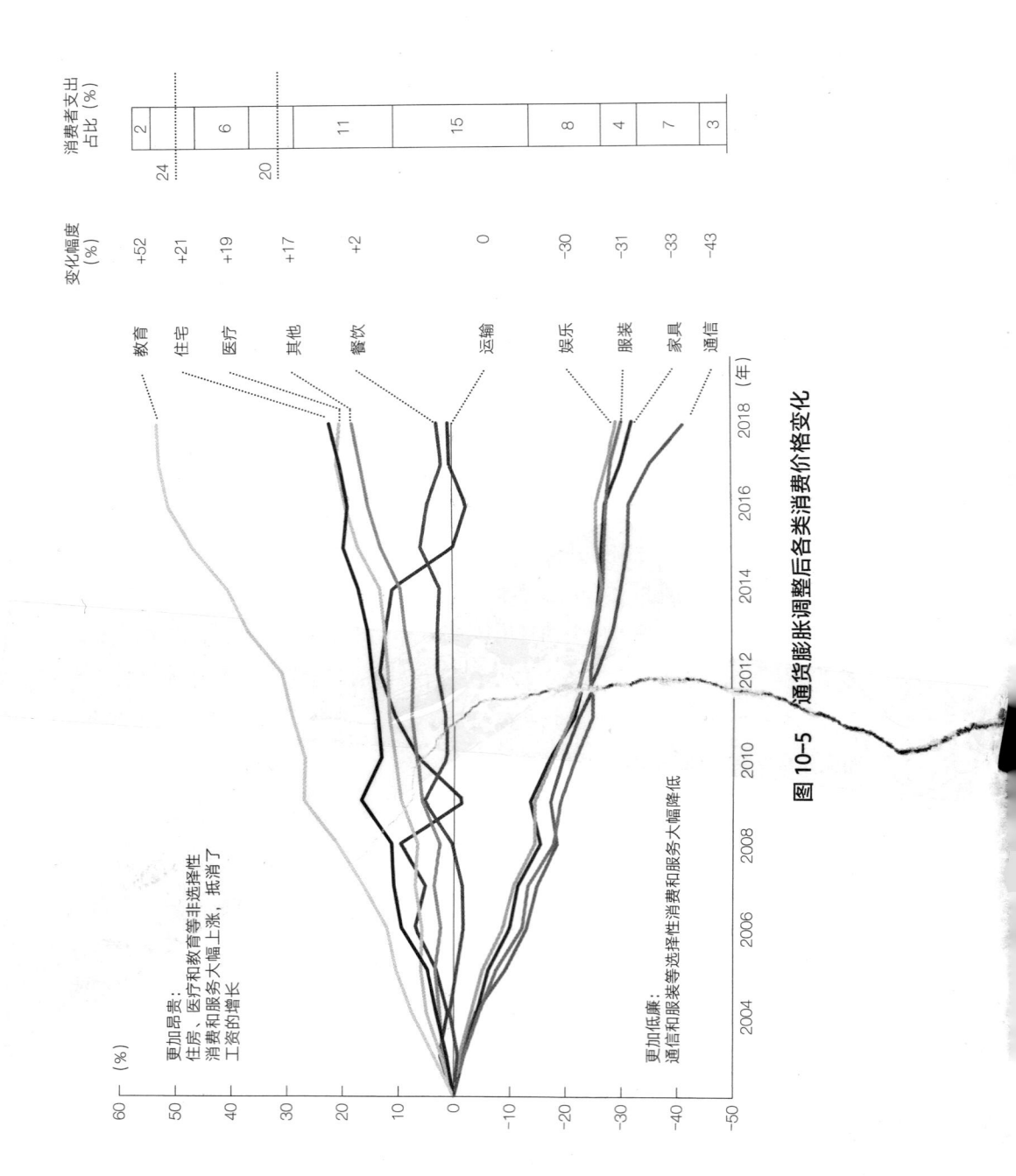

图10-5 通货膨胀调整后各类消费价格变化

类别	变化幅度(%)	消费者支出占比(%)
教育	+52	2
住宅	+21	24
医疗	+19	6
其他	+17	20
餐饮	+2	11
运输	0	15
娱乐	-30	8
服装	-31	4
家具	-33	7
通信	-43	3

更加昂贵：
住房、医疗和教育等非选择性消费和服务大幅上涨，抵消了工资的增长

更加低廉：
通信和服装等选择性消费和服务大幅降低

280

生活必需品价格变化不大

由疫情引发的生活方式的变化，也对消费价格产生了影响。消费者物价指数一直呈下降趋势，2020 年 10 月该指数与上一年同期相比下降了 0.7%。

这种下降一部分是由于日本政府新政的影响以及住宿的消费，另一部分则是由于能源价格下降，使电费和油价也有所下降。

在住房、教育和医疗等生活必需品的消费方面，则没有观察到明显的变化。然而，一项研究发现，当学校因疫情而暂时停课时，低收入家庭无法获得其他可以替代的教育资源，从而导致学习时间减少。同时，这些家庭无法为子女按时按量提供餐食[①]。

2000—2017 年，大多数发达国家的工资都有所增长，但工资增长的部分大都被生活必需品的价格上涨所抵消。住房、医疗和教育等生活必需品的价格上涨给人们的生活造成压力。

如图 10-6 所示，英国、法国和美国等国都出现了类似的情况；在西班牙、日本和意大利，实际收入则一直在下降，再加上生活必需品的价格上涨，使可支配收入进一步降低。

虽然必需品的价格上涨对每个人的影响是同等的，但仍因人们的收入差距呈两极化发展趋势。不言而喻，处于最低收入阶层的人群面临着更为严重的生存问题。

---

① 美国人口普查局 2020 年 6 月进行的一项调查显示，16.5% 的有孩子的美国家庭无法给孩子提供足够的食物，这一数字与疫情前相比飙升了 5.5 倍。

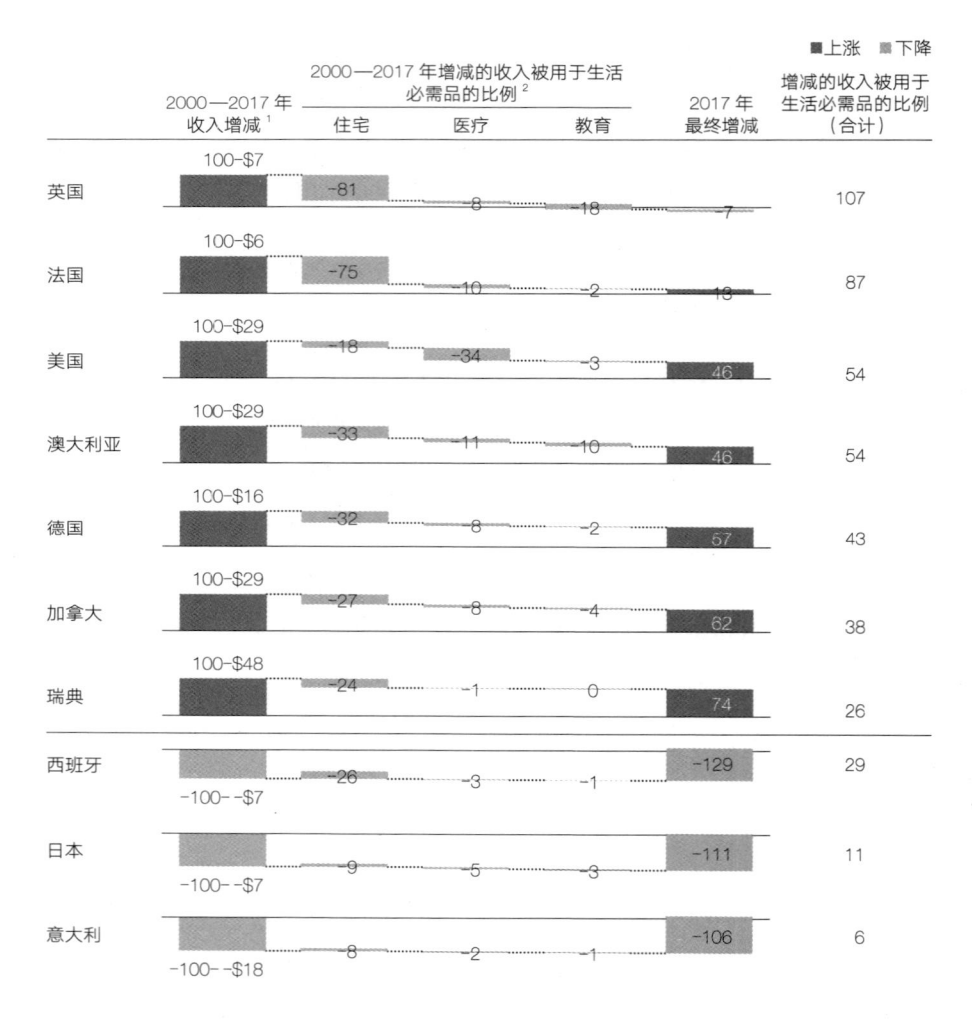

国家	2000—2017年收入增减[1]	2000—2017年增减的收入被用于生活必需品的比例[2] 住宅	医疗	教育	2017年最终增减	增减的收入被用于生活必需品的比例（合计）
英国	100-$7	-81	-8	-18	7	107
法国	100-$6	-75	-10	-2	13	87
美国	100-$29	-18	-34	-3	46	54
澳大利亚	100-$29	-33	-11	-10	46	54
德国	100-$16	-32	-8	-2	57	43
加拿大	100-$29	-27	-8	-4	62	38
瑞典	100-$48	-24	-1	0	74	26
西班牙	-100--$7	-26	-3	-1	-129	29
日本	-100--$7	-9	-5	-3	-111	11
意大利	-100--$18	-8	-2	-1	-106	6

图10-6　各代人的平均收入和支出变化[3]

注：
1. 变化数值将实际增长考虑在内（按消费者物价指数调整）。西班牙和澳大利亚的数值为2001年统计。德国、日本、瑞典和英国根据经济与合作发展组织"国民账户和家庭预算"调查结果估计而来。
2. 生活必需品指住房、医疗和教育。
3. 许多国家的税前收入有所增加，但税后收入可能因税率的变化或增加或减少。由于四舍五入，总和并非都是100%。

资料来源：经济与合作发展组织国民账户数据，欧盟统计局家庭预算调查。

个人储蓄差距扩大

公共养老金系统面临压力

公共养老金通常被认为是一种政府储蓄,如今人口结构的变化给所有发达国家的公共养老金系统带来了压力,使累积的政府债务上升到 GDP 的 110%。在这种背景下,许多国家正在实施减少养老金、提高养老金支付年龄的政策,以应对老龄化发展和劳动人口减少而带来的公共养老金系统的支出增加和收入来源等问题。其结果是,2004—2018 年,20 个发达国家的公共养老金收入替代率从 65% 下降到 54%,特别是在希腊、加拿大、英国、瑞士、日本和德国等国,跌幅均超过了 20%。

此外,由于个体户、临时就业和兼职等非正式雇用的增加,养老金问题变得更加复杂,因为现有的养老金制度是为全职的正式员工建立的,并没有充分覆盖到非正式员工。

个人储蓄在减少,且越来越多的家庭没有储蓄

公共养老金这种政府储蓄的减少导致个人储蓄越来越重要,然而,22 个发达国家的家庭平均储蓄率却出现了下降。自 2000 年以来,各调查对象国的平均储蓄率下降了 1.4%,特别是在日本、西班牙和英国等国,储蓄率跌幅已经超过了 6%。

在 2017 年,约有一半的人没有为退休进行储蓄,1/4 的人根本没有任何储蓄。传统的高社会福利水平国家储蓄率较低,截至 2017 年,法国、意大利和西班牙有约 2/3 的成年人不会为退休而储蓄(见图 10-7)。

麦肯锡未来经营策略

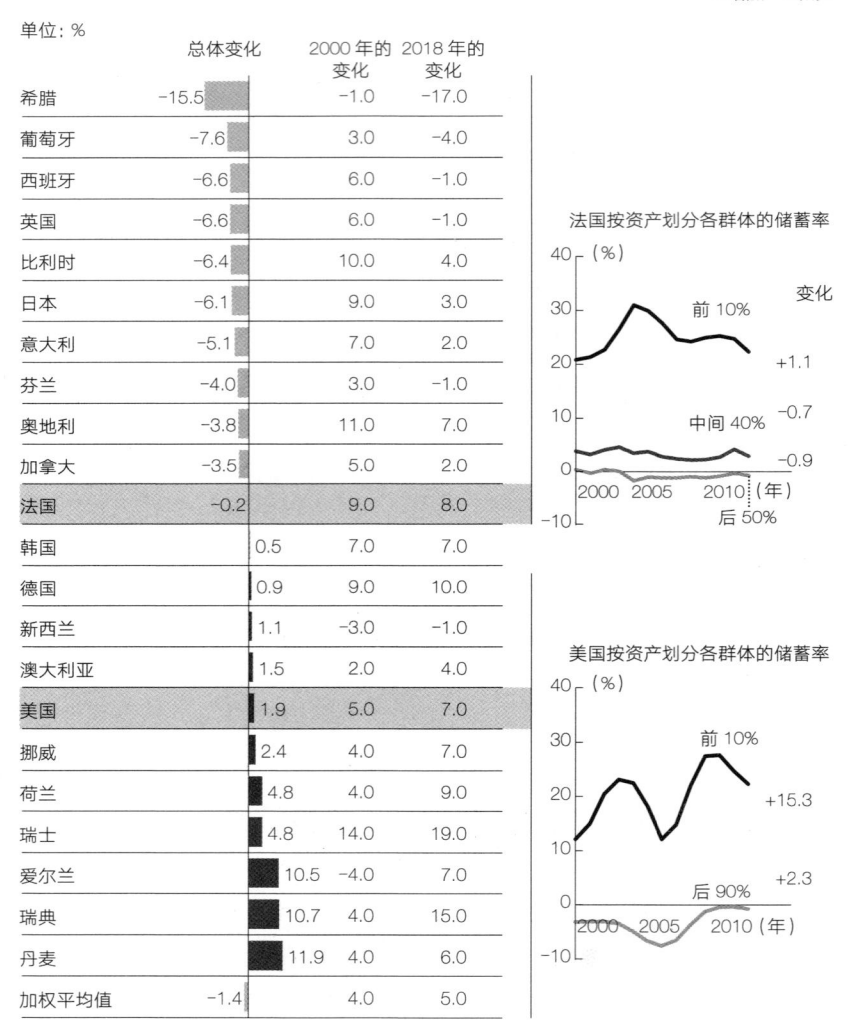

■增加 ■减少

单位：%	总体变化	2000年的变化	2018年的变化
希腊	-15.5	-1.0	-17.0
葡萄牙	-7.6	3.0	-4.0
西班牙	-6.6	6.0	-1.0
英国	-6.6	6.0	-1.0
比利时	-6.4	10.0	4.0
日本	-6.1	9.0	3.0
意大利	-5.1	7.0	2.0
芬兰	-4.0	3.0	-1.0
奥地利	-3.8	11.0	7.0
加拿大	-3.5	5.0	2.0
法国	-0.2	9.0	8.0
韩国	0.5	7.0	7.0
德国	0.9	9.0	10.0
新西兰	1.1	-3.0	-1.0
澳大利亚	1.5	2.0	4.0
美国	1.9	5.0	7.0
挪威	2.4	4.0	7.0
荷兰	4.8	4.0	9.0
瑞士	4.8	14.0	19.0
爱尔兰	10.5	-4.0	7.0
瑞典	10.7	4.0	15.0
丹麦	11.9	4.0	6.0
加权平均值	-1.4	4.0	5.0

法国按资产划分各群体的储蓄率

前10% 变化 +1.1
中间40% -0.7
后50% -0.9

美国按资产划分各群体的储蓄率

前10% +15.3
后90% +2.3

图10-7　发达国家家庭储蓄占可支配收入百分比

注：对于没有2018年数据的国家，使用了2017年的数据。韩国使用的是2005—2014年的数据。

资料来源：经济与合作发展组织，加宾特、古皮耶·勒布雷特和皮凯蒂2018年研究，赛斯和祖克曼2014年研究。

科技带来更多投资机会，但也扩大了财富分配不均

互联网使储蓄、家庭支出管理和投资更加便捷，数字银行、数字储蓄App和AI投资顾问等新兴科技服务带来了相对低成本、低风险、高回报的投资机会。能否利用好这些新的投资机会，取决于每个人的金融素养，没有接受过高等教育和收入相对较低的人往往金融知识储备较少，从而难以把握这些机会。

在过去的20年里，投资回报率一直处于历史高位。1965—2014年，美国和西欧的平均股本回报率为5.7%，而在1985—2014年为7.9%。可是，低收入者未必就能享受到这种投资的回报。1970—2014年，美国收入最低的40%人群持有财产的投资回报率为-2%～1%，而收入最高的20%人群的这一数值为5%～6%。如图10-8所示，持有资产的多少也决定了资产构成的不同。例如，在美国，个人投资者持有股票总量的87%由资产持有量位于前10%的那一部分人持有。相反，资产持有量较少的人群会在金融机构存款，但由于过去10年的低利率政策，他们几乎没有获得多少回报。

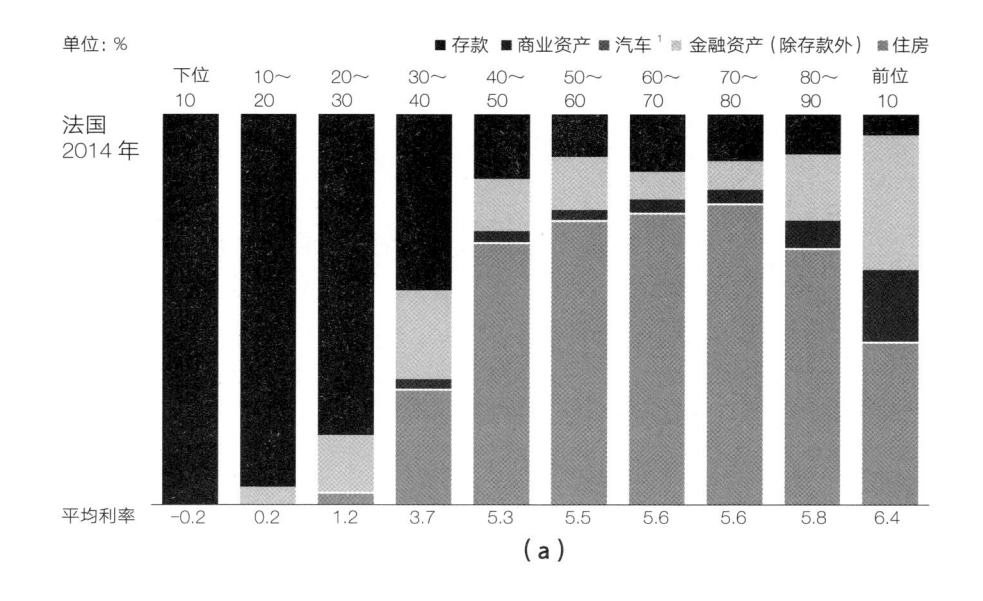

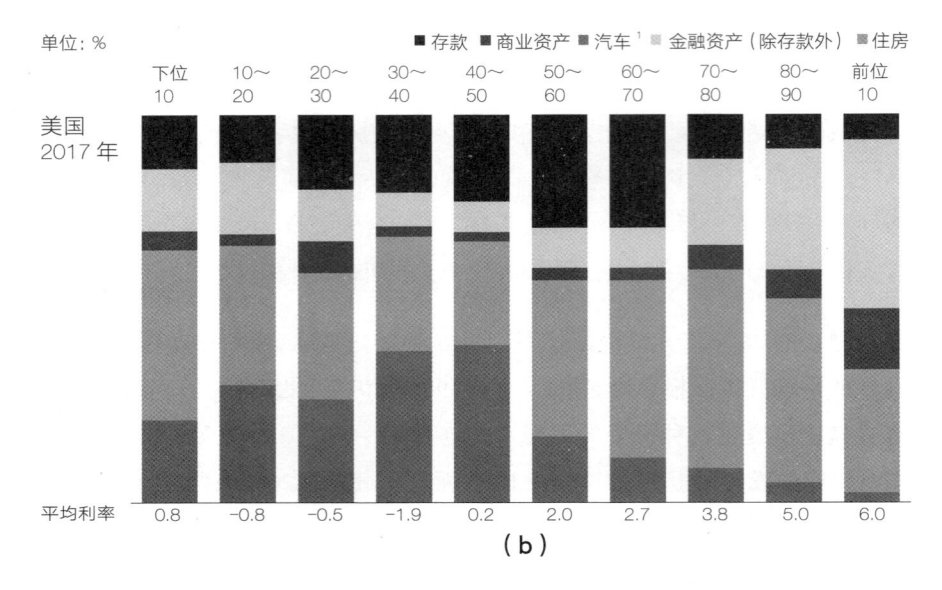

单位: %　　　　　　　　　■存款　■商业资产　■汽车[1]　■金融资产（除存款外）　■住房

	下位10	10~20	20~30	30~40	40~50	50~60	60~70	70~80	80~90	前位10
美国2017年										
平均利率	0.8	-0.8	-0.5	-1.9	0.2	2.0	2.7	3.8	5.0	6.0

(b)

图 10-8　各资产群体的资产构成 [2]

注：
1. 就美国而言，汽车被包括在资产中，因为它们是 PSID 数据中衡量财富的一个重要组成部分；而在法国，汽车没有被包括在内。
2. 法国的数据根据政府公布的宏观数据估算，美国的数据根据调查数据估算。住宅包括住房和其他房地产资产，金融资产包括证券和个人养老保险等。

资料来源：国民收入动态追踪研究公用数据，密歇根大学 2019 年社会研究所制作并发行；加宾特、古皮耶·勒布特和皮凯蒂 2016 年研究。

在可进行数据比较分析的 14 个国家中，资产持有量排在前 10% 的人所持资产在 2000—2014 年期间增加了 1.6%。收入最高人群所持有的资产在高速增长，收入最低人群所持有的资产却增长缓慢，导致了财富分配日益不平衡。

疫情加大了储蓄水平的差距

疫情的出现使人们增加了家庭储蓄。例如，英国的家庭内储蓄率（家庭收入中储蓄额的百分比）从 2020 年 1～3 月的 9.6% 增长到了 2020 年 4～6 月的 29.1%。平均而言，每个家庭的储蓄增加了 44.6 英镑。在日本，疫情期间每人获得了 10 万日元的现金补助，因此截至 2021 年 1 月，全民的家庭储蓄额相比疫情前增加了 25 万亿日元。日本总务省发表的 2020 年家庭收支调查显示，有 2 名以上劳动者的家庭储蓄比前一年平均增加了 175 525 日元，这是 2000 年以后出现的最大增幅。

我们在以就业和消费为对象的研究中发现，疫情所产生的影响因收入水平的不同有很大差异。例如，英国智库财政研究所将 2020 年 5～9 月各收入群体的储蓄额与前一年同期进行了比较，结果发现，收入最低的 20% 群体对应的平均储蓄额下降了 170 英镑，而其他各群体的储蓄额都有所增加。由此我们可以认为，疫情导致了社会弱势群体的失业和收入减少，从而使储蓄差距扩大。

政府最大力度的支持

政府债务上升到前所未有的水平

疫情期间，政府采取有史以来力度最大的支持措施来应对危机。在全球疫情蔓延的 2～3 个月内，各国宣布了共计 10 万亿美元的经济刺激计划，这一数值是 2008—2009 年金融危机时的 3 倍以上。

例如，西欧诸国就推行了一项 4 万亿美元的经济刺激计划，这一金额相当于第二次世界大战后马歇尔计划现值的 30 倍。日本也推出了 73 万亿日元的经济相关政策，这一金额占 GDP 的 13%，在发达国家之中也处于较高水平。

政府支持措施可分为对个人和家庭的直接支付、对公司的流动性支持（如补助金、贷款等），以及债务担保和债务重组等。

美国、英国、加拿大等政府介入少、政府支出低的国家大多选择了对家庭的直接支付和对公司的流动性支持等措施，而在北欧各国等政府介入多、政府支出高的国家中，采取债务担保和债务重组等措施的情况较多。

例如，在就业保障方面，日本采取了延长失业救济金发放期限和向缩减营业时间的公司提供补助等措施。法国和意大利等国家还采用了部分失业制度，对停止或减少业务的公司给予职工暂时休假的工资补助。

尽管很难判断这些经济计划是否富有成效，但数据显示，2020年的经济增长率为 -3.5%，好于世界银行在2020年6月预测的 -6.2% 的数值。政府采取大胆的经济刺激措施，或许避免了最坏的情况发生。

但是这些经济刺激计划将严重影响到各国未来的财政情况，预计需要 2～3 年的时间，经济增长率才能恢复到疫情前的水平。

2019—2020年，全球税收收入减少了3万亿～4万亿美元（占总体的15%），预计在经济增长率恢复之后，税收水平才会有所恢复。况且由于实施经济对策，政府支出所产生的债务出现了增加的情况。

在日本，由于消费税上升至10%，再加上手机、游戏、汽车和食品等行业的利好，2020年的税收收入是增加的，但由于经济形势不明朗，政府年度支出的增长明显超过了税收增长，因此在疫情中所采取的经济措施仍然对今后的财政情况有至关重要的影响。

根据麦肯锡的分析，到2020年，全球各国的政府债务将达到9万亿～11万亿美元，占GDP的12%～15%，为疫情前的3倍。此外，2023年的累积债务预计将增加25万亿～30万亿美元（见图10-9），相当于全球GDP的30%，各国的政府债务水平都将大幅上升。

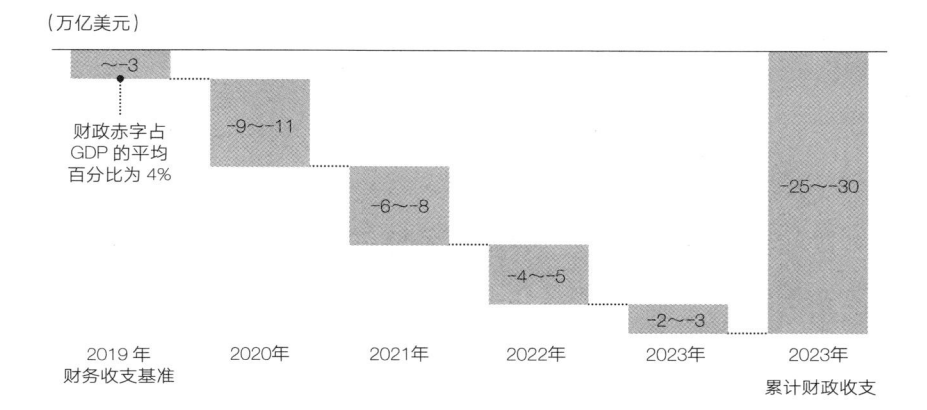

策略 10 明确公司存在的目的是为社会创造价值

图 10-9　2020 年 AI 预测 2023 年累计财政收支情况

注：数据不一定全面，截至 2020 年 5 月 8 日。

资料来源：美国国际战略研究中心；国际货币基金组织 2020 年 4 月发布财政监测第 1 章；经济与合作发展组织；2020 年 4 月发布世界经济展望报告；国际货币基金组织 2020 年 4 月 5 日发布关于大封锁的报告，imf.org。

充分利用市场灵活性，同时强化经济安全网

政府支持可以有多种形式。在就业方面，比起增加就业保护（如更严格的裁员限制，提高最低工资水平），更应考虑到暂时失业是无法避免的，从而加强对失业者的补贴以提高就业灵活性。

在消费方面（如住宅、医疗、教育），美国等国家和地区会提供免费或低价的医疗检查、疫苗接种等医疗服务。此外，出人意料的是，日本在 2020 年的死亡人数出现了大幅度减少，特别是因肺炎、心脏病、脑血管疾病和流感而死亡的人数有所下降。人们普遍认为戴口罩、洗手和酒精消毒作为个人防疫措施对保障健康非常有用，这也为今后如何加强医疗预防，以遏制不断上升的医疗支出提供了有益的启示。

政府对个人和家庭做出的支持是直接的,但并不限于食品、住宅、教育等用途的支出,也可以以补助金的形式让人们自由支配。

解决新常态下社会面临的 8 大问题

过去 20 年,发达国家通过私有化等经营模式的推进,控制住了因人口老龄化而扩大的政府支出,并通过放宽管制减少市场干预,推动了经济增长和技术创新。同时,政府减少直接雇用(如公务员等)和对市场价格的调控,使更多的公共服务由民营公司提供,这样一来,推动经济的任务就从政府转移到了公司与个人。

得益于这些措施,发达国家在过去 20 年里经历了全球化和数字技术带来的革命性的变化,迎来了前所未有的创新时代。然而,这些措施却使就业变得很不稳定,住宅、医疗、教育等非选择性消费的价格高涨,减少了社会整体的储蓄(如公共养老金和个人储蓄等)。这种变化尤其对低收入或不太富裕的群体产生了很大的影响,导致贫富差距扩大。

疫情更加凸显了过去 20 年来发达国家的本质特征,导致向民间和个人转移责任的经济和社会政策模式受到了冲击,特定产业、低收入群体和因数字鸿沟[①]而被遗弃的阶层,进一步沦为社会的少数群体,引发了更严峻的后果。对此,发达国家政府曾大胆地采取经济对策并扩大安全网,结果却导致政府在保障措施下变得更加需要直接援助,从而不得不大胆地增加支出。由此所积攒下来的政府债务,将在今后长时间内削弱各国政府在政策上的实施力度。

新常态之下的政府、公司和个人必须致力于解决以下由 21 世纪经济发展所产生的 8 个社会问题(见图 10-10)。

---

① 数字鸿沟指充分利用信息通信技术的受益者和不能利用的人之间产生的知识、机会、贫富上的差距。

策略 10　明确公司存在的目的是为社会创造价值

		预计受影响的人口数（百万人）
就业问题	1. 收入不平等和工资增长停滞 即使在经济增长的情况下，利益分配不均和工资增长停滞的现象也会存在。	200[1]
	2. 工作保障和因技术导致的工作性质变化 自动化和数字化使新的工作形式崛起，同时与就业有关的风险正在增加，工作保障越发显得薄弱。	180[2]
消费问题	3. 住房保障 不断上涨的住房成本正在消耗中低收入家庭大部分的增长收入。	165[3]
	4. 医疗和教育支出增长 医疗和教育费用增长超过了一般消费者的支出范围。鉴于人们平均寿命的延长和工作模式的改变，对医疗和教育的需求预计将进一步增加。	125[4]
储蓄问题	5. 储蓄和养老金的可持续发展 在这个人们越来越长寿的时代，需要考虑推出哪些惠民措施来鼓励个人和组织进行更多的储蓄。	440[5]
因就业、消费、储蓄变化而形成的弱势群体问题	6. 低收入群体的就业、消费和储蓄 低收入群体在就业、消费和储蓄这 3 个方面都面临困难，情况与 2000 年相比更不稳定。	335[6]
	7. 30 岁以下人群的贫困情况 与前几代人相比，在今天，15～29 岁的年轻人获得高薪且有保障的工作、实际可负担的住房和充足储蓄的机会更少。	180[7]
	8. 性别和种族问题 尽管女性的地位有了一定提高，但她们仍在就业、工资、储蓄等方面落后于男性。同样，在一些国家，种族问题仍在继续扩大。	295[8]

图 10-10　新常态下 8 个社会问题

注：
1. 从中等收入阶层下中等技术级别的劳动人口统计而来（16 个欧洲国家和美国相关数据）。
2. 从独立工作的劳动人口统计而来（使用 6 个国家的相关数据）。
3. 住房保障数据从 15 岁及以上人口统计而来，他们的家庭可支配收入至少有 40% 用于住房。
4. 从 15～24 岁和 60 岁及以上人口统计而来。使用了澳大利亚和美国的统计数据，其中医疗和教育费用占家庭可支配收入的 10% 以上。
5. 从 15 岁及以上人口中没有退休储蓄的比例估算（53%）。
6. 从 15 岁及以上人口中收入处于后 50% 的比例估算。
7. 30 岁以下人群的贫困情况根据 15～29 岁人口比例估算。
8. 从美国女性和少数族裔劳动力的比例估算。

资料来源：经济与合作发展组织，世界银行金融包容性指标。

疫情凸显了过去20年社会发展薄弱的部分，而且加剧了上述8个问题的严重程度。疫情结束后，人们会注意到过去20年间悄无声息产生的社会变化是多么巨大。现代社会所面临的8个问题不是一朝一夕就能解决的，而经济状况也需要两三年才能恢复到疫情前的水平。

虽然疫情导致很多人收入减少，但股市却屡创新高，使实体经济与资本市场的背离成为一个问题。因此，人们意识到资本主义的机能不全，这也导致社会对公司的监管变得更加严格。

例如，就像从对GAFA（Google、Apple、Facebook、Amazon的总称）进行管控的讨论，以及"罗宾汉"对于游戏驿站公司股票的介入[1]所看到的那样，针对特定公司的管控和举措都反映了社会对公司的严苛程度。千禧一代、Z世代等年轻一代对这样的社会问题灵敏度更高，更容易被组织起来。在这样的背景下，新常态对公司而言可能会成为一个紧迫而不宽容的时代。

由于疫情而产生的史无前例的财政支出，使得今后5～10年各国政府在政策上的行动空间缩小，此外，还必须应对老龄化带来的医疗费用增加和环境问题。

在这种情况下，政府对于收入差距和可支配收入下降等问题，只能在关注经济情况的同时精确强化管制，或者控制大幅支出的增加。由此，过去20年获得了成长并实现了创新的公司，有望对解决前述8个问题做出直接贡献。

我们将阐述公司应该怎样致力于就业、消费和储蓄。另外，如何为低收入群体、社会少数群体、青年群体提供帮助也变得十分重要，而这些群体所面临的问题正是就业、消费和储蓄问题复合后产生的。如果解决了就业、消费和储蓄的问题，他们的问题自然会有所改善。

---

[1] 个人投资者"罗宾汉"通过提供免手续费的投资应用程序，快速成长为美国互联网券商交易平台罗宾汉公司，公司购买在线游戏公司游戏驿站的大量股份，从而卖空对冲基金。——编者注

就业问题：变革就业体系是当务之急

各发达国家正在实行各种举措以缓解过去 20 年经济和社会的负面影响。在减少收入差距方面，包括日本在内的很多国家都在探讨提高最低工资水平的方式。另外，为了保护非正式员工等有着替代可能的员工，政府尝试了各种各样的措施。例如，美国加利福尼亚州在 2019 年出台相关法律，规定优步和 Lyft 等数字平台的公司有义务将零工劳动者（指通过互联网平台承包单个工作的人）同样视为员工。同时，俄勒冈、纽约、旧金山、西雅图等城市也制定了相关法律，规定公司对非正式员工必须保证最低就业时间并在调岗时事先通知。

由此，缓解就业流动影响的措施得到进一步的推进，但这些措施并不以维持就业为前提。对于确保就业的灵活性、实现高就业率，以及迅速应对变化的就业需求等 21 世纪的经济方向，这些措施并不能发挥作用。

日本员工敬业度（对组织的热情）调查显示，日本员工中对组织抱有强烈热情的人员占比仅为 6%，在所有调查对象国中为最低水平（与此相反，对组织缺乏热情的人群占 24%）。员工缺乏热情，意味着日本的雇用体系与时代格格不入。另外，根据日本内阁府的调查，64% 的员工希望或正在开展自己的副业，这一比例在 20 多岁的员工中达到 75%。对副业的期待不仅可以让人减轻因失业带来的经济负担，还可以促使人们积累各种经验并提高技能。

我们有必要将雇用体系从成员资格型（以年功序列和终身雇用为前提，不限定职务和工作地点的无期限雇用）转到工作型（以拥有具备工作经验和技能的人才为前提，限定了工作内容和工作地点的雇用）。要将过去几年"实践出真知"的经验传达方式升华为更为系统的员工培训计划，在短时间内有效地培养各岗位的专业人才。每个人在考虑换工作和提升自身能力水平时，并非是为了在岗位上无私奉献。使员工从工作的意义、各种各样的培训和每日指导中感受到自身成长，身处一个使人心情舒畅的工作环境，才能激发出动力。具有公平性的评价体系也极为重要，随着由离职员工匿名评论离职公司的 GlassDoor（匿名评论公司的网站）等服务的普及，各公司的人才战略变得比以往更加透明，且更容易进行比较。

对员工进行大规模的再教育也很重要。公司十分需要一大批具有新技能的人才，例如，增加人们接触数字技术的机会，培养在业务人员和数据科学家之间作沟通的翻译员，以及在现场处理数字技术时追求效率改善的现场管理者。比起从外部引进，在公司内培养这类人才的效率更高，且也会打开员工今后任职上的可能性。此外，Corsera[①]和优达学城[②]等学习IT和商务知识的在线平台大量涌现，公司也可以考虑利用这样的服务。因为每个人的工作效率和技能的稀缺性决定了其工资水平，所以个人必须提高自身的工作效率和对社会所需技能的敏感程度。另外，公司通过各种各样的培训和重塑技能来满足员工的需求，可以提升生产效率和竞争力，也可以应对各种社会难题。

疫情迫使公司测试此前没有涉足过的创新领域。在日本，远程办公的普及已经率先呈加速趋势，就业的灵活性也在增加。例如，在2020—2021年，IHI、大发工业、三井化学和三菱化学等公司就开始对做着副业的人才解禁，同时在附加条件下同意员工开展副业。在受到疫情巨大打击的餐饮界，出现了永旺My Basket的员工被短期派遣到AP Company公司的情况；在航空业，也出现了Nojima短期接收了JAL员工（所谓的"员工分享"）的情况。如此这般，在因疫情而感到无计可施的情况下，至今未能实现的大胆措施和创意或将付诸实施，这也让人预感到，新时代的就业惯例将发生巨大变化。

消费问题：再次考虑面向住宅、医疗、教育的财政支持

如今，各国正在想办法应对住宅、医疗、教育等生活必需品消费的价格高

[①] 2012年由斯坦福大学教授等人创立的在线教育公司，该公司与全球多家大学合作，并免费提供大部分在线课程。
[②] 2011年谷歌原副总裁创立的ICT相关课程的有偿和无偿在线学习。

策略 10　明确公司存在的目的是为社会创造价值

涨。例如，对于房价暴涨，普遍采用了实行公共住房计划、控制房价、放宽土地使用限制以及发放住房补贴等措施。在医疗方面，采用推行通用医药品，对危害健康的食品征税。在教育费用方面，采取扩充奖学金制度等措施。但是，作为此次分析对象的发达国家，由于在未来将持续发展成为老龄化社会，使得医疗费的扩大不可避免，在财政上富余的国家变少，所以能否抵消这样的价格上涨尚不明朗。因此，在消费方面，公司和个人的责任也很重要。

面对这样的社会需求，公司也在重新审视福利待遇的形式。例如，因硅谷房价的大幅上涨，在此工作的员工不得不住在郊区。对此，Facebook 采取了在硅谷建造公司宿舍，以及向搬到总部附近的员工发放 1 万美元奖励等对策。参考这一举措，通过调查公司员工的住宅位置以及通勤时间，可以分析出通勤时间对员工的工作表现和离职率等有何影响。在日本也有类似的例子，如保圣那 (PASONA) 就将总公司迁移到了淡路岛。

面对医疗费用的暴涨，全社会应该加强预防医疗。特别是像美国这类医疗保险制度不完善的国家，迫切需要解决医疗费高涨等问题。对于公司来说，提高员工的健康状态具有提高员工的生产效率，减少员工缺勤、迟到，降低离职率等的作用，现在越来越多的公司都开始积极致力于此。例如，亚马逊开始了一项名为 Amazon Care 的服务，旨在为员工提供平价、方便的医疗服务，员工及其家人可以通过专用 App 进行在线医疗咨询，根据需要也可以选择上门诊疗和护理等服务。医疗工作者可以到员工家中实施血液检查和胸腔检查，并将处方寄到家中。

教育费用虽然占家庭费用的平均比例很小，但对于有孩子的家庭来说却是个严峻的问题。对此，星巴克在美国实行了面向员工的奖学金制度；东丽也在美国设立了员工子女奖学金制度；永旺集团所投资的专门从事网上批发的 Boxed 公司为员工子女提供了大学学费补贴，还对家庭紧急情况以及结婚等人生大事提供了最高 2 万美元的补贴，该公司首席执行官黄杰表示："会公平对待员工的公司，才可以让客户也感受到公平的对待。"

储蓄问题：支持员工储蓄和投资

面对老龄化，发达国家的公共养老金储蓄替代率将不可避免地出现下降。而为了应对储蓄差距、储蓄回报差距以及财富差距，国家以各种形式努力提高国民的金融知识水平。例如，美国面向低收入群体提供了独立发展账户，具体而言，接受该服务的低收入群体在进行储蓄时，能够获得与该存款额相同的或者50%的政府补助金，但前提是他们必须参加金融知识和家庭记账等相关课程，在完成一系列课程之后，才可以提取存款。在使用该服务的8.3万多人中，有26%的人解决了住房问题，20%的人把这部分资金用于接受高等教育。

在储蓄方面，公司可以实行的措施也有很多。在公共储蓄减少的情况下，提高工资固然是一件好事，但从长远来看，对员工进行金融知识教育并鼓励他们进行储蓄和投资，也可以产生与提高工资相同的效果。技术的发展催生了很多能够对小额且低风险的支出进行管理、储蓄和投资的金融服务项目，公司可以在进行研究后向员工推荐合适的金融服务，如家庭记账App、小额储蓄服务（例如，英国移动银行Monzo提供自动将支付金额的零头转化为储蓄的功能，从1便士开始，到2便士、3便士，一年可存下667.95英镑）以及AI投资顾问（如Nutmeg、WealthSimple、Betterment等）。

Paypal就将这种想法推进了一步，致力于提高员工净可支配收入。该公司对全球2.3万名员工的净可支配收入进行了调查研究，发现那些刚刚加入公司的员工和兼职员工的净可支配收入比例只有4%～6%。这意味着，在扣除食品、住房和教育等非选择性消费的支出后，他们可以支配的收入仅占总收入的4%～6%。为解决这个问题，该公司在2019年推出了员工财务健康倡议，将员工净可支配收入比例提高到20%。具体的倡议内容包括完善医疗保险以减少职工医疗负担，特别调整可支配收入较低群体的工资，向职工开放股票期权，开展提高金融知识水平的教育计划等措施。

对新常态的深度思考

マッキンゼー ネクスト・ノーマル
アフターコロナの勝者の条件

虽然发达国家早已开始着手解决贫富差距问题，但 21 世纪经济对社会弱势群体（低收入群体、年轻群体和少数群体）带来的压力不仅体现在收入不平等上，还在于其他方面，如就业不稳定、非选择性消费的价格上涨挤占可支配收入，以及投资收益的差异。这是一个结构性问题，受多种因素的影响。

在这样一个社会，公司在新常态中的作用可以概括为以下两点。第一，继续成长和鼓励创新。公司必须不断创新，提高生产效率，从而不断发展壮大。而且为了让人们更加富裕，应采取放宽管制、减税等措施以支持业务发展。第二，努力使经济活动更公平地惠及每个人和全社会。例如，美国商业协会的商业圆桌会议为了响应这一要求，于 2019 年 8 月发布了《公司宗旨声明》。该声明承诺将为更广泛的利益相关者，如客户、员工、供应商、社区和股东做出贡献，并考虑更长远的、可持续的发展。

接下来，公司必须认识到应该为社会创造什么样的价值，从而重新定义自身的意义。目的纯粹而充满活力的公司能够以真诚为武器，在为社会做出贡献的同时实现高业绩。管理层在分配资本和资源时，会考虑到公司目标，员工也会在日常决策中践行公司目标。公司应在协调好社会关系的同时，中长期内保持较强的竞争力。

麦肯锡全球研究所的一项研究分析了 2000—2014 年美国 615 家上市公司的业绩，调查结果显示，在金融危机等经济困难的时期仍着眼于中长期投资、有着长期目标的公司，与其他公司相比，在 15 年内多实现了销售额 47% 的增长，利润 36% 的增长，创造的新就业岗位是其他公司的 4 倍之多（见图 10-11）。

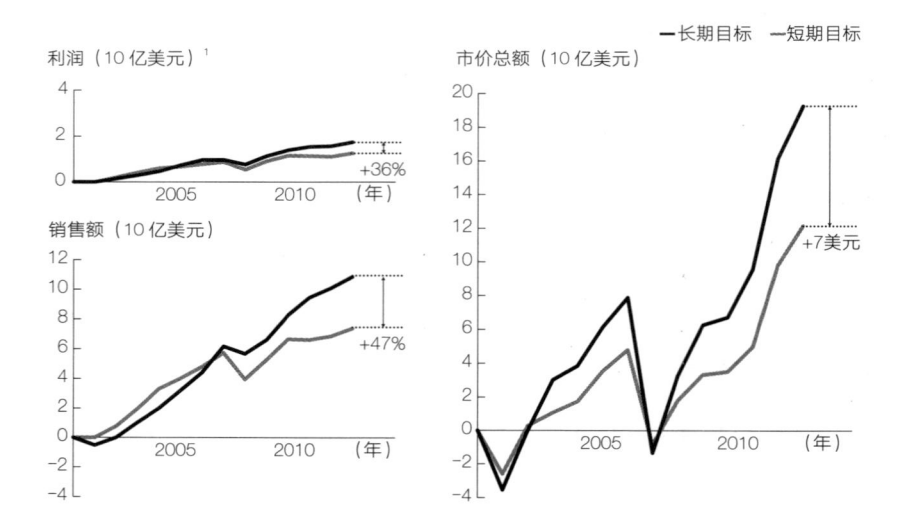

图 10-11 美国 615 家上市公司业绩情况

注：1. 以 2001 年为基准。

资料来源：麦肯锡公司绩效分析，标普资本智商公司。

新常态绝不是一片光明，社会面临难以解决的 8 大问题，经济需要 2～3 年的时间才能完全恢复。然而，在这样的困难时期，公司也绝不能放弃远大的志向和长远的眼光。

后 记

打造韧性公司，
迎接充满变数的未来

　　国家、公司和个人要思考当下采取什么举措将对今后 10 年社会的经济繁荣产生重大的影响。公司最重要的使命是以可持续发展的方式提高生产力，使社会各阶层都从中受益，从而促进社会发展。整个社会长期繁荣发展，是防止通货膨胀造成经济混乱的关键，也是避免不同国家、公司和个人之间产生巨大社会分化的关键，更是实现大增长，进入"经济革新时代"的关键。

　　本书提出的 10 大经营策略对于所有公司来说，都是提高生产力、实现多样性和可持续增长所不可或缺的主题，希望每家公司都能够率先拿出行动，不仅推动自身的发展，也推动世界的变革。

　　正如本书前言所说，疫情带来了分化与革新。一方面，疫情加速了社会和商业的非连续性变化，尽管发生了前所未有的经济危机，革新还是接连不断地出现，初创公司的数量稳步增长，IPO 融资达到 2010 年以来的全球最高水平。

但另一方面，分化的现象也愈发严重。MEGA25 公司承担了全球 40% 的市值增量，在市场上表现突出。国家与国家之间也产生了很大的差距，如中国已经迅速解决了危机，而巴西、印度和印度尼西亚等国家恢复缓慢。

提高生产力是迎接新常态的关键

关于新常态的 10 年是成长期还是停滞期，仍存在许多不确定性。历史表明，危机过后，人均 GDP 的变化取决于需求和供给的增长，具体曾出现以下 4 种情况（见图 H-1）：

1. 滞胀（美国石油震荡：1973—1983 年）。

在广泛启动了经济刺激计划（创造需求计划）的同时，由于政府和公司的生产效率没有提高，供应方的能力也没有增长，导致实际经济增长有限，出现了通货膨胀的情况。

2. 经济复苏时代（战后日本、美国和欧洲经济：1945—1973 年）。

政府和公司的生产效率提升与广大阶层的收入提高相关联，需求也随之增长，经济势头强劲，出现了经济革新。

3. 失去的十年（泡沫经济后崩溃的日本：1992—2002 年）。

市场需求不足，政府和公司的创新少、生产效率增量小，迎来长期经济低增长的情况。

4. 大分化（金融危机后的美国：2007—2019）。

虽然一部分公司实现了创新和生产力的提高，股票市场也表现繁荣，但并非所有阶层的收入都得到提升。这导致总需求的增长并不顺畅，而且由于个人收入两极分化加剧，经济增长十分迟缓。

■ 全球危机后人均 GDP 增长（%）

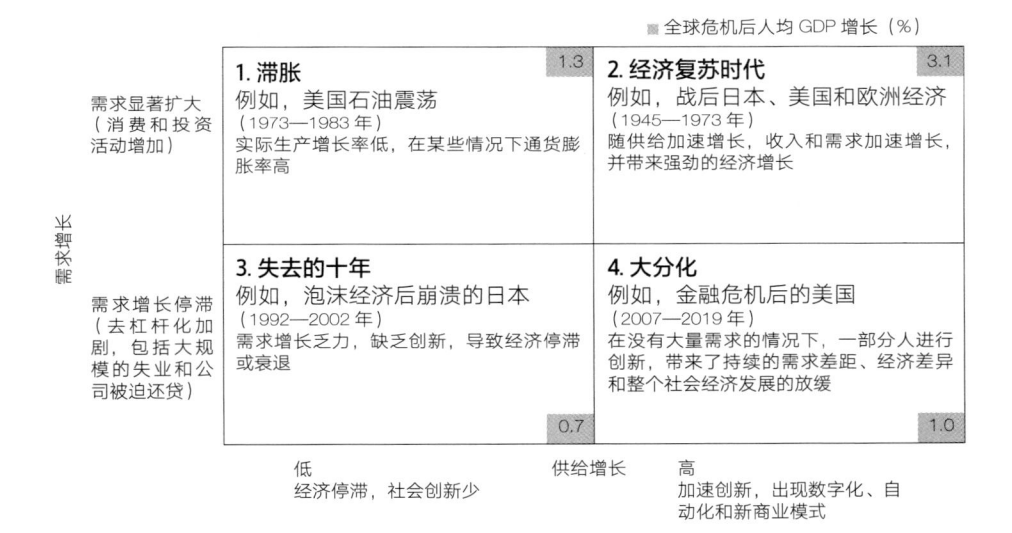

	低 经济停滞，社会创新少	高 加速创新，出现数字化、自动化和新商业模式
需求显著扩大 （消费和投资活动增加）	**1. 滞胀**　　　　　1.3 例如，美国石油震荡 （1973—1983 年） 实际生产增长率低，在某些情况下通货膨胀率高	**2. 经济复苏时代**　　3.1 例如，战后日本、美国和欧洲经济 （1945—1973 年） 随供给加速增长，收入和需求加速增长，并带来强劲的经济增长
需求增长停滞 （去杠杆化加剧，包括大规模的失业和公司被迫还贷）	**3. 失去的十年**　　0.7 例如，泡沫经济后崩溃的日本 （1992—2002 年） 需求增长乏力，缺乏创新，导致经济停滞或衰退	**4. 大分化**　　　　1.0 例如，金融危机后的美国 （2007—2019 年） 在没有大量需求的情况下，一部分人进行创新，带来了持续的需求差距、经济差异和整个社会经济发展的放缓

供给增长

图 H-1　基于供需变化的 4 种经济增长情况

资料来源：基于贝尔若、塞特和勒卡 2016 的研究及麦肯锡全球研究所的分析。

此后，各国政府汲取了以往经济危机的教训，毫不犹豫地进行了大规模支出以创造需求，可一旦供给侧不能提高生产效率以满足旺盛的需求，便会加剧通货膨胀。截至 2021 年上半年，钢铁、有色金属和农产品等产品和材料的价格出现上涨，使得半导体短缺和集装箱运输乱象等问题显现。

如果生产力无法满足不断增长的需求，国家就有可能进入"滞胀"时期。尽管供给侧能够增加产出，但只要广大公司的生产效率没有提高，社会各阶层不能以提高收入的形式获得利益，那么通过增加政府支出创造的需求也将很快被耗尽，导致"大分化"时期的到来。无论哪一种情况，提高公司的生产效率都是关键。

在20世纪90年代至今所谓"网络革命"时代下的美国，通过大胆的ICT整合带来了生产效率的激增。

在第二次世界大战后的日本、美国和欧洲，财政刺激措施（如马歇尔计划等）、国民各阶层整体的收入提高、结构改革、工业化、员工技能提高、技术传播和私人投资等举措都推动了国家收入和生产力的提高。

以危机为契机的创新加速

疫情也激发了与以往完全不同的创新速度。那些在疫情之前就已经在积极从事自动化、AI应用、广泛的数字化商业模式变革、可持续发展、敏捷组织的形成等业务的公司具有极强的韧性，在疫情之后还能继续保持发展。此外，其他公司也以疫情为契机，一鼓作气地展开了各种改革。

从公司经营者的动向中，也可以看到一些变化的征兆。例如，在2020年10月麦肯锡实施的调查中，公司经营者曾回答说，价值链上各种活动的数字化正以当初预想速度的20～25倍进行。

在2020年12月麦肯锡实施的另一项调查中，有51%的经营者表示，在疫情蔓延的2020年，他们扩大了对新技术的投资，其中并未包括对远程办公的投资。

面向未来，许多经营者表示，在2020—2024年的4年内会进一步加速自动化、数字化全渠道转型、商业模式变革和敏捷性改革等（见图H-2和图H-3）。

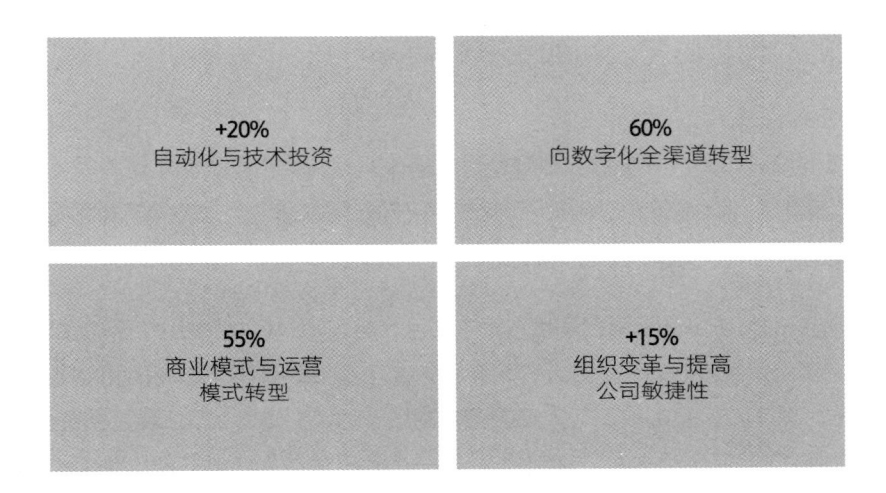

后记 打造韧性公司，迎接充满变数的未来

+20% 自动化与技术投资	60% 向数字化全渠道转型
55% 商业模式与运营模式转型	+15% 组织变革与提高公司敏捷性

图 H-2　管理层在公司中刺激增长的措施

注：2020 年 12 月针对欧洲和美国管理层的调查，所包含措施于 2020—2024 年生效。

只有一部分公司的业绩比疫情前好

	2020 年第三季度	
指标	美国	欧洲
销售额	39%（26%↓）	42%（27%↓）
改革产品、商业模式、运营模式和研发模式	53%（14%↓）	41%（22%↓）
对人才和设备的投资	36%（21%↓）	38%（20%↓）
大幅改变了并购等商业机制的公司	11%（13%↓）	14%（12%↓）

增长集中于一部分美国巨头公司

66%
从 2019 年第三季度到 2020 年第三季度，美国增加的研发投资中有 60% 来自巨头公司[1]。

0
在美国的巨头公司中，没有一家销售额出现下降；但在其他国家的巨头公司中，有 11% 出现了销售额的下滑。

图 H-3　各项指标增长的公司占公司总数的比例

注：1. 巨头公司指世界范围内 575 家业绩良好的公司，包括市值最高的 500 强公司中的 315 家，最有价值的 500 强品牌中的 230 家，员工满意度最高的 500 强公司中的 188 家，最具创新力的 100 强公司中的 53 家。有关定义及其经济效益的详细信息，参见麦肯锡全球研究所 2018 年 10 月 24 日的报告《超级明星：引领全球经济的公司、部门和城市动态》(The Superstars: The dynamics of firms, sectors, and cities leading the global economy)。

繁荣的时代将由各公司的变革筑就

这种改变如果只集中在一部分公司，那么新常态就不会是使各国和各公司都能享受实惠的"经济革新时代"，而变成了一部分国家和公司的技术革新和生产效率提高有所停滞，贫富差距在不断扩大的"大分化"时代。

保守估计，2020 年第三季度（7～9 月）与 2019 年同期相比，销售额增长的美国公司比例为 39%，比 2019 年的 65% 少了很多。同样，在产品和商业模式的变革、操作和研发的改革、人员和设备的投资以及并购等方面得到改善的公司比例大幅下降，创新的加速只存在于一部分公司，优胜劣汰越发明显。从结果来看，在股东价值的增加上形成了 MEGA 25 公司一枝独秀的状况，目前很难说全球实现了生产效率的广泛提高。

在这场危机中，公司保障着员工的健康和安全，连接起了全球化的供应链，在我们日复一日努力使经济不停滞的时候，疫情已经给日本以及全球社会经济带来了不可逆转的变化。新常态自此到来。

消费者尝试了各种产品、服务、购买方法，掌握了新的消费模式（策略 1）。对数字原住民 Z 世代消费行动的研究也在深入进行，未来的消费者形象看起来不再那么模糊（策略 2）。人们的出行和生活方式发生了剧烈变化，随着新偏好的产生，打造韧性公司尤为重要（策略 3）。

疫情加速了人们对新技术的应用。通过尝试数字化（策略 4）和供应链重组（策略 5）等新技术，新的价值正在孕育而生。此外，堪称第二次生物技术革命的生物技术行业的进化也是一个值得关注的趋势，在将来有着超越制药和医疗行业地位的冲击力。

从公司经营的角度来看，关于多样化（策略 6）和员工健康（策略 7）等要素如何影响公司业绩的研究正在进行中。虽然疫情导致多样化进程有所倒退，但经营者也曾因推进多样化，在提高公司业绩的同时实现了国民各阶层收入分配的多样化。由于疫情，远程办公、数字化规模扩大，自动化、AI 的广泛应用呈现出指数型增加，人们的工作方式发生了巨变（策略 8）。在新常态下，社会、公司的业务构成和所需技能发生了很大的变化，而能够灵活地重新定义工作、有效推进员工重塑技能的公司，才会获得更大的机遇。

这是公司的社会作用比以往任何时刻都更加重要的时代。在"恢复到更好状态"的口号下，疫情加速了国家和公司关于可持续发展的讨论，并以更严格的规范和资金流入形式，对可持续发展起推波助澜的作用（策略 9）。如果各公司可以向可持续发展进攻型变革，就能乘上这股"顺风"之势。

21 世纪的经济在就业、消费、储蓄等各方面都压制着发达国家的中层收入群体，在新常态下，公司创造社会价值的重要性正在增加（策略 10）。通过改革就业体系、推进员工预防医疗、提高员工金融素养等基于社会现状的支持，可以对员工有所保护。各公司有必要深入讨论自身的社会价值，使从经营者到一线员工的行动保持一致。缺乏目标和一致性的公司会在中长期内被迫退出市场，而体现正确目标的公司则可以从社会获得有形或无形的支援（如优秀人才的确保、稳定的股东、资本的关照等）。

未来的 10 年会成为社会经济加速繁荣的"经济革新时代"，还是"滞胀"和"大分化"的时代，各公司、经营者和商务人士所发挥的作用至关重要。本书提出的 10 个策略如果能够顺利推行，公司便能以可持续发展的形式实现多样化的成长，在扩大中长期业绩的同时满足社会的需求。相信在每次危机中，这些公司都能做到屹立不倒。

商务人士可以从本书中得到启发，我们热切期盼这 10 个策略能够顺利推行，也希望新常态时期会成为助推社会和经济可持续发展、多样化的一个繁荣时代。

参考文献

考虑到环保的因素,也为了节省纸张、降低图书定价,本书编辑制作了电子版的参考文献。请扫描下方二维码,直达图书详情页,点击"阅读资料包"获取。

未来，属于终身学习者

我们正在亲历前所未有的变革——互联网改变了信息传递的方式，指数级技术快速发展并颠覆商业世界，人工智能正在侵占越来越多的人类领地。

面对这些变化，我们需要问自己：未来需要什么样的人才？

答案是，成为终身学习者。终身学习意味着永不停歇地追求全面的知识结构、强大的逻辑思考能力和敏锐的感知力。这是一种能够在不断变化中随时重建、更新认知体系的能力。阅读，无疑是帮助我们提高这种能力的最佳途径。

在充满不确定性的时代，答案并不总是简单地出现在书本之中。"读万卷书"不仅要亲自阅读、广泛阅读，也需要我们深入探索好书的内部世界，让知识不再局限于书本之中。

湛庐阅读 App: 与最聪明的人共同进化

我们现在推出全新的湛庐阅读 App，它将成为您在书本之外，践行终身学习的场所。

- 不用考虑"读什么"。这里汇集了湛庐所有纸质书、电子书、有声书和各种阅读服务。
- 可以学习"怎么读"。我们提供包括课程、精读班和讲书在内的全方位阅读解决方案。
- 谁来领读？您能最先了解到作者、译者、专家等大咖的前沿洞见，他们是高质量思想的源泉。
- 与谁共读？您将加入优秀的读者和终身学习者的行列，他们对阅读和学习具有持久的热情和源源不断的动力。

在湛庐阅读 App 首页，编辑为您精选了经典书目和优质音视频内容，每天早、中、晚更新，满足您不间断的阅读需求。

【特别专题】【主题书单】【人物特写】等原创专栏，提供专业、深度的解读和选书参考，回应社会议题，是您了解湛庐近千位重要作者思想的独家渠道。

在每本图书的详情页，您将通过深度导读栏目【专家视点】【深度访谈】和【书评】读懂、读透一本好书。

通过这个不设限的学习平台，您在任何时间、任何地点都能获得有价值的思想，并通过阅读实现终身学习。我们邀您共建一个与最聪明的人共同进化的社区，使其成为先进思想交汇的聚集地，这正是我们的使命和价值所在。

CHEERS

湛庐阅读 App 使用指南

读什么
- 纸质书
- 电子书
- 有声书

怎么读
- 课程
- 精读班
- 讲书
- 测一测
- 参考文献
- 图片资料

与谁共读
- 主题书单
- 特别专题
- 人物特写
- 日更专栏
- 编辑推荐

谁来领读
- 专家视点
- 深度访谈
- 书评
- 精彩视频

HERE COMES EVERYBODY

下载湛庐阅读 App
一站获取阅读服务

McKinsey Next Normal by Masahiro Komatsubara, Takehito Sumikawa, Takuya Yamashina

Copyright © 2021 McKinsey & Company Japan.

Original Japanese edition published by TOYO KEIZAI INC.

Simplified Chinese translation copyright © 2024 by Beijing Cheers Books Ltd.

This Simplified Chinese edition published by arrangement with TOYO KEIZAI INC., Tokyo, through BARDON CHINESE CREATIVE AGENCY LIMITED.

All rights reserved.

本书中文简体字版经授权在中华人民共和国境内独家出版发行。未经出版者书面许可，不得以任何方式抄袭、复制或节录本书中的任何部分。

版权所有，侵权必究。

图书在版编目（CIP）数据

麦肯锡未来经营策略 / （日）小松原正浩，（日）住川武人，（日）山科拓也著；杨剑，张震，李哲轩译. 杭州：浙江教育出版社，2024. 7. -- ISBN 978-7-5722-8262-1

Ⅰ. F279.712.3

中国国家版本馆 CIP 数据核字第 2024FN8601 号

浙江省版权局著作权合同登记号
图字：11-2024-077号

上架指导：企业管理

版权所有，侵权必究
本书法律顾问　北京市盈科律师事务所　崔爽律师

麦肯锡未来经营策略
MAIKENXI WEILAI JINGYING CELUE

[日] 小松原正浩　住川武人　山科拓也　著
杨　剑　张　震　李哲轩　译

责任编辑：胡凯莉
美术编辑：韩　波
责任校对：陈　煜
责任印务：陈　沁
封面设计：湛庐文化

出版发行	浙江教育出版社（杭州市环城北路 177 号）
印　　刷	石家庄继文印刷有限公司
开　　本	720mm ×965mm 1/16
印　　张	20.75
字　　数	310 千字
版　　次	2024 年 7 月第 1 版
印　　次	2024 年 7 月第 1 次印刷
书　　号	ISBN 978-7-5722-8262-1
定　　价	119.90 元

如发现印装质量问题，影响阅读，请致电 010-56676359 联系调换。